中國學術思想 研究輯刊

二六編
林慶彰 主編

第 4 冊
《老》、《莊》與《黃帝四經》政治觀研究
林靜慧 著

花木蘭文化事業有限公司

國家圖書館出版品預行編目資料

《老》、《莊》與《黃帝四經》政治觀研究／林靜慧 著 — 初
版 — 新北市：花木蘭文化事業有限公司，2017〔民106〕
目 4+250 面；19×26 公分
（中國學術思想研究輯刊 二六編：第 4 冊）
ISBN 978-986-485-173-7（精裝）
1. 老子 2. 莊子 3. 黃帝四經 4. 研究考訂
030.8   106014200

ISBN-978-986-485-173-7

9 789864 851737

中國學術思想研究輯刊
二六編　第四冊
ISBN：978-986-485-173-7

《老》、《莊》與《黃帝四經》政治觀研究

作　　者　林靜慧
主　　編　林慶彰
總 編 輯　杜潔祥
副總編輯　楊嘉樂
編　　輯　許郁翎
出　　版　花木蘭文化事業有限公司
社　　長　高小娟
聯絡地址　235 新北市中和區中安街七二號十三樓
　　　　　電話：02-2923-1455／傳真：02-2923-1452
網　　址　http://www.huamulan.tw 信箱 hml810518@gmail.com
印　　刷　普羅文化出版廣告事業
封面設計　劉開工作室
初　　版　2017 年 9 月
全書字數　211497 字
定　　價　二六編 12 冊（精裝）新台幣 22,000 元

《老》、《莊》與《黃帝四經》政治觀研究

林靜慧　著

作者簡介

　　林靜慧，中國文化大學中國文學系，博士班畢業。

　　碩論：《蘇轍《老子解》研究》；博論：《《老》、《莊》與《黃帝四經》政治觀研究》。

　　現任中國文化大學中國文學系兼任助理教授、中華佛研所專案人員，已執行「中古佛教寫本資料庫編碼專案」、「破魔變中英對照翻譯本出版專案」。

提　要

　　本論文主要在討論《老子》、《莊子》與《黃帝四經》三書的政治觀，首先討論三書政治觀的理論根源——道，探討三書政治觀理論的基礎，與道在當中的作用。其次討論三書政治觀理論的執行者——聖人，探討三書的政治觀中，聖人的地位與品格。其次討論三書政治觀理論的執行方針——無爲，探討三書在政治方針中所提倡的無爲有何異同，與其落實在政令上的表現與作用。其次討論三書政治觀理論的理想目標，探討其政治觀中對理想世界藍圖的描繪。最後綜合比較三書政治觀的異同與三者的關係。

第一章　緒　論 …………………………………………… 1
　第一節　研究題目與範圍的界定 ……………………… 1
　　一、研究題目的界定 ………………………………… 1
　　二、研究範圍的界定 ………………………………… 5
　第二節　研究動機、方法與前人研究 ………………… 5
　　一、研究動機 ………………………………………… 5
　　二、研究方法 ………………………………………… 10
　　三、前人研究 ………………………………………… 12
　第三節　三書的版本、作者與時代背景 ……………… 17
　　一、三書版本 ………………………………………… 17
　　二、三書作者 ………………………………………… 30
　　三、三書時代背景 …………………………………… 43
第二章　三書政治觀理論的根源 ………………………… 49
　第一節　《老子》的道與侯王執政的依據 …………… 49
　　一、政治體制源於道 ………………………………… 50
　　二、對道的形容 ……………………………………… 51
　　三、道的作用 ………………………………………… 57
　第二節　《莊子》的道、天道與君王治國的本源 …… 59
　　一、具體「行路之道」往抽象「理則之道」
　　　　的轉化 …………………………………………… 60
　　二、「理則之道」與「本體之道」 ………………… 60
　　三、「本體之天」與「道德」──墮落的道反應
　　　　治國之法 ………………………………………… 67
　第三節　《黃帝四經》的天地之道與聖王治國的
　　　　工具 ……………………………………………… 72
　　一、本體之道 ………………………………………… 72
　　二、本體之天──聖王以道、理治國 …………… 77
　小　結 …………………………………………………… 82
第三章　三書政治觀理論的執行者 ……………………… 83
　第一節　《老子》之有道的聖人 ……………………… 83
　　一、政治體制中的聖人 ……………………………… 84
　　二、聖人之德 ………………………………………… 91
　第二節　《莊子》之有德的超凡之人 ……………… 101

目

次

　　　一、反政治系統的才智聖人 ……………… 103

　　　二、以品德爲追求的聖人 ………………… 106

　　　三、其他的超凡之人 ……………………… 109

　　　四、聖人與政治 …………………………… 121

　　　五、其他──士階級 ……………………… 122

　　第三節　《黃帝四經》之執道的聖人 ……… 124

　　　一、聖人與天道 …………………………… 124

　　　二、聖人是執道者 ………………………… 126

　　　三、聖人的位階 …………………………… 128

　　　四、聖王黃帝之政 ………………………… 131

　　小　結 ……………………………………… 134

第四章　三書政治觀理論的執行方針 ………… 135

　第一節　《老子》的「不言」無爲 ………… 135

　　　一、無爲不擾民的內政 …………………… 135

　　　二、守弱不爭的外交 ……………………… 140

　　　三、守慈的用兵之道 ……………………… 142

　第二節　《莊子》的「虛靜」無爲 ………… 144

　　　一、無爲的內涵 …………………………… 144

　　　二、君之無爲 ……………………………… 148

　　　三、臣之無爲 ……………………………… 157

　第三節　《黃帝四經》的「形名」無爲 …… 166

　　　一、形名之治 ……………………………… 166

　　　二、王天下的條件 ………………………… 172

　　　三、征伐之法 ……………………………… 173

　　　四、刑德相養 ……………………………… 180

　　小　結 ……………………………………… 183

第五章　三書政治觀理論的理想 ……………… 185

　第一節　《老子》的小邦寡民與太上境界 … 185

　　　一、小國邦民的理想世界 ………………… 185

　　　二、統治者的太上境界 …………………… 186

　第二節　《莊子》的至德之世與明王之治 … 189

　　　一、反政治的至德之世 …………………… 189

　　　二、先聖後王的明王之治 ………………… 196

第三節　《黃帝四經》的天下無敵與太上無刑……197
　　一、天下無敵之國…………………197
　　二、太上無刑之政…………………201
　小　結………………………………202
第六章　三書政治觀比較………………203
　第一節　《莊子》與《老子》政治觀的異同………203
　　一、《莊子》重精神，《老子》重形氣………204
　　二、《老子》不言、《莊子》虛靜，皆稱無爲
　　　　…………………………………205
　　三、《老子》只云君道，《莊子》提出臣道……210
　　四、《老子》的小邦寡民，《莊子》的至德
　　　　之世與明王之治………………211
　第二節　《黃帝四經》與《老子》政治觀的異同…213
　　一、《黃帝四經》歸屬老學………214
　　二、《黃帝四經》執道，《老子》守道………216
　　三、《黃帝四經》的爭，《老子》的不爭……218
　第三節　《莊子》與《黃帝四經》政治觀的同異…221
　　一、《莊子》的自然天道，《黃帝四經》的
　　　　人格天道…………………………222
　　二、《莊子》的才智聖人與有德聖人，《黃帝
　　　　四經》的執道聖人………………223
　　三、《莊子》的形名次之，《黃帝四經》的
　　　　形名弗去…………………………224
　小　結………………………………226
第七章　結　論…………………………227
　第一節　三書政治觀系統……………227
　　一、《老子》的政治觀……………228
　　二、《莊子》的政治觀……………228
　　三、《黃帝四經》的政治觀………230
　　四、三書政治觀的比較……………230
　第二節　三書政治觀的定位…………231
　第三節　三書政治觀的影響…………236
　第四節　三書政治觀的現代意義……237
引用參考書目……………………………241

第一章　緒　論

第一節　研究題目與範圍的界定

一、研究題目的界定

　　本論文題為：「《老》、《莊》與《黃帝四經》政治觀研究」，在《老子》、《莊子》、《黃帝四經》三書標明書名號，表示本論文的研究對象是此三本書，而非廣義的學派思想，因此範圍內容比老莊思想與黃老思想狹小，所以與老莊、黃老相關的其他作品，如：《韓非子》的〈解老〉、〈喻老〉，或是《列子》、《淮南子》……等等作品皆非本論文的研究對象。

　　現代中文的政治一詞是源自於西方的 Politics，字源 polis，指的是希臘時的城邦，而城邦的公共生活就是政治領域的種種事務。孫中山先生在《三民主義‧民權主義‧第一講》解釋：「政就是眾人之事，治就是管理，管理眾人之事，就是政治。」〔註1〕當時這個說法影響很大。彭懷恩《政治學──全球化時代的觀點》將政治的定義歸納成四種：一、政治是權力的形成與分享；二、政治是為社會從事價值的權威性分配；三、政治是衝突的管理；四、政治是公共事務的決定。〔註2〕孫氏只提到管理，彭氏還提到權力的形成與社會分配等內涵，若就中文古典的語義來看，孫氏與彭氏的說法並不完全符合中

〔註1〕　孫文：《三民主義‧民權主義‧第一講》（臺北：中央文物供應社，1985 年 8月），頁 89～90。
〔註2〕　彭懷恩：《政治學──全球化時代的觀點》（臺北：風雲論壇，2006 年 11 月初版），頁 2～6。

文的政治之意。中國古代文章的行文裡，政與治一般是分開來用的，如：《尚書·周書·畢命》：「道洽政治」〔註3〕，此處的政治分別指的是政化與治理，政是政教、政令之意，《周禮·地官·遂人》即云：「掌其政令刑禁」〔註4〕。又：《論語·顏淵》提出了「政者正也」〔註5〕，這是把政教的施行與執政者的品德結合起來，《左傳·隱公十一年》云：「政以治民」〔註6〕，意謂督導人民走向正確方向的措施就叫政。本論文的研究對象：《老》、《莊》、《黃》三書大約都是先秦時期的作品，因此本論文所謂的政治一詞採用的是中國古典的用法，本論文便是在研究《老》、《莊》、《黃》三書中有關執政者引導人民走向正確方向的管理方法。

政治是一種由人的行為所構成的社會現象，研究此種社會現象的哲學，西方稱之為政治哲學。唐君毅《哲學概論》於文化哲學之下分出政治哲學一支，說明其內容涵蓋了與政治相關的概念、方法、邏輯知識論、價值論、倫理學等等。〔註7〕本論文雖然目的在研討《老子》、《莊子》與《黃帝四經》三書中的政治思想，卻不以政治哲學稱之，原因有二：一、三書中的政治思想是否符合西方所謂的政治哲學，當中概念的釐清是一問題，而將西方之哲學研究方法直接套用在中國思想上是否適宜亦是一問題，為了避開這些中西名稱問題的糾纏，故另定一名為政治觀，意指：與政治有關的觀點。二、三書之中，只有《黃帝四經》是以政治活動為主要討論對象，政治問題並非《老子》與《莊子》二書的主要重點，《老子》主要在探討道——世界的理則，《莊子》主要在探討生命的自由，政治問題只是道與生命的附加品，因此本論文採用意義比較不嚴格的政治觀來指稱三書的政治思想。《老子》所探討的是世界的理則，政治亦是世界理則的一環，故《老子》一書用不少篇幅來討論執政者如何管理、引導人民的問題。《莊子》所探討的是生命的自由，而政治卻

〔註3〕　（漢）孔安國傳、（唐）孔穎達疏：《尚書正義》，《十三經注疏》本（臺北：藝文印書館，1997年8月初版），頁292。

〔註4〕　（漢）鄭玄注、（唐）賈公彥疏：《周禮正義》，《十三經注疏》本（臺北：藝文印書館，1997年8月初版），頁109。

〔註5〕　（魏）何晏注、（宋）邢昺疏：《論語注疏》，《十三經注疏》本（臺北：藝文印書館，1997年8月初版），頁292。

〔註6〕　（春秋）左丘明撰、（晉）杜預注、（唐）孔穎達疏：《春秋左傳正義》，《十三經注疏》本（臺北：藝文印書館，1997年8月初版），頁81。

〔註7〕　唐君毅：《哲學概論》（臺北：臺灣學生書局，1996年9月全集校訂版），頁170～171。

是令生命不自由的其中一種因素，因此雖然《莊子》並不著重政治，但是不可避免的也要對政治提出一番見解。《黃帝四經》全書在討論政治活動，並指出執政者管理、引導人民最佳的方式便是用「法」。本論文的研究主題便是由此歸納出《老》、《莊》、《黃》三書的政治觀，再加以比較。

中國古代文章的行文裡，政與治一般是分開來用的，因此有所謂的政道與治道。牟宗三在《政道與治道》第一章解釋何謂政道與治道，還有中國思想家對兩者的態度，其云：

> 政道是相應政權而言，治道是相應治權而言。中國在以前于治道，已進至最高的自覺境界，而政道則始終無辦法。因此，遂有人說，中國在以往只有治道而無政道，亦如只有吏治，而無政治。吏治相應治道而言，政治相應政道而言。〔註8〕

牟氏所謂的政權指的是土地、人民、主權；治權指的是處理公共事務之運用權。其所謂的政治與吏治相對，意指對政權的管理，而吏治則是指對官吏的管理。中國是否真如牟氏所言，只有治道（吏治）而無政道（政治）呢？

黎紅雷在為張增田的《黃老治道及其實踐》所寫的序對牟氏之說提出駁論，其云：

> 在古人的用語中，「治道」是一個整全的概念，既包括「治之道」，又包括「治之具」；既包括「治之本」，又包括「治之事」；既包括思想原則，又包括制度措施；或者用現代政治學的語言來說，既包括政權成立之道理，又包括治權運用之道理。〔註9〕

黎氏指出古代中國所謂的治道應該包含了牟氏所謂的吏治與政治，只是沒有點出政道之名而已，所以牟氏之說是種誤解。

黎氏又提到中國思想家的思考邏輯與西方是不同的，其云：

> 「中國哲學」的思想體系以「治論」為出發點和歸結點。一般來說，西方哲學的邏輯結構是從理念論到實踐論，首先是形上學（包含宇宙論和本體論）、認識論；然後才是各類實踐哲學，包含道德哲學（倫理學）、政治哲學（社會哲學）、藝術哲學（美學），等等。而中國哲學的邏輯結構則可以從「治論」（類似西方的政治哲學、社會哲學）

〔註8〕 牟宗三：《政道與治道》（臺北：臺灣學生書局，民國80年增訂新版），頁1。

〔註9〕 見張增田：《黃老治道及其實踐》（廣州：中山大學出版社，2005年9月第1版），頁16。

開始；由于「知人則哲」，進而發展到「人論」（包括人性論、人生論、道德哲學）；而「思知人，不可不知天」，進而發展到「天論」（形上學、本體論）；最後，由「知治」、「知人」、「知天」之「知」而形成了「知論」（認識論、方法論）。〔註10〕

黎氏提出中國思想以治道為出發點的看法，其實與班固的看法類似，《漢書‧藝文志》便提出諸子理論是為因應周文疲蔽而產生的，更指出道家出自史官，是「君人南面之術」〔註11〕。然而諸子理論的建構模式是否真是由知治而知人，由知人而知天，最後再形成知論？

在記錄形式零散的《老》、《莊》二書中很難找出其思想發展的軌跡，而且二書思想的主要重點偏重在知人，《老子》知治部份所佔的比重大約全書的一半，其中有些知治理論與知人相通，而《莊子》關於知治的部份約佔全書將近三分之一，其中有些與修養論相通。《黃帝四經》全書大部份都在講知治，少有知人之論，且其首篇〈道法〉便云：「道生法」，這很明顯是由本體論展開治論的模式。因此本論文不循黎氏所謂之模式，而由本體論——道論展開三書政治理論的重構，其次才是理論主體、理論執行、理論理想等三方面的探討。

本論文將《老》、《莊》、《黃》三書的政治觀分析成四點來進行研究：理論根源、執行主體、執行方針、理論理想，由此來建構出三書的政治理論系統，最後再將三書的系統作交叉比較，歸納出三書的可能關係。其中，三書政治理論的根源皆以道為名，故下一章首先討論三書道論的異同；其次再論政治理論的主體，亦即其理論的執行者，三書皆稱之為聖人，然而三書所謂聖人內涵並不相同，《莊子》更有至人、神人等更高於聖人的存在，故於第三章分析三書政治理論執行者的內涵；其次再論執行者用哪些方法實踐對道的理解，故於第四章探討三書政治理論的執行方針；最後再論其執政方法所欲達成的理想藍圖，故於第五章探討三書政治理論的目標。在完成了三書政治觀體系的重建之後，接下來便是對三書政治觀的交叉比較，故於第六章探討《老子》與《莊子》、《老子》與《黃帝四經》、《莊子》與《黃帝四經》之間的同與異；最後在第七章作一綜合評述為結論。

〔註10〕 同上註。

〔註11〕 （漢）班固撰，（唐）顏師古注，（清）王先謙補注：《漢書補注》（臺北：藝文印書館影印光緒庚子春月長沙王氏校刊本）。

二、研究範圍的界定

　　本論文的題目為「《老》、《莊》與《黃帝四經》政治觀研究」，是以三書的政治觀點為研究對象，因此與政治無關的問題皆先行擱置，比如：《老子》對道的認識論、理則學等等，或如：《莊子》對生命的修養論、美學等等，又或是：當《莊子》與《黃帝四經》的形名說牽涉到名家、墨家的名理學時，本論文也只討論與政治相關的部份。這是為了集中論點所作的劃分，因為《老》、《莊》的思想內涵豐富，又累積了一千多年以來的中外學者研究，再加上新出土的《黃帝四經》，如果不將研究範圍限定清楚，容易導致論題無限擴大，這恐怕不是一本博士論文可以承載的內容。

　　另外，本論文的研究對象限定為《老子》、《莊子》、《黃帝四經》三個文本，本論文所重建的政治觀體系亦限定在這三個文本之中，除了此三個文本之外，當其他書中提到與此三文本相關的討論不列入主要研究對象，如：《韓非子》的〈解老〉、〈喻老〉兩篇雖引有《老子》的文字，然《韓非子》並不在本論文的研究範圍之內，而故〈解老〉、〈喻老〉皆視同《韓非子》此一文本的思想內涵，所以在本論文中只能當作次要的參考資料來處理。其他與此類似的文本皆依此一標準處理。

　　最後，本論文的目的在重構《老》、《莊》、《黃》三書的政治觀體系，並對其體系的現象作詮釋，關於三書的相關考證不是本論文的研究對象，因此在涉及三書的作者、版本、時代等考證問題，本論文選擇相信該專門領域學者之研究成果，所引用之重要著作將在本章第三節引述說明，以便於讀者理解本論文之探討內容。本論文在詮釋三書內容時，關於某些特殊字義的判別，除了雜採各家前賢之說，歸納出結論，或有些筆者淺見，則不在此一一說明。

第二節　研究動機、方法與前人研究

一、研究動機

　　1973 年長沙馬王堆出土了一批漢代帛書，其中有二種版本的《老子》，學者將之分名為甲本與乙本，甲本是篆書抄寫，乙本是隸書抄寫，其中乙本《老子》的前面有四篇文字，學者定名為：〈經法〉、〈十大經〉、〈稱〉、〈道原〉，這便是後來唐蘭為其定名的《黃帝四經》。

　　1993 年荊門郭店又出土了一批戰國楚簡本《老子》，整理者依竹簡形制的不同將其分成甲、乙、丙三組，內容總計只有三十三章（合通行本三十二個章），雖然不到通行本《老子》的一半，卻爲老子研究開出一個新的紀元。

　　這兩批出土文獻爲道家思想的研究帶來新的突破。《黃帝四經》的出土，讓學者對黃老思想有了更進一步的認識。原本學界對於黃老學的研究只能從《史記》中十四處提到黃老的地方著手〔註 12〕，並且相信「論六家要旨」裡對道家的描述其實講的是黃老，其云：

　　　　其爲術也，因陰陽之大順，采儒、墨之善，撮名、法之要，與時遷

　　　　移，應物變化，立俗施事，無所不宜。〔註 13〕

將上述的形容比對《老子》一書的思想，發現《老子》沒有雜揉各家說法，不談時變的問題，與司馬談所述並不吻合。再將上述與《莊子》比對，發現《莊子》書中雖然也牽涉到各家的思想，但是並沒有「撮名法之要」、「立俗施事」，《莊子》雖然有二段提到名法，但是只把它當作是最次等的施政模式，也稱不上「撮名法之要」。直到馬王堆《黃帝四經》出土，《史記》這段形容，終於有了具體的證據。

　　近來學界對黃老思想的定義多從《史記》的描述與《黃帝四經》的思想特徵作歸納，如劉宗棠〈先秦黃老學派及其學術理論來源〉云：

　　　　首先，積極倡導法治，是它與排斥政治權威和法治的早期道家的根

　　　　本區別；其次，采取道家哲理作爲法治主張的理論基礎，使它有別

　　　　于不重視理論論證的三晉法家，使法治思想在理論上獲得了前所未

　　　　有的廣度和深度；再次，由于吸收了其他學派之長，特別是吸收了

　　　　儒家注重道德教化的優點，也使它有別于刻薄少恩的早期三晉法

　　　　家；又借鑒儒、墨兩家的尚賢任能治國思想，還借鑒了名家的名實

〔註 12〕　《史記》中十四處提到黃老，在〈封禪書〉、〈外戚世家〉、〈魏其武安侯列傳〉、〈儒林列傳〉都是在說竇太后好黃老言，〈曹相國世家〉、〈自序〉提到曹參薦膠西蓋公善治黃老，〈陳丞相世家〉提到陳平好黃帝、老子之術，〈老莊申韓列傳〉提到申子、韓非之學歸本于黃老，〈孟子荀卿列傳〉提到慎到、田駢皆學黃老道德之術，〈樂毅列傳〉提到樂臣公善修黃帝、老子之言，並述其師承，〈袁盎晁錯列傳〉提到鄧章修黃老言，〈張釋之馮唐列傳〉提到王生善爲黃老言，〈田叔列傳〉提到田叔學黃老術於樂臣公所，〈汲鄭列傳〉提到汲鄭好黃老之言。

〔註 13〕　（漢）司馬遷撰，（宋）裴駰集解：《史記》（臺北：藝文印書館，2005 年 2 月景印清乾隆武英殿刊本），卷 130，頁 1349。

相應學說，應用于其循名責實的名分等級治國理念中，另外，黃老
學派還吸收了鄒衍的陰陽五行學說等。〔註14〕

劉氏指出：黃老的特徵是以道家的哲理作爲理論基礎，倡導法治，吸收了
儒、墨的道德教化、尚賢任能、名家的循名責實與陰陽五行學說等內容而
成的。

　　由此，學者們開始反思現今所謂「道家」一詞的來源與內涵的問題，金
甲秀的〈黃老學與道家〉〔註15〕便認爲漢代的老莊與黃老是不分的，熊鐵基
的《秦漢新道家》〔註16〕則提出漢代所認定的道家其實是黃老，較多的學者
認爲黃老與老莊是道家自老子以下的兩個主要流派，如：李零〈說「黃老」〉
指出研究漢代學術史可以發現，老子除了王弼注的哲理系統，還有另外兩種
傳授系統，即刑名法術的系統和養生神仙的系統，指的便是黃老一系與老莊
一系。《史記》將老、莊、申、韓合傳，反映的是戰國學術傳統，而漢代所謂
的道術與刑名法術本來就是同出一源。〔註17〕又：陳德和〈戰國老學的兩大
主流——政治化老學與境界化老學〉把初期黃老（以《管子》四篇與《愼
子》殘卷爲主）與《莊子》內七篇看成是戰國老學的流派，前者是「政治化
老學」，後者是「境界化老學」。〔註18〕又：白奚〈學術發展史視野下的先秦
黃老之學〉指出莊子是道家中的隱逸派，強調對個體獨立性以及精神自由的
追求，而黃老之學是發揮老子的道論，比老子更注重道的實際應用，探討治

〔註14〕　劉宗棠：〈先秦黃老學派及其學術理論來源〉，《北方論叢》第 2 期（2006 年），
　　　　　頁85。

〔註15〕　《管子學刊》第 4 期（2001 年），頁 17～24。

〔註16〕　熊鐵基：《秦漢新道家》（上海：上海人民出版社，2001 年 3 月第 1 版）更提
　　　　　出了「秦漢新道家」的名稱，熊氏更進一步提出《漢書・藝文志》中的雜家
　　　　　就是黃老之學，關於這點，黃漢光在〈黃老之學初議〉（見：《黃老之學析論》，
　　　　　臺北：鵝湖出版社，2000 年 5 月初版）一文進行駁斥，主張道家、黃老與雜
　　　　　家是三個不同的內涵：道家哲學所面對的問題是由周文罷弊而帶來的社會動
　　　　　盪開始反省，而反省的解決之道在一切放下，以消解現實上的一切有爲。黃
　　　　　老之學面對的問題是全國統一趨勢的明朗和人民要求休養生息呼聲的高漲，
　　　　　以及社會思想領域內，出現百家合流，要求思想定於一尊的趨勢。雜家思想
　　　　　是沒有中心主導思想，而只是爲了現實的政治上，求王治之無不貫的要求下，
　　　　　集眾家之長的政治主張。此三者的主要代表作品分別爲：道家——《老子》、
　　　　　《莊子》，黃老——《黃帝四經》，雜家——《呂氏春秋》、《淮南子》。

〔註17〕　《道家文化研究第五輯》（上海：上海古籍，1994 年 11 月第 1 版），頁 149～
　　　　　153。

〔註18〕　《鵝湖學誌》第 35 期（2005 年 12 月），頁 59～102。

國安邦之道，尋求富國強兵之術是它是最終目標。〔註19〕又：王葆玹《黃老與老莊》也提出了黃老與莊老分立之說，並認爲道家一詞是司馬談的創說。〔註20〕然而，若如上述諸家所言，如果黃老與老莊是兩個分支，那麼劉笑敢的《莊子哲學及其演變》〔註21〕提出《莊子》書中有所謂的黃老派又該如何說明？

嚴靈峰〈黃老道術源流〉提出「道家之名，始於秦漢之際」〔註22〕，其論據有三：一、司馬遷《史記・太史公自序》云：

> 道家使人精神專一，動合無形，贍足萬物，其爲術也，因陰陽之大順，采儒、墨之善，撮名、法之要，與時遷移，應物變化，立俗施事，無所不宜。指約而易操，事少而功多。……道家「無爲」，又曰：「無不爲」。其實易行，其辭難知；其術以虛無爲本，以因循爲用。無成勢，無常形；故能究萬之情，遵爲物先，不爲物後；故能爲萬物主。有法無法，因時爲業；有度無度，因物與合。故曰：「聖人不朽，時變是守。」虛者，道之常也；因者，道之綱也；群臣並至，使各自明也。〔註23〕

二、劉向《列子・敘錄》云：

> 列子者，鄭人也，與鄭繆公同時，蓋有道者也。其學本於黃帝老子，號曰：「道家」。道家者，秉要執本，清虛無爲，及其治身接物，務崇不競，合於六經。〔註24〕

三、班固《漢書・藝文志》云：

> 道家者流，蓋出於史官，歷記成敗、存亡、禍福、古今之道，然後知秉要執本，清虛以自守，卑弱以自持；此君人南面之術也。合於

〔註19〕《人文雜誌》第 1 期（2005 年），頁 147～151。又：白奚的〈先秦黃老之學源流述要〉也有類似的看法。

〔註20〕王葆玹：《黃老與老莊》（北京：中國人民大學出版社，2012 年 3 月第 1 版），頁 12～15。

〔註21〕劉笑敢：《莊子哲學及其演變》（北京：中國社會科學出版社，1988 年 2 月第 1 版）。

〔註22〕《臺大學哲評論》第 22 期（1999 年 1 月），頁 326～327。

〔註23〕（漢）司馬遷撰，（宋）裴駰集解：《史記》（臺北：藝文印書館，2005 年 2 月景印清乾隆武英殿刊本），卷 130，頁 1349。

〔註24〕（戰國）列子撰，楊伯峻集釋：《列子集釋》（北京：中華書局，1979 年 10 月第 1 版），頁 278。

　　堯之克讓，易之嗛嗛；一謙而四益，此其所長也。及放者爲之，則

　　欲絕去禮學，兼棄仁義，曰：獨任清虛，可以爲治。〔註25〕

比較上述三家的說法，《列子‧敘錄》與《漢書‧藝文志》對道家的說法基本上是一致的，即「秉要執本，清虛無爲」八字，《漢書‧藝文志》特別指出道家是「君人南面之術」，而《列子‧敘錄》則認爲道家「合於六經」。《史記》的描述比較詳細，提到「精神專一」、「應物變化」，這比較接近《莊子》跟《黃帝四經》的內容，又提到「采儒、墨之善」，此正與《列子‧敘錄》的「合於六經」之說相合。另外，《漢書‧藝文志》提到絕禮學、棄仁義是道家的「放者」，可見班固認爲絕棄仁義禮智並不是道家思想的主流，那麼《莊子》的〈駢拇〉、〈馬蹄〉一類的隱逸思想該怎麼定位？

　　從古籍看來，嚴靈峰的主張是有道理的，因爲在《莊子‧天下》、《荀子‧非十二子》、《韓非子‧顯學》這些談及當代學派的作品中，都沒有看到道家這個概念，除了較晚期的《韓非子》指出儒、墨有明顯的學派之別，其他各個學派名稱還沒看到，可能當時大部分的學說還是以人爲主，不見得有學派名稱，因此先秦的學說常常是以人名書，而該書往往卻是老師與弟子或後學的總集，如：《莊子》、《荀子》、《韓非子》等書，現在許多學者都認同該書並非一人所作，這是反應了秦漢之際的學術狀況。如果道家之名是漢代才有的，那麼漢人所謂的道家有什麼內涵？

　　依據《史記‧太史公自序》、《列子‧敘錄》、《漢書‧藝文志》所謂的道家，「使人精神專一」、「無爲又曰無不爲」、「以虛無爲本，以因循爲用」、「知秉要執本，清虛以自守，卑弱以自持」……等特徵，若在《老子》、《莊子》、《黃帝四經》三書探尋，大多能找到相對應的思想，今人雖然有老莊與黃老分支之說，但不能否定漢代應該是將老莊與黃老視爲一家的。《列子‧敘錄》直指老子、黃帝爲道家，《史記‧莊子列傳》直指莊子本歸於老子之言，《漢書‧藝文志》將棄絕仁義禮樂稱爲放者，可見班固也是將《莊子》批判儒墨一類的思想歸入道家，只是被視爲非主流而已。既然《老》、《莊》、《黃》皆被漢人視爲道家，那麼它們就具有基本的可比性，也引發了筆者的疑問：漢人爲什麼將它們視成一家？因爲它們同樣以道爲本體？因爲它們的思想淵源都與老子有關？還是因爲它們都是君人南面之術？

　　另外，筆者在研讀《莊子》與《黃帝四經》時，發現兩者對政治的看法

〔註25〕　（清）王先謙補注：《漢書補注》，頁892。

雖然有某些相通處，但其思想卻有本質上的不同，因此連帶著對於劉笑敢所謂的莊子黃老派產生了疑惑。

為了解釋上述幾個疑問，本論文把《老》、《莊》、《黃》三書合在一起比較，歸納其政治體系，再探討其政治觀的異同。因為《老》、《莊》、《黃》三本書的體系內容很複雜，若要全面比較，牽涉到的範圍太廣泛，不是一本博士論文所能負荷，因為最初引起筆者發想的是《莊》、《黃》的政治思想部份，再看班固《漢書・藝文志》在《老子》下面註明它是「君人南面之術」，《黃帝四經》全書更是明顯以強國為目的，而《莊子》內容雖然大多以追求生命自由為主，但是在筆者仔細爬梳之後，發現其政治思想佔全書比例近三分之一，其中亦有可觀之處，因此本論文擬作「《老》、《莊》與《黃帝四經》政治觀研究」。

二、研究方法

本論文的研究目的是重構《老子》、《莊子》、《黃帝四經》三書的政治思想體系，研究方法首先針對文本進行分析研究、整理、歸納，在這一步驟裡，研究對象只有文本本身，並不包含其他外在因素，雖然筆者對文本的理解必須依賴前人的注釋，但這是理解所有文本所不可避免的背景知識，故此一因素在此先行擱置。

本論文在分析文本時是將文本分割成小段，將每小段看成一獨立的小個體，先分析各小段內部義理，再將此小段與其他小段進行比較，然後將思想內涵相似者進行整合歸納，再就其中的邏輯辯證建構出思想體系。

本論文分割文本的標準以主題為單位，如：《老子》通行本第一章：「道，可道也，非恒道也……」〔註26〕此全章在講道的不可表述，因此獨立成為一小單位；又如：《莊子・逍遙遊》：「北冥有魚，其名為鯤……故曰：至人无己，神人无功，聖人无名。」〔註27〕此段在講魚化鯤，後又化為鵬的故事與此故事的意涵論述，因此獨立成為一小單位；又如：《黃帝四經・道法》：「道生

〔註26〕 本論文之《老子》文本皆採用陳錫勇老師的校注本《老子釋義》（臺北：國家出版社，2006年元月初版），以下引文不再一一作註說明，採用原因與標準詳見本章第三節。

〔註27〕 本論文之《莊子》文本皆採用王叔岷校注本《莊子校詮》（臺北：中央研究院歷史語言研究所，1988年3月出版），以下引文不再一一作註說明，採用原因與標準詳見本章第三節。

法。……〔故〕能自引以繩，然後見知天下而不惑矣。」〔註28〕此段在講道
與法之關係，因此獨立成為一個小單位。這種打破以「篇」為單位的分析法，
張恒壽《莊子新探》〔註29〕已經使用以章來分類《莊子》，但其研究結果仍無
法脫離羅根澤〈莊子外雜篇探源〉〔註30〕的分類，分成：道家左派、道家右
派、宋尹派、莊子派、神仙家、隱逸家、戰國策士、儒家。正如：劉榮賢《莊
子外雜篇研究》〔註31〕也嘗試以章來分析《莊子》，然其研究結果仍無法脫出
劉笑敢《莊子哲學及其演變》〔註32〕的分類，將外、雜篇分成述莊派、黃老
派、無君派。為何張恒壽與劉榮賢採用了新的方式所得出的結果卻與羅根澤、
劉笑敢大同小異呢？因為張氏與劉氏雖以章來分析《莊子》，但是在分析文本
時卻仍無法擺脫年代與學派的成見束縛，所以只能得到與羅氏、劉氏類似的
結果。因此本論文主張在此分析的步驟時不宜加入年代、學派等其它外在因
素來干擾分析結果，應該單純就文本本身來探討分析。

關於這種分割文本的方式，有些學者持反對意見，如：蕭裕民〈《莊子》
內外雜篇新論——從思想的一致性來觀察〉主張：《莊子》一書所論具有相當
程度的一致性，而它所代表的是包含莊子在內的一群思想接近的思想家們的
思想。〔註33〕又如：詹康〈《莊子》調和派的道德挑戰與實踐哲學〉主張：在
討論《莊子》時將內容分內、外、雜等組已是迴避了詮釋的挑戰，若再細分
至段落，就成了再次迴避，而且徹底免除了書籍加諸我們形式限制。〔註34〕
然而，蕭氏與詹氏卻無法否定《莊子》一書並非一人一時一地所作，如果肯
定了《莊子》並非一人一時一地所作，那麼即便此書的內容有一致性，但是
當中蘊含著不同人、不同時、不同地的思想也應該被肯定，本論文的目的便
是將這些不同找出來，進行分析比較詮釋，這並不防礙《莊子》之所以為《莊
子》的思想史地位。同理，用分割的方式來分析《老子》與《黃帝四經》應

〔註28〕 本論文之《黃帝四經》文本皆採用陳鼓應校注本《黃帝四經今注今譯——馬
王堆漢墓出帛書》（北京：商務印書館，2007 年 6 月第 1 版），以下引文不再
一一作註說明，採用原因與標準詳見本章第三節。
〔註29〕 張恒壽：《莊子新探》（武漢：湖北人民出版社，1983 年第 1 版）。
〔註30〕 《莊子研究論集新編》（臺北：木鐸，1988 年初版）。
〔註31〕 劉榮賢：《莊子外雜編研究》（臺北：聯經出版社，2004 年 4 月初版）。
〔註32〕 劉笑敢：《莊子哲學及其演變》（北京：中國社會科學出版社，1988 年 2 月第
1 版）。
〔註33〕 《興大人文學報》第 36 期（2006 年 3 月），頁 159～186。
〔註34〕 《政治科學論叢》第 43 期（2010 年 3 月），頁 1～52。

該也是合理的。

在分析文本、建構出該文本的思想體系之後，第三步驟便是將此思想體系與另外兩個文本的思想體系相比較，比較三書在相對應的結構位置上，其思想內涵有何異同。本論文將三書的政治思想結構分成：理論根源、執行主體、執行方針、理論理想四項，此四項源自筆者在分析歸納《老子》的政治思想體系時所得出的四個重點：道、聖人、德、邦，因此以此為比較標準，來比較《老》、《莊》、《黃》三書的政治觀。

進行完文本的比較之後，第四步驟便是對比較的結果加以詮釋，此時才加入三書之外的材料進行綜合探討，再將比較結果放入春秋戰國至漢初的歷史下來檢視，探討三書思想可能的發展軌跡，最後作出結論。

三、前人研究

關於道家政治思想專題研究，前人的論文大多針對《老子》與《黃帝四經》，少將《莊子》列為研究對象，更無人將《莊子》與《黃帝四經》作比較研究者，蓋因《莊子》主要在探討生命的自由而《黃帝四經》主要在探討君主治國之道，乍看之下，缺乏可比性，然而筆者在進行文本分析時，發現《莊子》全書有近三分之一的內容討論到與政治有關的觀點，其中更有些用語與《黃帝四經》類似，可見兩者對政治的觀點應該有相關處，又兩者皆對《老子》有所繼承，故今以《老》、《莊》、《黃》為本論文的研究對象，探討其政治觀的同異之處。在進入本論之前，先將今所見與《老子》、《莊子》、《黃帝四經》三者的政治觀直接相關的論文數篇概述如下：

（一）題目與《老子》政治觀相關者

1、蔡明田《老子的政治思想》主要在分析老子的道與內聖外王理論，提出了以和平為前提的文化國家。〔註35〕

2、吳玓瑾《老子政治思想研究》認為老子改變現實環境狀況方法分成修養工夫與為政法則兩方面，其理想為希言自然、謙讓不爭、持保三寶、絕聖棄智、輕稅實腹。〔註36〕

〔註35〕 蔡明田：《老子的政治思想》（臺北：政治大學政治學研究所博士論文，1974年）。

〔註36〕 吳玓瑾：《老子政治思想研究》（臺北：輔仁大學哲學研究所碩士論文，1995年）。

3、卓伯翰《老子政治思想研究》指出：老子提出「道」做爲政治的指導原則，以解決禮治政治名存實亡的問題，提出無爲、柔弱等主張，做爲施政綱領、統治術和軍事政策來建立小邦寡民的理想社會，老子的道治主義後來發展成著重精神自由的莊周學派與著重政治事功的黃老學派。〔註37〕

4、田惠敏《論老子政治思想的洞見與侷限》分析形上的道作爲治道的基本理論，聖人以自然之道經國治民，實行無爲而治的政教主張，並認爲老子的侷限在未能在法治的基礎上謀思如何限制政治權威的濫用。〔註38〕

5、安守剛《老子政治思想剖析》指出老子從道去觀照人間政局，討論國家的等次、國政外交、社會經濟生活、政治家的風範與安國之道。〔註39〕

6、林士哲《老子的政治思想》說明道轉化爲德，以無爲而治、柔弱和眾治國，以慈、儉處世，最後指出老子治道生活與現實的落差、忽視人類的多元。〔註40〕

（二）題目與《莊子》政治觀相關者

1、蔡明田《莊子的政治思想》主要分成五部份：莊子論道，分成：形上的本體與藝術的心靈。莊子論無爲，分成：自然順性，上無爲而下有爲、揍擊仁義，否定不合時宜的典章制度、政治藝術化，爲而不有的至德之世。莊子論自由平等：由心齋坐忘的工夫到達精神自由的最高境界，天地並生，萬物爲一。莊子論順與化：得其環中，以應無窮，順人而不失己，摒棄權謀，以和化人的藝術化境。莊子論理想政治：他所標揭的理想社會並非無政府的渾沌社會，而是智慧與藝術創造的人間世。〔註41〕

2、林俊宏《莊子的政治觀一個思想典範的論釋》以孔恩的原創概念「典範」來分析莊子的政治觀，藉由與先秦諸子的對比來彰顯「無爲典範」與「有爲典範」的差異，其次討論莊子「道」的政治意含落在「人本」與「個體」兩個面向上，之後討論建構典範的知識論與社會學意涵，最後探討莊子做爲先

〔註37〕卓伯翰：《老子政治思想研究》（臺北：東吳大學中國文學研究所碩士論文，2002年5月）。

〔註38〕田惠敏：《論老子政治思想的洞見與侷限》（臺北：華梵大學哲學研究所碩士論文，2008年元月）。

〔註39〕安守剛：《老子政治思想剖析》（臺中：東海大學哲學研究所碩士論文，2007年6月）。

〔註40〕林士哲：《老子的政治思想》（臺北：華梵大學東方人文思想研究所碩士論文，2007年）。

〔註41〕蔡明田：《莊子的政治思想》（臺北：牧童出版社，民國63年10月20日）。

秦一個「競爭典範」的建構與「前典範期」的超穩定結構的關係。〔註42〕

3、陳順德《莊子政治思想中個人與國家關係之研究》提出以詮釋學為方法，以個人與國家為研究方向，探討莊子的國家觀、個人與國家關係，最後分析莊子如何讓國人在以武力為本質的國家裡，超越國家的藩籬，追求安身立命之道。〔註43〕

4、黃源典《莊子之治道觀》沿用牟宗三《政道與治道》一書的說法，認為莊子只有治道而無政道，故以此名題，先談內篇的明王與臣相之治道，再依劉笑敢《莊子哲學及其演變》於外雜篇的分類方法，談述莊派的明王臣相之內聖外王工夫與境界、施為與理想，還有無君派的理想社會與黃老派的南面之術。其文主要從人格修養的工夫與境界為切入點，因此對於政治的相關議題討論的並不明顯。〔註44〕

5、金登懋《莊子的政治思想》先論述做為莊子政治思想基礎的道，其後探討「有為之治」與「無為之治」的學說和理想國家。〔註45〕

6、陳政揚〈莊子的治道觀〉歸納《莊子》一書的治道觀可分成三部分：一、內七篇的明王之治；二、〈天地〉、〈天道〉、〈天運〉等篇是黃老之治；三、〈胠篋〉、〈馬蹄〉等篇是反治思想。〔註46〕

7、詹康〈《莊子》調和派的道德挑戰與實踐哲學〉，其所謂實踐哲學便是在探討〈天地〉、〈天道〉、〈天運〉、〈刻意〉、〈繕性〉、〈在宥〉、〈天下〉等篇的社會、倫理、政府結構。其指出有為之治與無為之治是用心與不用心的差別，有為之治是以心治心，無為之治是上下率性而為，而無有意之作為。〔註47〕

8、涂宜伶《莊子政治思想研究》從莊子的德治論君民關係，歸結到無為與化的修養工夫和無為與自然的泯是非之心，之後討論莊子的虛靜、無為、

〔註42〕 林俊宏：《莊子的政治觀一個思想典範的論釋》（臺北：政治大學政治學研究所碩士論文，1990年）。

〔註43〕 陳順德：《莊子政治思想中個人與國家關係之研究》（高雄：中山大學政治學研究所，1997年）。

〔註44〕 黃源典：《莊子之治道觀》（嘉義：南華大學哲學研究所碩士論文，2000年6月）。

〔註45〕 金登懋：《莊子的政治思想》（臺北：文化大學政治學研究所碩士論文，2000年）。

〔註46〕 《高雄師大學報》第16期（2004年），頁255～272。

〔註47〕 《政治科學論叢》第43期（2010年3月），頁1～52。

無用等思想對後世的影響與對現代社會的啓示。〔註48〕

（三）題目與《黃帝四經》政治觀相關者

1、艾文君《黃老帛書政治思想之研究》認爲透過形名論證道法關係，是黃老學說與其他各家最大的不同處。首先其比較黃老帛書與老子、韓非、西方自然法等，談道與政權的正當性；其次比較黃老帛書與論語、荀子、韓非等，談形名與政治秩序的建構；其次比較黃老帛書與老子、韓非等，談王術與權力運作模式如何達到無爲而治；最後討論黃老帛書理論思想對漢代現實政治的作用影響。〔註49〕

2、袁翊軒《《黃帝四經》中的政治思想》先談道論，認爲四經的道可分成：一、空間居所的描述；二、天道運行的律則；三、人格意義的存在，並指出四經尚氣的宇宙生成圖式；其次講法與理，指出聖人爲向上體道、向下實踐的樞鈕，並提出神明爲聖人的內在理想，其將規範意義排序爲：道→天道≒理→法，他認爲道與天道是不同的內涵，由此所發展的各種定義皆與本論文不同；其次談君臣民關係與虛靜、因循、無爲等統治方法。〔註50〕

（四）題目為政治觀之比較者

1、洪巳軒《《老子》與《莊子》的天道政治思想》認爲老莊的天道政治用意在於「崇本息末」，其以「天人合一」與「天命王權」做爲理論基礎，以「順虛而化」爲行動方針，達到自發秩序的「太上之治」的理想狀態。〔註51〕

2、陳俊龍《「無爲」政治思想的詮釋進路——《老子》、《黃帝四經》、《韓非子》中所展現的脈絡》分析無爲思想分別在《老》、《黃》、《韓》之中的意義及其應用在政治上對君、臣、民的要求——老子的無爲是自然，四經的無爲是去除自我主觀欲念，依法而行，韓非的無爲有術的成分，是君王馭下的基本原則。〔註52〕

〔註48〕涂宜伶：《莊子政治思想研究》（嘉義：南華大學哲學研究所碩士論文，2011年6月15日）。

〔註49〕艾文君：《黃老帛書政治思想之研究》（臺北：政治大學政治學系碩士論文，1997年7月）。

〔註50〕袁翊軒：《《黃帝四經》中的政治思想》（臺北：臺灣大學政治學系碩士論文，2006年6月）。

〔註51〕洪巳軒：《《老子》與《莊子》的天道政治思想》（臺北：政治大學政治研究所碩士論文，2000年）。

〔註52〕陳俊龍：《「無爲」政治思想的詮釋進路——《老子》、《黃帝四經》、《韓非子》中

3、梅珍生《道家政治哲學研究》指出「道法自然」之自然即和諧，和諧是道家正義的標準，人民自我統治是道家的基本主張，而自然生成的秩序與人為秩序的衝突則是道所要解決的問題，之後發展出「執一而御眾」的政府職能分配，以達到小邦寡民、沒有壓迫、沒有人為災禍的合理社會。〔註53〕

其他還有許多對於《老子》、《莊子》、《黃帝四經》三者作多方面思想體系研究的作品，其中多少都會牽涉到政治思想，然而大多研究老、莊哲學思想的著作都將重點放在其道論、德論、修養論等，並不深入探討政治思想，故不詳述。

上述針對《老》、《莊》、《黃》三書的政治思想作單一研究者較多，綜合比較者主體多放在《老子》與《莊子》的比較，或是《老子》與《四經》的比較，但比較《老》、《莊》、《黃》三書政治觀的專著則尚未看到，因此本論文擬作三者的政治觀比較研究。

歸納上述前人著作，大致可分成二種論述系統：一、從概念命題討論問題，此類又可分成二小類：一是獨立系統，如：涂宜伶探討德治論、無為與化、無為與自然等；袁翊軒探討道、法、理、虛靜、因循、無為等；洪巳軒探討崇本息末、天人合一、順虛而化、太上之治等；另一是二元對立系統，如：林俊宏、金登懋、詹康皆探討無為與有為的對立；陳順德探討個人與國家的對立；黃源典探討明王與臣相的對立。二、從政府結構討論問題，如：艾文君探討政權的正當性、政治秩序的建立、權力運作模式；陳俊龍探討君、臣、民的要求；梅珍生探討正義觀、民主觀、社會秩序、政府職能、社會發展。

本論文的架構系統是以理論結構為綱，分成四部份討論：理論依據、理論主體、理論執行、理論理想，再配合道、聖人、無為、太上境界等重點命題。

又，前人對於《老》、《莊》、《四經》三書的思想系統的討論，除了《莊子》有劉笑敢提出莊子內篇、述莊派、無君派、黃老派等令許多人信服的分類之外，對於《老子》與《四經》還是皆視為一個系統來討論，但是本論文卻發現三書皆不只存在一種思想系統，且由這些思想系統的分類，也可以

所展現的脈絡》（臺北：輔仁大學中國文學研究所碩士論文，2010年6月）。
〔註53〕 梅珍生：《道家政治哲學研究》（北京：中國社會科學出版社，2010年12月第1版）。

看出《老》、《莊》、《四經》三者之間的交錯關係，這也是本論文所以成立的
基礎。

第三節 三書的版本、作者與時代背景

一、三書版本

研究古典文獻，必先處理書籍版本的問題，然而本論文以義理研究為
主，故而不專門為《老》、《莊》、《黃》三書作版本方面的考證研究，但是某
些與義理相關的版本問題，因為牽涉到思想的年代等問題，在此必須先作一
番說明。

（一）《老子》的版本

《老子》的傳本眾多，有：郭店楚簡本、馬王堆帛書本、道教系統的河
上公本、哲學系統的王弼本、綜合性質的敦煌本〔註 54〕，另外還有歷代翻刻
的碑本〔註 55〕等等。欲選定一善本作為研究對象有三個標準：一、最早的版
本；二、最全的版本；三、精校本。

現今所見最早的《老子》版本是 1993 年郭店出土的戰國竹簡《老子》，
因竹簡的形制不同，被分成三組：甲編、乙編、丙編。這三組《老子》的章
次不同於帛書本跟通行本〔註 56〕，甲編有二十一章，分別對應通行本的十
九、六十六、四十六下段、三十中段、十五、六十四下段、六十三、二、三
十二、二十五、五中段、十六上段、六十四上段、五十六、五十七、五十
五、四十四、四十、九等章；乙編有八章，分別對應通行本的五十九、四十
八上段、二十上段、十三、四十一、五十二上段、四十五、五十四等章；丙
編有四章，分別對應通行本的十七、十八、三十五、三十一下段、六十四下

〔註 54〕 按：敦煌本《老子》是摻雜了河上公本與王弼本的內容，這正證明了陳錫勇
老師提出的今本王弼本非原本的說法，不過其時代較早，很可能還摻雜了河、
王兩本之外的版本。

〔註 55〕 按：碑本《老子》大多被學者用來作為校勘的輔助資料，卻少有用來當作思
想的研究對象，蓋因其亦依據書面翻刻，大致上不脫河上公本與王弼本的範
圍，只是某些字有出入，故在此不詳細討論。

〔註 56〕 本書採用陳錫勇老師的主張，認為今通行本並非王弼原本，而是河上公本與
王弼本的混合本，故本書皆不稱其為王弼本，而稱作通行本。詳見其著《老
子校正》（臺北：里仁書局，1999 年 3 月 15 日初版），頁 275～290。

段等章。總計楚簡本只有三十三章（合通行本三十二個章），比通行本少了一半以上的內容。

今所見第二早的版本是 1973 年馬王堆出土的帛書《老子》，有兩種版本，皆有八十一章，其中以篆書抄寫的，名爲甲本；另一種以隸書抄寫的，名爲乙本。其中甲本經文的「邦」字，在乙本皆改作「國」，這是爲了避漢高祖劉邦的諱，由此可知，甲本當抄寫在劉邦稱帝之前，而乙本則在之後。這兩個本子的形式是德經在前，道經在後，恰與今天的通行本相反，還有四十（通行本四十一）、四十一（通行本四十）、六十七（通行本八十）、六十八（通行本八十一）、六十九（通行本六十七）、七十（通行本六十八）、七十一（通行本六十九）、七十二（通行本七十）、七十三（通行本七十一）、七十四（通行本七十二）、七十五（通行本七十三）、七十六（通行本七十四）、七十七（通行本七十五）、七十八（通行本七十六）、七十九（通行本七十七）、八十（通行本七十八）、八十一（通行本七十九）、二十二（通行本二十四）、二十三（通行本二十二）、二十四（通行本二十三）等章順序與通行本不同。

因爲楚簡本《老子》的出土，許多學者認爲這可以解決《史記‧老子傳》中作者不明、時代模糊的問題，至少可以確定《老子》的成書應該很早，認爲楚簡本《老子》的內容比帛書本少了許多，應該是節選本，但也有人持不同的看法。

劉榮賢主張楚簡本是未完成本，楚簡本正可以證明《老子》一書的寫定當在戰國時期，《老子》文本的產生時間離莊子的時代應該不遠，這便可質疑傳統思想史認爲《老子》必先於《莊子》的說法，進而認爲錢穆《莊老通論》莊前老後的主張，可能與事實相符。〔註57〕

楚簡本比帛書本少很多是事實，從現今所見的文獻很難確切證明楚簡本是節選本還是未完成本，故也有學者提出折衷的看法，認爲老子的思想的確起於春秋時期，然而文本的寫定可能經過漫長的時間，因此不能用文本的寫定時間來定位思想的起源時間。丁原植主張：要將「老子」、老子與《老子》三者不同的意含明確地分辨，故提到：一、所謂的「老子」是指：周室東遷之後，由於王權的衰微，諸侯勢力的崛起，地域文化逐漸對士人獨立的思想產生了根本的影響，於周文化的邊陲地帶的陳國，形成了一種標顯人文導源與始源觀念的新思想建構。「老子」指這種思潮探索下一種思想的成

〔註57〕劉榮賢：《莊子外雜篇研究》（臺北：聯經出版社，2004 年 4 月初版）。

果。「老子」的原始資料，應當接受漢人的說法，產生於春秋末葉。但它卻是以不定型的方式流傳於戰國初期。其中包括生命真實體驗的格言，哲人的雋語或精要的語錄，與思辨觀念探析的解說。其資料的內容似較今日《老子》文本為多。二、所謂老子是指：可能是李耳或老聃，對早期「老子」資料的編輯與撰寫起著重要作用的人。三、所謂的《老子》是指《老子》一書，當為戰國時代所編輯，寫定年代或許在戰國初期之中段，並明確定為《老子》。〔註58〕

丁氏指出今通行本《老子》與帛書《老子》的抄本關係很大。此種文本至少在紀元前第四世紀，已經流傳甚廣，而且出現不同的抄本。竹簡《老子》似乎與帛書《老子》抄寫的資料同源，但不屬同一編定的文本。戰國時代對於《老子》一書的認知與後世不同。他們並不是就學派意義的「某家」或強調為「某人」的作品來看待這些資料。而是將它視為一種人文探索與建構的觀念根基。因此，在傳抄或注釋的時候，時常將各種地域思想的闡發與衍生的觀念摻雜其中。

因為今所見最早的版本郭店本《老子》只有約三十三章（合通行本三十二個章），不到帛書本與通行本的一半，有些字句的差異也很大，相對而言，馬王堆與通行的河、王本內容十分相近，只有道經、德經與篇章的順序不同〔註59〕，故有人推測郭店楚簡本是節選本，有人認為郭店楚簡本是未完成本，有人認為郭店楚簡本與馬王堆帛書本是兩個系統，有人認為馬王堆帛書本應該是河、王本的源頭，各種說法，不一而足，今將所見學者對於《老子》成書問題的推測歸納為下列幾種模式：〔註60〕

〔註58〕上述三點是整理丁氏的六點意見而來，詳見：丁原植：《郭店竹簡老子釋析與研究（增修版）》（臺北：萬卷樓圖書有限公司，民國88年4月再版），序言，頁3～4。

〔註59〕陳鼓應認為：「《黃帝四經》〈經法〉在前、〈道原〉在後，恰與帛書《老子》〈德經〉在前、〈道經〉在後相一致，這乃是黃老學派落向現實社會的表現」。見《黃帝四經今註今釋》，頁6。

〔註60〕模式一、模式二、模式三，參考：（美）艾蘭、（英）魏克彬原編，邢文編譯：《郭店〈老子〉——東西方學者的對話》，頁66～67，模式四、模式五，參考：李存山：《〈老子〉簡、帛本與傳世本關係的幾個「模型」，《中國哲學史》（2003年第3期），頁73～74，模式六，參考：朱大星：《敦煌本《老子》研究》（北京：中華書局，2007年8月第1版），頁337。按：為方便讀者觀看，筆者統一各個作者圖表的版本格式，但沒改動原本用詞，故模式中各本的名稱略有不同。

這是認爲郭店本與馬王堆本、河、王本等皆是《老子》祖本的分支，表示郭店本的內容少於馬王堆本等，應是節選本。

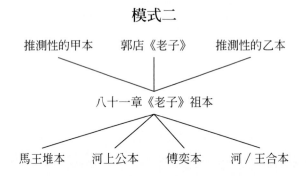

這是認爲郭店本是構成祖本的來源之一，表示郭店本的內容少於馬王堆本是因爲早期作品尚未周全。

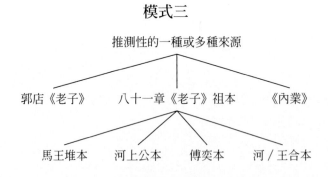

這是認爲郭店本的內容之所以比馬王堆本等少，是因爲它們出自不同的系統。

模式四

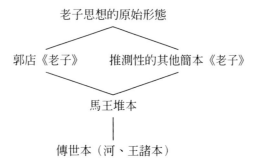

這是認爲馬王堆本與河、王本等傳世本是直系的傳承關係，而郭店本則是馬王堆的來源之一。

模式五

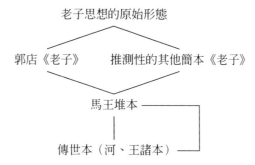

除了認定馬王堆本上源自郭店本與其他傳本的綜合，並下傳給河、王諸傳世本之外，還指出馬王堆本有另外的流傳支脈。

模式六

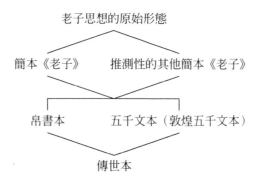

這個模式特別加入了敦煌本的系統，推測傳世通行本的來源並不單一來自馬王堆本，還要考慮敦煌本的情況。

上述六個模式，只是可能性的推測，並沒有誰能夠舉出鐵證駁倒其他人。會有這麼多的推測模式，正說明了《老子》文本的複雜性，它應該不是一時一地一人的作品，它的全書的思想的確是有一個大致上的統一方向，但若一定要將它看成是不可分割的文本，恐怕也會產生詮釋上的問題。丁原植已指出初始《老子》一書的流傳並非以定本的模式流傳，這也符合春秋戰國時師徒傳授模式的背景，而《老子》成書的年代，本論文沒有專就此點進行考證，故不敢斷言，但筆者相信《老子》早於《莊子》，從文本的內容看，《莊子》書中有些思想的確直接或間接的受《老子》影響，《莊子》書中敘述老子的言行也是認同老子早於莊子，若以成書的邏輯來看，《老子》在前是比較合理的。也認為丁原植將老子的思想、老子其人、《老子》一書三個定義分開來看的邏輯是合理的，在目前的文獻尚不能明確證明楚簡本是節選本或未完成本的情況下，採取較折衷的態度來看待楚簡本。至於帛書本與王弼本的關係，兩者在道經與德經的順序、篇章的編排與某些文字方面有出入，但是大體上還是相同的內容，文字的不同有可能是在隸定過程出現歧異，也有可能是有其他不同的傳本，只能確定的《老子》八十一章在漢初以前已經完成。關於道經與德經的順序、篇章的編排問題，也只能說明從帛書本到河、王本期間有人將書的編排順序作了調整，並不能以此說帛書本與河、王本是不同的系統，由此看來，第四種模式是比較合理的推測。

楚簡本雖然是所見最早的版本，可惜只有三十三章（合通行本三十二個章），與帛書本與今通行本相比，少了超過一半的內容，因此本論文不能把它當做主要依據的版本，只能當做參考的版本。帛書本是今所見較早又完整的版本，然而其中有些文字與楚簡本出入頗大，又有篆、隸、楷等書體轉換的問題，因此本論文採用陳錫勇精校的《老子釋義》〔註61〕作為研究的文本，再參考廖名春〔註62〕、丁四新〔註63〕等人的校釋楚簡本、高明校釋的帛書本〔註64〕

〔註61〕陳錫勇：《老子釋義》（臺北：國家出版社，2006 年元月初版）。

〔註62〕廖名春：《郭店楚簡老子校釋》（北京：清華大學出版社，2003 年 6 月第 1 版）。

〔註63〕丁四新：《郭店楚竹書《老子》校注》（武漢：武漢大學出版社，2010 年 3 月第 1 版）。

〔註64〕高明：《帛書老子校注》（北京：中華書局，1996 年 5 月第 1 版）。

與其他注解通行本。

現今常現的《老子》版本主要是河上公注本與王弼注本，因河上公注本的作者與著作年代都不明，注文又有道教思想，難以使人信服，因此近代學者大多還是選擇以武英殿刊刻的王弼注本爲研究《老子》的對象，現今市面上通行的《老子》也以此爲主，然而現今所見的王弼注本亦非原本，而是摻入河上公注本的本子，故稱爲通行本較佳。早前許多研究《老子》思想的著作都以通行本爲研究對象，原因或是未能看到帛書本與楚簡本，或是無視帛書本與楚簡本，這也造成了其研究中的某些問題，本論文以精校本爲主，以楚簡本、帛書本與通行本爲輔，希望可以在前人的研究上進一步解釋一些問題。

（二）《莊子》版本

今所見《莊子》一書的版本系統較《老子》爲單純，只有郭象注本的系統，分內七篇、外十五篇、雜十一篇，計三十三篇，共約六萬五千餘字〔註65〕，與《史記‧莊子傳》所言十餘萬言不符，故學者多認定今所見的版本是郭象的刪訂本。陸德明《經典釋文‧序錄》提到：

> 時人皆尚遊説，莊生獨高尚其事，優遊自得，依老氏之旨，著書十餘萬言，以逍遙自然無爲齊物而已，大抵皆寓言，歸之於理，不可案文責也。然莊生宏才命世，辭趣華深，正言若反，故莫能暢其弘致，後人增足，漸失其眞，故郭子玄云：「一曲之才，妄竄奇説，若〈閼弈〉、〈意脩〉之首，〈危言〉、〈游鳧〉、〈子胥〉之篇，凡諸巧雜，十分有三。」《漢書藝文志》：《莊子》五十二篇，即司馬彪、孟氏所注是也。言多詭誕，或似《山海經》，或類占夢書，故注著以意去取，其內篇眾家竝同，自餘或有外而無雜。唯子玄所注，特會莊生之旨，故爲世所貴。〔註66〕

陸德明相信古本莊書中有些並非莊子所作，而是「後人增足」，而這些後人所作即郭象所謂十分之三的「妄竄寄説」，其所見到的五十二篇是漢志所著錄的司馬彪與孟氏所注，「言多詭誕」，之後郭象在司馬彪五十二篇本的基礎上，

〔註65〕（宋）陳景元《南華眞經章句音義序》稱莊子三十三篇，六萬五千九百二十三字。

〔註66〕（唐）陸德明：《經典釋文》（臺北：鼎文書局，1972年9月影印通志堂本），卷1，頁17。

以意去取，刪成三十三篇。陸氏會採用郭象注本作爲釋文的依據，是因爲「唯子玄所注，特會莊生之旨，故爲世所貴。」可見在陸氏的時代，還可以看到許多其他家的版本，只是內容不被大多數人所認同，只尊崇郭象的版本。之後唐代成玄英注《莊子》，採用的也是郭象的版本，其他的版本就漸漸亡佚了。

今所見的《莊子》分成內、外、雜三篇，一般認爲今所見的這三篇的內容章節應該是郭象所定。陸德明提到除了郭象之外，還有其他家有內、外篇或內、外、雜之分，但篇目的構成與郭象本不盡相同，如：崔譔、向秀本爲二十七篇〔註 67〕。由此看來，傅斯年〈誰是〈齊物論〉的作者〉〔註 68〕提出「內、外之分起于郭象」的說法並不確實，內、外篇之分早在郭象之前就有了。

《莊子》內、外、雜篇的分別到底始於何人？大致有二派說法，一是主張起於淮南王的門客，如：武內義雄《莊子考》認爲漢志所載《莊子》五十二篇是淮南王門下士所傳。武內氏引清代俞正燮的說法，以司馬彪五十二篇本有淮南王〈莊子略要〉，類似《淮南子》有〈要略〉，加上《莊子》書與淮南王書皆有內、外之分，二者相似，而認爲淮南本爲入秘書校讎者，已有內外雜篇之分。〔註 69〕陳品卿《莊子新探》主張：《莊子》五十二篇乃由淮南子門下士所傳，但是內、外、雜篇之分是劉向父子整理始定。〔註 70〕張恒壽《莊子新探》亦云：「淮南王劉安是整理編纂《莊子》的開始者」〔註 71〕。

另一派則主張起於劉向校書，如：唐蘭〈老聃的姓名和時代考〉云：「內、外之分起於劉向」〔註 72〕。崔大華《莊學研究》云：「莊子的篇目劃分經歷兩個階段：先有將全書作內、外篇的劃分，這是漢代劉向所爲；然後有

〔註 67〕 向秀本一作二十六篇，一作二十八篇。

〔註 68〕 傅斯年：〈誰是〈齊物論〉的作者〉，《中央研究院歷史語言研究所集刊》第 6 期第 4 卷，1936 年 12 月，頁 557～567。

〔註 69〕 武內義雄著、連清吉譯，收於町田三郎著、連清吉譯：《日本幕末以來之漢學家及其著述》（臺北：文史哲，1992 年），頁 265。黃錦鋐《莊子讀本·導讀》引武內氏等人的看法，以爲《莊子》分內、外、雜篇，大概是在魏晉六朝的時候。但黃錦鋐又在〈關於莊子及莊子書〉認爲：因爲漢志已有內、外、雜篇之分，推論其始分定者爲淮南王門下之客。

〔註 70〕 陳品卿：《莊學新探》（臺北：文史哲出版社，1984 年 9 月增訂再版）。

〔註 71〕 張恒壽：《莊子新探》（武漢：湖北人民出版社，1983 年第 1 版），頁 22。

〔註 72〕 唐蘭：〈老聃的姓名和時代考〉，《古史辨》第四冊（臺北：明倫出版社據樸社初版重印，1970 年 3 月臺初版），頁 332～251。

由外篇中分出雜篇的劃分，這是在魏晉時期由司馬彪開始、郭象完成的。」
〔註73〕池田知久《莊子——道的思想及其演變》認為：從《莊子》書被引用
的篇名及文句遍佈內外雜篇，而沒有特別重視引用內篇的情況來看，認為到
《淮南子》（西元前 206～154 左右）時當無內外雜篇的區分。認為最早將五
十二篇本分為「內篇七，外篇二十八，雜篇十四，解說三」的是劉向。〔註74〕
余嘉錫《古書通例》云：「凡一書之內，自分內外者，多出於劉向，其外篇大
抵較為膚淺，或並疑為依託者也。」〔註75〕熊鐵基從其他現存的〈孫卿書
錄〉、〈列子書錄〉、〈管子書錄〉、〈晏子書錄〉等內容歸納出幾點證成此說
法：一、秘府所藏之書有很多重複；二、幾乎所有的書都是分篇流傳；三、
劉向、劉歆等人進行整理是多人合作，先選出一個定本，或是如〈說苑敘錄〉
所說的「以類相從，一一條別篇目」，然後再校定文字，這個「以類相從」即
可能是分為內、外。或從《晏子敘錄》可以推知《莊子》書的校定概況，劉
向在「定著八篇二百一十五章」之後又寫道：「其書六篇，皆忠諫其君，文章
可觀，義理可法，皆合六經之義。又有復重，文辭頗異，不敢遺失，復列以
為一篇。又有頗不合經術，似非晏子之言，疑後世辯士所為者，故亦不敢失，
復以為一篇。凡八篇，其六篇可常置旁御觀。」由此或可推知今本《莊子》
分類的基準，亦可能有除了劉向認定的莊子作品之外，也有「復重、文辭頗
異」者，或是似非莊子之言者，劉向都別為一篇予以保存。又漢代許多書都
有內外之分，如《淮南子》有分內外，今外篇已亡，只存內篇；《孟子》也有
內外之分，漢趙岐《孟子題辭》道：「又存《外書》四篇——《性善辯》、《文
說》、《孝經》、《為政》——其文不能宏深，不與《內篇》相似，似非孟子本
真，後世依放而託也。而《史記・孟荀列傳》說「作《孟子》七篇」，而《漢
書・藝文志》著錄為「《孟子》十一篇」，應劭《風俗通・窮通篇》說「退與
萬章之徒序《詩》、《書》、仲尼之意，作書中、外十一篇」，此《孟子》的內
七篇、外四篇，可能就是劉向「以類相從」的結果，故《莊子》可能也被劉
向分了內、外篇。〔註76〕

〔註73〕崔大華：《莊學研究》（北京：人民出版社，1992 年 7 月第 1 版），頁 60。

〔註74〕池田知久：《莊子——道的思想及其演變》（臺北：國立編譯館，2001 年），頁
　　　 42。

〔註75〕余嘉錫：《古書通例》（上海古籍，1985 年），卷 3，論編次第三「古書之分內
　　　 外篇」，頁 112。

〔註76〕熊鐵基、劉固盛、劉韶軍撰：《中國莊學史》（長沙：湖南人民出版社，2003

　　比較上述兩派的說法，劉向校書一事例證頗多，而淮南王門客是否有校書的事實，今不見實例，熊鐵基所引劉氏所校之書的各篇敘錄來說明《莊子》一書的整理，是比較可信。

　　《莊子》內、外篇之分雖始於劉向，然其中的內容章節卻不一定完全依照劉氏的整理，陸德明當時注家對於內、外、雜的內容各依己見編定，只有內篇是諸家所同，而今所見《莊子》是郭象本，因此許多學者都認同今本內、外、雜的章節分類是郭象所編定的。其中，內篇各家皆同，蓋因是莊子所作，外、雜篇有所不同，則是出自莊子弟子及其後學之手，內容龐雜，故各家有取捨之別。

　　現今可以見到《莊子》最早的版本是 1988 年湖北江陵張家山出土的漢簡，自題篇名為〈盜跖〉，內容為孔子見盜跖，與今本〈盜跖〉的文字內容基本一致。此墓下葬時間約漢文帝七年（西元前 173 年），距離惠帝廢除「挾書律」的時間只有十八年，因此〈盜跖〉不太可能是漢代才產生的作品。

　　現今可以見到第二早的版本是 1977 年安徽阜陽雙古堆發現的漢簡《莊子》，其中《莊子》雜篇殘文數條，涉及到今本的〈則陽〉、〈外物〉、〈讓王〉，大多僅存數字，只有〈外物〉「宋元君夜半而夢」的故事殘留比較多。該墓下葬的時間是西漢文帝十五年（西元前 165 年），比《史記》的時代早了快八十年，足以證明司馬遷所舉的〈漁父〉、〈盜跖〉、〈胠篋〉、〈畏累虛〉、〈亢桑子〉幾篇只是舉例說明，不能以此推論《莊子》內容與篇章的先後。此本距離廢除「挾書令」的時間是二十六年，由此可見，〈則陽〉、〈外物〉、〈讓王〉也不太可能是漢代的作品。韓自強、韓朝的〈阜陽出土的莊子雜篇漢簡〉便指出：阜陽出土的《莊子》雜篇遺文數條，其中有歷代備受質疑的〈讓王篇〉文句，則該篇的年代當早於下葬時的西漢文帝十五年，距離一般認定的莊子活動時間（西元前 300 年前後）相當接近。〔註77〕

　　上述兩個版本的《莊子》，一個只有〈盜跖〉篇，一個只存隻字片語，因此對於《莊子》一書思想的研究幫助不大，但可由此可以推論《莊子》的成書時間不會太晚。

　　今所見第三早的《莊子》版本是二十世紀初在敦煌發現《莊子音義》的

年 10 月第 1 版），頁 18～21。

〔註77〕韓自強、韓朝：〈阜陽出土的莊子雜篇漢簡〉，《道家文化研究第十八輯》（北京：三聯，2000 年 8 月第 1 版），頁 10～14。

殘卷。因爲陸德明的《經典釋文》現在尚可見到全本，故此殘卷在校勘學的
貢獻較大，也非研究《莊子》思想的善本。

　　本論文研究的《莊子》版本以王叔岷精校的《莊子校詮》〔註78〕爲對象，
其中，本論文主張分析《莊子》當以段爲主，爲免繁瑣，本論文不再附上自
行分析的段落，而以王先謙《莊子集解》〔註79〕的分段爲主，詮釋參考的校
釋本則有（清）郭慶藩撰、王孝魚點校《莊子集釋》〔註80〕、張默生《莊子
新釋》〔註81〕、陳鼓應《莊子今註今譯》〔註82〕等書。

（三）《黃帝四經》版本

　　本論文所謂《黃帝四經》指的是 1973 年長沙馬王堆三號墓出土的四篇帛
書，它們寫在《老子》乙本的前面，墨寫隸書，避邦字諱，不避惠帝劉盈諱，
抄寫年代應當在惠帝至文帝初年（約西元前 194～169），原來沒有題書名，每
篇後均有篇名並字數，四篇題名依序爲〈經法〉、〈十大經〉〔註83〕、〈稱〉、〈道
原〉。

　　首先將〈經法〉等四篇定名爲《黃帝四經》的是唐蘭，唐蘭〈《黃帝四經》
初探〉首先爲馬王堆三號墓出土的《經法》、《十大經》、《稱》、《道原》四篇
帛書定名爲《黃帝四經》，認爲它們就是《漢書・藝文志》中著錄的《黃帝四
經》一書，與《老子》寫在一起，是黃老合卷的一部分。其理由有四點：
一、四篇的文章風格一致，思想體系完整，應該是一本書。二、由文中避諱
來看，四篇抄錄時代是漢文帝初年，正是黃老思想通行的時代。三、從《漢
書・藝文志》中有關黃帝的著錄來看，只有《黃帝四經》的篇數符合。四、
四篇的內容都是比較簡要而帶有概括性的，文體大部分是韻文，篇名就稱爲
「經」。〔註84〕

〔註78〕 王叔岷：《莊子校詮》（臺北：中央研究院歷史語言研究所，1988 年 3 月出
　　　　版）。
〔註79〕 王先謙：《莊子集解》（臺北：世界書局，2003 年 10 月第 2 版）。
〔註80〕 （清）郭慶藩撰，王孝魚點校：《莊子集釋》（北京：中華書局，1961 年 7 月
　　　　第 1 版）按：本論文所引郭象注與成玄英注多出於此版本。
〔註81〕 張默生釋，張翰勛校補：《莊子新釋》（山東：齊魯書社，1993 年 12 月第 1
　　　　版）。
〔註82〕 陳鼓應：《莊子今註今譯》（臺北：臺灣商務印書館，1999 年 11 月修訂版）。
〔註83〕 或有因「十」與內容的章數不合而認爲應作〈十六經〉，但並沒有被普遍採
　　　　用。
〔註84〕 唐蘭：〈《黃帝四經》初探〉，《文物》第 221 期（1974 年 10 月），頁 48～49。

　　有些學者不認同唐蘭的說法，因此稱它爲「黃老帛書」，如：吳光《黃老之學通論》〔註85〕、陳麗桂《戰國時期的黃老思想》〔註86〕、丁原明《黃老學論綱》〔註87〕、黃漢光《黃老之學析論》〔註88〕、張增田《黃老治道及其實踐》〔註89〕皆用此稱。然而所謂的「黃老」本來是指黃帝跟老子〔註90〕，此四篇的主題很明顯與《老子》不同，若把老子排除卻又稱之爲「黃老帛書」，並不適合，因爲它的內容沒有「老」的部份，只剩下「黃」的部份了。

　　又有稱此四篇爲「黃帝書」者，如：熊鐵基《中國莊學史》〔註91〕、李培志《〈黃帝書〉與帛書〈老子〉君道思想淵源研究》〔註92〕皆用此稱。然而「黃帝書」一詞已見《列子》〔註93〕，且依其所引之內容來看，其所謂「黃帝書」的內容與《老子》有些重複，與帛書〈經法〉四篇的情形並不相同，爲免混淆，還是不採用此說。

　　又裘錫圭〈馬王堆帛書《老子》乙本卷前古佚書并非《黃帝四經》〉主張「黃老帛書」之名亦不適合，目前應稱爲「馬王堆《老子》乙本卷前佚書」

〔註85〕 吳光：《黃老之學通論》（杭州：浙江人民出版社，1985 年 6 月第 1 版）。

〔註86〕 陳麗桂著：《戰國時期的黃老思想》（臺北：聯經出版事業公司，1991 年 4 月初版）。

〔註87〕 丁原明：《黃老學論綱》（濟南：山東大學出版社，1997 年 12 月第 1 版）。

〔註88〕 黃漢光：《黃老之學析論》（臺北：鵝湖出版社，2000 年 5 月初版）。

〔註89〕 張增田：《黃老治道及其實踐》（廣州：中山大學出版社，2005 年 9 月第 1 版）。

〔註90〕 《論衡・自然》云：「賢之純者，黃老是也。黃者，黃帝也；老者，老子也。」《史記・樂毅傳》云：「有樂臣公善修黃帝老子之言」，亦是黃帝、老子並稱。

〔註91〕 熊鐵基、劉固盛、劉韶軍：《中國莊學史》（長沙：湖南人民出版社，2003 年 10 月第 1 版）。

〔註92〕 李培志：《〈黃帝書〉與帛書〈老子〉君道思想淵源研究》（濟南：齊魯書社，2012 年 7 月第 1 版）。

〔註93〕 例如：《列子・天瑞》：「黃帝書曰：『谷神不死，是謂玄牝。玄牝之門，是謂天地之根。綿綿若存，用之不勤。』故生物者不生，化物者不化。自生自化，自形自色，自智自力，自消自息。謂之生化形色智力消息者，非也。」又「黃帝書曰『形動不生形而生影，聲動不生聲而生響，無動不生無而生有。形，必終者也；天地終乎？與我偕終。終進乎？不知也。道終乎本無始，進乎本不久。有生則復於不生，有形則復於無形。不生者，非本不生者也；無形者，非本無形者也。生者，理之必終者也。終者不得不終，亦如生者之不得不生。而欲恆其生，畫其終，惑於數也。精神者，天之分；骨骸者，地之分。屬天清而散，屬地濁而聚。精神離形，各歸其眞；故謂之鬼。鬼，歸也，歸其眞宅。黃帝曰：『精神入其門，骨骸反其根，我尚何存？』」楊伯峻：《列子集釋》（北京：中華書局，1979 年 10 月第 1 版）。

或「《經法》等四篇」﹝註94﹞。這個說法比較少人採用，只有早期的幾篇學位論文採用，如：吳賢俊《黃老評議》﹝註95﹞、高祥〈戰國末秦漢之際黃老學說探討〉﹝註96﹞皆採用「〈經法〉等四篇」的說法。此說雖然較保守而不易起爭議，但是由篇名看不出該書有一個統一的思想系統，容易誤會此四篇是不相屬的內容，或是誤以為除此四篇尚有其他篇章，事實上，〈經法〉等四篇雖是以段為單位構成的篇章，但可以看出四篇的內容是一致的思想方向，主要在為上位者提供管理國家的規則與方法，且內容也僅此四篇，別無其它，因此不採用此種模糊的定名方式。

綜觀反對唐蘭所定《黃帝四經》一名的說法，主要的駁論皆以為唐蘭所說乃推論而非事實，因此各提所見之名，然而他們用以駁斥唐蘭的理由同樣也可以用來駁斥他們自己，大家所提出的理由一樣沒有事實證據，依目前可以看到的資料來看，不管同意何種說說都是主觀認定的問題。名稱是一種約定俗成，當時唐蘭將〈經法〉四篇定名「黃帝四經」，已經有許多學者表示認同，而在論文的內容或標題上以此稱呼〈經法〉等四篇，如：余明光〈《黃帝四經》書名及成書年代考〉﹝註97﹞、王博〈《黃帝四經》和《管子》四篇〉﹝註98﹞、王曉波《道與法：法家思想和黃老哲學解析》﹝註99﹞、王葆玹《黃老與老莊》﹝註100﹞皆用此說，還有今通行的標點版本，如：陳鼓應校注的《黃帝四經今注今譯》﹝註101﹞、余明光點校注釋的《中英對照黃帝四經今注今譯》﹝註102﹞、谷斌等注譯的《黃帝四經注譯・道德經注譯》﹝註103﹞皆是以

﹝註94﹞ 陳鼓應主編：《道家文化研究第三輯》（上海：上海古籍，1993 年 8 月第 1 版），頁 249～255。

﹝註95﹞ 吳賢俊：《黃老評議》（臺北：臺灣師範大學國文研究所碩士論文，1988 年 5 月）。

﹝註96﹞ 《臺灣師範大學國文研究所集刊》第 33 期（1989 年 6 月），頁 267～349。

﹝註97﹞ 陳鼓應主編：《道家文化研究第一輯》（上海：上海古籍，1992 年），頁 188～197。

﹝註98﹞ 陳鼓應主編：《道家文化研究第一輯》（上海：上海古籍，1992 年），頁 198～213。

﹝註99﹞ 王曉波：《道與法：法家思想和黃老哲學解析》（臺北：國立臺灣大學出版中心，2009 年 2 月初版）。

﹝註100﹞ 王葆玹：《黃老與老莊》（北京：中國人民大學出版社，2012 年 3 月第 1 版）。

﹝註101﹞ 陳鼓應：《黃帝四經今注今譯——馬王堆漢墓出土帛書》（北京：商務印書館，2007 年 6 月第 1 版）。

﹝註102﹞ 余明光：《中英對照黃帝四經今注今譯》（湖南：岳麓書社出版，1993 年 3 月

《黃帝四經》爲題名，再加上近年幾篇學位論文亦皆以《黃帝四經》爲題名，可見《黃帝四經》一名已漸漸成爲學界的共識，因此本論文不認爲有另立異說的必要，故亦沿用《黃帝四經》的說法。

《黃帝四經》在現今可見的校本不多，今比較陳鼓應的《黃帝四經今注今譯》、余明光點校注釋的《中英對照黃帝四經今注今譯》與谷斌等注譯的《黃帝四經注譯・道德經注譯》三種校本，發現陳氏的校本引證豐富詳細，較其他兩本爲佳，因此採用陳氏本作爲本論文的主要研究對象，另外兩種則作爲參考資料。

二、三書作者

《老子》與《莊子》自漢代以來，研究者眾多，說法各異，對於《老子》的作者老子與《莊子》的作者莊子有許多的討論〔註104〕，究其本源，皆自太史公《史記・老子韓非列傳》始，以下謹以《史記》所述老子與莊子之生平事跡作論述。《黃帝四經》一書乃新出土的文獻，作者不詳，近來學者有一些討論，然皆無有力證據證明，以下謹述幾種地域年代的說法作爲參考。

（一）老子生平

司馬遷《史記・老子韓非列傳》記載老子生平，云：

> 老子者，楚人也，名聃，周守藏室之史也。孔子適周，將問禮於老子。老子曰：「子所言者，其人與骨皆已朽矣。獨其言在耳。且君子得其時則駕，不得其時則蓬累而行。吾聞之，良賈深藏若虛，君子盛德容貌若愚，去子之驕氣與多欲，態色與淫志，是皆無益於子之身。吾所以告子，若是而已。」孔子去，謂弟子曰：「鳥，吾知其能

第 1 版）。

〔註103〕谷斌等：《黃帝四經注譯・道德經注譯》（北京：中國社會科學出版社，2004年 9 月第 2 版）。

〔註104〕關於老子生平，古棣、周英：《老子通》（高雄：麗文文化事業股份有限公司，1995 年 7 月初版）與熊鐵基、馬良懷、劉韶軍：《中國老學史》（福州：福建人民出版社，1995 年 7 月第 1 版）皆整理了前人的諸種說法。關於莊子生平，熊鐵基主編：《中國莊學史》（熊鐵基、劉固盛、劉韶軍撰，長沙：湖南人民出版社，2003 年 10 月第 1 版）與方勇：《莊子學史》（北京：人民出版社，2008 年 10 月第 1 版）皆整理了前人的諸種說法。爲了不掠前人之美，而且避免偏離主題，本論文只著重在老、莊時代的定位，故不再對兩者作深入的探討。

飛；魚，吾知其能游；獸，吾知其能走。走者可以爲罔，游者可以
爲綸，飛者可以爲矰。至於龍吾不能知。其乘風雲而上天。吾今日
見老子，其猶龍邪。」老子脩道德，其學以自隱無名爲務。居周久
之，見周之衰，乃遂去，著書上下篇，言道德之意五千餘言，莫知
其所終。……世之學老子者則絀儒學，儒學亦絀老子，道不同不相
爲謀，豈謂是邪。〔註105〕

細察〈老子傳〉的內容，發現多出自《莊子》，以下分幾點論述：

　　一、老子，姓老「名聃」，與《莊子》所述相同，所謂李耳云云，陳錫勇
〈《史記‧老子傳》辨正〉〔註106〕一文已論證其說乃道教徒妄增。

　　二、老子是「楚人」，出自《莊子‧天運》：「孔子行年五十有一而不聞
道，乃南之沛見老聃。」戰國時的沛縣在泗水邊屬宋國〔註107〕，漢代的沛郡
在淮水與睢水、夏肥水之間，〔註108〕此地在戰國時屬楚國，司馬遷說在沛的
老子爲楚人，可見司馬遷認知的沛是指漢代的沛郡而非戰國的沛縣。

　　三、老子的職業是「守藏室之史」，出自《莊子‧天道》：「由聞周之徵藏
史有老聃者」，《漢書‧藝文志》也由此稱說道家者流蓋出於史官。

　　四、孔子問禮於老子，老子對孔子所說的話與《莊子‧天運》相通，〈天
運〉云：

老子曰：「幸矣，子之不遇治世之君也！夫六經，先王之陳迹也，豈
其所以迹哉！今子之所言，猶迹也。夫迹，履之所出，而迹豈履哉！
夫白鶂之相視，眸子不運而風化；蟲，雄鳴於上風，雌應於下風而
風化。類自爲雌雄，故風化。性不可易，命不可變，時不可止，道
不可壅。苟得於道，无自而不可；失焉者，无自而可。」

《史記》所謂：「子所言者，其人與骨皆已朽矣。獨其言在耳。」即指上述之
六經而言，又云：「且君子得其時則駕，不得其時則蓬累而行。」即指上述性
命的易變是無法掌控，只能守道而行。

〔註105〕 此篇《史記‧老子傳》的內容，引用陳錫勇老師校定的結果。見陳錫勇：〈《史
記‧老子傳》辨正〉，《鵝湖學誌》第 47 期（2011 年 12 月），頁 73～91。
〔註106〕 同上。
〔註107〕 譚其驤主編：《中國歷史地圖集》（北京：新華書店，1982 年 10 月第 1 版）
第一冊，頁 39～30。
〔註108〕 譚其驤主編：《中國歷史地圖集》（北京：新華書店，1982 年 10 月第 1 版）
第二冊，頁 19～20。

五、孔子見完老聃之後對弟子說的話與《莊子·天運》相似，〈天運〉云：

> 孔子見老聃歸，三日不談。弟子問曰：「夫子見老聃，亦將何規哉？」
> 孔子曰：「吾乃今於是乎見龍。龍，合而成體，散而成章，乘雲氣而
> 養乎陰陽。予口張而不能嗋。予又何規老聃哉？」

《史記》所云老子猶龍的敘述與上述的文字只有一些差異，內容是一致的。

六、「世之學老子者則絀儒學，儒學亦絀老子。」司馬遷此說可能是出自《莊子》中的老聃屢次批評儒家的仁義聖人之說，也可能是反映當時的政治現象，其時武帝為推翻竇太后一派，連帶反對此派大臣所推崇的黃老之術，故而罷絀百家，獨尊儒術。

老子是隱君子，生平事跡鮮為人知，《史記》撰寫其人傳記多依據《莊子》，可知在漢初的史家眼中，相信《莊子》書中對歷史人物活動的書寫，而今學者卻多將《莊子》所敘述的事件當作虛構的寓言故事，這便可能影響古今學者在看待老莊關係時的態度。

歷來有許多學者對〈老子傳〉作了考證，並提出一些懷疑與解釋，筆者認為除非有新出土的文獻可以證明，否則沒必要懷疑《史記》與《莊子》的記錄。最主要的原因是現在距離老子的時代太遠，而《史記》與《莊子》距離老子的時代較近，前人的說法必定有所依據，即便是不可信的傳說或虛造的寓言，其內容還是很可能從事實改編而來，據有一定的可信度。

本論文關注的是作者的時代定位，從《史記》與《莊子》可以肯定老子與孔子同時，孔子的生卒年依照錢穆《先秦諸子繫年》〔註109〕考證，大約在西元前 551～479 左右，老子的生活年代應該也大約在這個時期，這便是《老子》一書產生時間的上限。而馬王堆出土的漢帛書甲、乙本《老子》全本，則是《老子》寫定的下限。其中，郭店楚簡本《老子》只有三十三章（合通行本三十二個章），有可能是節選本，也有可能是未完成本。從作者的時代來看，老子的學說思想來源可能很早，而依據《史記·老子韓非列傳》所記諸位受老子影響的思想家來看，老子學說的流傳應該很廣。在這麼長久廣大流傳過程中，經過師徒口耳相傳，又經歷了秦始皇的焚書，《老子》的內容文字不可能完全沒有增減，亦即從春秋末到漢初都可能是《老子》一書的創作期，因此若將《老子》視為一人一時一地的作品是不符合事實的。《老子》的文字

〔註109〕錢穆：《先秦諸子繫年》（臺北：東大出版社，1986 年初版）。

可能非一人所記，故而其內容也可能不只一個思想系統，這是本論文的一個
重要的立論點。

（二）莊子生平

莊子的生平資料來源有二：《史記・老子韓非列傳》與《莊子》。〈莊子
傳〉云：

> 莊子者，蒙人也，名周。周嘗爲蒙漆園吏，與梁惠王、齊宣王同時。
> 其學無所不闚，然其要本歸於老子之言，故其著書十餘萬言，大抵
> 率寓言也：作〈漁父〉、〈盜跖〉、〈胠篋〉以詆訿孔子之徒，以明老
> 子之術；〈畏累虛〉、〈亢桑子〉之屬，皆空語無事實，然善屬書離辭，
> 指事類情，用剽剝儒墨，雖當世宿學，不能自解免也。其言洸洋自
> 恣以適己，故自王公大人不能器之。楚威王聞莊周賢，使使厚幣迎
> 之，許以爲相。莊周笑謂楚使者曰：「千金重利、卿相尊位也，子獨
> 不見郊祭之犧牛乎？養食之數歲，衣以文繡，以入大廟。當是之時，
> 雖欲爲孤豚，豈可得乎？子亟去，無污我，我寧游戲污瀆之中自快，
> 無爲有國者所羈，終身不仕，以快吾志焉。」〔註110〕

細察史遷的〈莊子傳〉，發現其內容多出自《莊子》，以下分幾點說明：

一、莊子，姓莊「名周」，與《莊子》所記相同。

二、莊子是「蒙人」，蒙地不見於《莊子》。春秋戰國時代有兩個蒙地，
一是在宋國商丘旁的蒙，一是在魯國東蒙山旁的蒙。〔註111〕到了漢代，只剩
梁國商丘的蒙縣，舊魯國蒙山旁的蒙地改作蒙陰。〔註112〕莊子究竟是宋國人
還是魯國人呢？查《莊子》，發現〈列禦寇〉有人見宋王得錫車十乘以驕莊子，
由此，莊子可能是宋國人，但是〈田子方〉又有莊子見魯哀公談儒服，由此，
莊子又可能是魯國人，然而，魯哀公在春秋時期的西元前 494 年繼位，不可
能與一百多年後的莊周見面，因魯哀公在《莊子》只出現一次，無法判斷「哀」
是否爲錯字，成玄英便解釋說這一則敘述只是寓言，不能當眞。若是依照漢
代官方的認知，所謂蒙地，應該指舊宋國商丘旁的蒙，而且《莊子》屢次記

〔註110〕　（漢）司馬遷撰，（宋）裴駰集解：《史記》（臺北：藝文印書館景印清乾隆武
　　　　　英殿刊本，2005 年 2 月初版），卷 63，頁 859～860。
〔註111〕　譚其驤主編：《中國歷史地圖集》（北京：新華書店，1982 年 10 月第 1 版）
　　　　　第一冊，頁 24～25、26～27。
〔註112〕　譚其驤主編：《中國歷史地圖集》（北京：新華書店，1982 年 10 月第 1 版）
　　　　　第一冊，頁 19～20。

錄莊子與惠子的對話與交往，而惠子乃宋人，之後在魏國爲相，宋魏地理位置較近，莊子是宋人的可能性較大。

三、莊子「與梁惠王、齊宣王同時」，又云：「楚威王聞莊周賢」，查《莊子》，〈秋水〉有莊子釣於濮水而楚王使人來聘，此處只稱楚王，沒有說是哪一個楚王，〈山木〉有莊子弊衣見魏王，此處亦沒有說清楚是哪一個魏王，〈田子方〉有莊子見魯哀公談儒服，〈說劍〉記錄莊子見趙文王說劍。梁惠王西元前 369 年繼位，楚威王西元前 339 年繼位，齊宣王西元前 319 年繼位，趙惠文王西元前 298 年繼位，魯哀公在西元前 494 年繼位。〔註113〕由此看來，《莊子》中模糊的稱呼魏王、楚王者，司馬遷皆指出其爲魏惠王、楚威王，而明確的指名魯哀公、趙文王者，距離魏惠王與楚威王的時代都太遠，其事的可信度令人懷疑，應該是寓言而非事實。從司馬遷指出的魏、齊、楚三個王的年代來介定莊子的生活年代，大約在西元前 369 到 319 年之間，大約在戰國中期。

四、楚威王使人聘莊子，莊子以犧牛之喻拒聘。此說是〈秋水〉和〈列禦寇〉的綜合版本，前者云莊子釣於濮水而以龜爲喻拒絕楚王的招聘，此處提到楚王，但卻以龜爲喻；後者云莊子以犧牛爲喻拒聘，此處提到以犧牛爲喻，卻沒提到哪一個王。司馬遷的說法，不知是有意綜合《莊子》的說法，或是其所見版本與今本不同。

五、莊子的學術「歸本於老子之言」，文章特色多寓言，〈漁父〉、〈盜跖〉、〈胠篋〉、〈畏累虛〉、〈亢桑子〉等篇的內容主要在批判儒、墨。這三點皆可以在《莊子》中得到印證，歸本老子的例子，如：〈知北遊〉引用《老子》第二章的「不言之教」與四十八章的「爲道者日損」等等，在本論文第六章第一節有詳論《莊子》引用《老子》的情形。文章特色多寓言的例子，如：〈在宥〉講雲將東遊的故事、〈秋水〉的河伯與北海若的對話等等，例子多不可數。〈漁父〉與〈盜跖〉兩篇是藉由一般士人所輕視的身份——漁父與盜跖來諷刺孔子，〈畏累虛〉不見於今本《莊子》，〈亢桑子〉即〈庚桑楚〉，內容主要在批判儒、墨的尚賢說，〈胠篋〉更是強力批判儒、墨的例子，其云：「削曾、史之行，鉗楊、墨之口，攘棄仁義，而天下之德始玄同矣。」

《莊子》全書提到莊子的地方有三十處：〈逍遙遊〉二處：莊子與惠子談

〔註113〕楊寬：《戰國史》（上海：上海人民出版社，2003 年 4 月第 1 版）附錄三：〈戰國大事年表〉。

論魏王所贈之大瓠、莊子與惠子談論匠者不顧大櫟樹的問題、〈齊物論〉一處：莊周夢爲蝴蝶、〈德充符〉一處：莊子與惠子談論人無情的問題、〈天道〉一處：記錄莊子談天樂、〈天運〉一處：記商大宰問仁於莊子、〈秋水〉四處：公孫龍與魏牟談論莊子的言論、莊子釣於濮水而楚王使人來聘、惠子相梁而莊子往見之、莊子與惠子遊於濠梁之上、〈至樂〉二處：莊子妻死卻鼓盆而歌、莊子之楚見空髑髏、〈山木〉三處：莊子與弟子談論材與不材的問題、莊子弊衣見魏王、莊子見螳螂補蟬而鵲在後、〈田子方〉一處：莊子見魯哀公談儒服、〈知北遊〉一處：東郭子問道於莊子、〈徐无鬼〉二處：莊子與惠子談論儒墨是非、莊子送葬過惠子之墓、〈則陽〉一處：莊子批評長梧封人與子牢的對話、〈外物〉三處：莊子家貧往貸粟於監河侯、莊子與惠子談論言之用與無用、莊子談遊、〈寓言〉一處：莊子與惠子談論孔子、〈說劍〉全篇記錄莊子見趙文王說劍、〈列禦寇〉四處：莊子談知與言、曹商以百乘驕莊子、有人見宋王得錫車十乘以驕莊子、莊子以犧牛爲喻拒聘、莊子將死論厚葬之非、〈天下〉一處：論莊周之學說。

　　比較《史記》與《莊子》記錄的莊子言行，可以判斷司馬遷對莊子的介紹應該是從《莊子》看來的，至於文字的出入，很有可能是司馬遷所見的《莊子》版本是未經劉向校刊過的，因此與今本所見可能不同，例如：司馬遷所提的〈畏累虛〉並不見於今本《莊子》。

　　從《莊子》中歸納出莊子的事跡，可以看出二種莊子，一種是堅決拒絕出仕的莊子，例如：〈秋水〉與〈列禦寇〉中以龜、牛爲喻以拒聘的莊子。另一種是不十分反對出仕的莊子，如果莊子果眞一致的反對出仕，又何須去見魏王、魯哀公、趙文王這些諸侯，應該跟〈秋水〉與〈列禦寇〉所述一樣，拒絕王公的招聘。從《史記》的介紹來看，司馬遷很明顯是將後一類的莊子排除在外，這可能跟魯哀公與趙文王的年代差太遠，被視爲不可信的寓言有關。在司馬遷的眼中，莊子應該是屬於反對出仕的隱者，這與《漢書‧藝文志》所謂的放者類似，由此可以看出西漢時期對莊子的定位。然而，從今本《莊子》的內容來看，有兩種莊子的存在是事實，由此可以合理的推論：《莊子》一書的思想並非單純的只有一種系統。

　　陸德明《經典釋文‧序錄》提到諸多古本《莊子》分類不同，但內篇的內容是眾家竝同，因此多數學者認爲今本《莊子》內七篇是莊子本人所作，而外、雜篇的內容龐雜，應該是摻雜了莊子後學的作品。於是有些學者透過

對外、雜篇的分析，企圖找出外、雜篇的作者與時代，不同的學者依照自己的主觀判定而有不同的分類結果，主要的分類有：一、葉國慶《莊子研究》將《莊子》外雜篇分成秦漢間、漢代等。〔註114〕

二、羅根澤〈莊子外雜篇探源〉則將外雜篇分為：戰國末年道家左派（駢拇、馬蹄、胠篋、在宥）、漢初道家右派（天地、天道、天運）、漢初道家隱逸派（讓王、漁父）、激烈派、老子派（至樂、知北游、庚桑楚）、莊子派（秋水、達生、山木、田子方、寓言）、老莊混合派（則陽）、秦漢神仙家（刻意、繕性）、戰國末縱橫家（說劍）、道家雜俎（徐無鬼、列禦寇）、西漢道家（外物）、戰國末道家（盜跖）。〔註115〕

三、武內義雄《老子與莊子》將外雜篇分成五部份，分別歸屬於莊子弟子、莊子後學、別派所作。〔註116〕

四、關鋒《莊子外雜篇初探》云：「外雜篇不是莊子本人的作品，而是由戰國末至漢初這個時期的，漢人稱之謂道家的一部總集：其中有老子後學左派的作品；有宋鈃、尹文學派後學的作品；有莊子後學的作品，有楊朱後學的作品，也有混入的跟所謂道家毫不相干的作品。」〔註117〕

五、張恒壽《莊子新探》首先打破「篇」的結構，而以章來分類，但其所分之類別大致承羅根澤所用之名，有：道家左派、道家右派、宋尹派、莊子派、神仙家、隱逸家、戰國策士、儒家。〔註118〕

六、黃錦鋐〈關於莊子及莊子書〉分成：與莊子有直接關係之人（駢拇、馬蹄）、老子學派（胠篋、在宥、庚桑楚）、漢初儒家（天地）、秦漢間儒家（天道）、漢初（天運）、秦末漢初養生之士（刻意、繕性）、秦漢間學莊者（秋水）、楚漢時避世之黃老之徒（至樂）、漢以前莊子弟子（達生、山水）、秦漢間學莊者（田子方）、莊子後學（知北遊、則陽、列禦寇）、戰國末年以後學莊者（徐無鬼、外物）、戰國末年莊子後學（讓王、盜跖、說劍、漁父）、戰國後期或漢初儒家（天下）。〔註119〕

〔註114〕《莊子研究論集》（臺北：木鐸出版社，1982年9月初版）。
〔註115〕《莊子研究論集新編》（臺北：木鐸，1988年初版）。
〔註116〕武內義雄：《老子與莊子》（東京：岩波書店，第5版排印本）。
〔註117〕《莊子研究論集新編》（臺北：木鐸，1988年初版）。
〔註118〕張恒壽：《莊子新探》（武漢：湖北人民出版社，1983年第1版）。
〔註119〕黃錦鋐：〈關於莊子及莊子書〉，《文史季刊》第3期第1卷，1972年10月，頁85～95。

七、劉笑敢《莊子哲學及其演變》則分成述莊派（述而不作）、黃老派（兼容儒法）、無君派（抨擊儒墨）等。〔註120〕

八、劉榮賢《莊子外雜篇研究》全書也以章來分析《莊子》，然其分類則承劉笑敢所用之名，亦分為述莊派、黃老派、無君派，然其討論問題則分成老莊思想的融合、黃老思想、對戰國諸子學的批判、無君思想等。〔註121〕

從《莊子》文本的結構來看，內、外、雜中，只有內篇有統括全篇的篇名，外、雜則是以首句命名，可見郭象編定此書時已認定外、雜篇的內容較雜，沒有統一思想，其每章的結構是比較鬆散的。內篇雖有統一思想，但其中亦有少數幾章與其章旨不同，故若以精密的標準分類，當以章為基礎。然而每章所述的觀點並非單一而不可分的，本論文從中檢選與政治有關的文字，歸納其政治思想，比較前人分類的優劣之後，採取分章的方法。羅根澤、黃錦鋐、劉笑敢等人皆以篇來分類並考證年代，是比較粗略且不符合秦漢編纂書籍的背景，《莊子》一書明顯非一時、一地、一人所作，每章的作者皆不明，若以全篇去概括容易忽略一些細節。以章去分析，雖然打破書本原有的形式，且有過於零碎之嫌，但卻是比較謹慎的作法，且較符合先秦文章單篇流傳的情形〔註122〕。

（三）黃帝四經作者

《黃帝四經》是新出土的文獻，就連書名都沒有確切的答案，時代與作者皆不明，沒有強而有力的證據證明，學者只能推測。關於時代的推測大致有三種代表性的說法：一、《黃帝四經》產生於戰國中期以前，代表說法有：

唐蘭〈馬王堆出土《老子》乙本卷前古佚書的研究〉〔註123〕一文詳細整理出《鶡冠子》、《管子》、《荀子》、《春秋繁露》、《韓非子》、《戰國策》、《國語》、《莊子》、《文子》、《淮南子》、《新語》、《後漢書》、《史記》、《漢書》、《申子》、《尸子》、《說苑》、《尉繚子》、《別錄》、《慎子》等書與《黃帝四經》文字相同或相似的地方，如：《史記·范睢傳》引有：「此所謂借賊兵齎盜糧者

〔註120〕劉笑敢：《莊子哲學及其演變》（北京：中國人民大學，2010年12月第1版）。
〔註121〕劉榮賢：《莊子外雜編研究》（臺北：聯經出版社，2004年4月初版）。
〔註122〕從《史記·老子韓非列傳》提到莊子、韓非的作品都以單篇的方式流傳，而從《論語》等語錄體作品亦可看出當時的教育方式是沒有課本的，而是以弟子記錄老師的話為學派思想流傳的主要方式。
〔註123〕唐蘭：〈馬王堆出土《老子》乙本卷前古佚書的研究——兼論其與漢初儒法鬥爭的關係〉，《考古學報》第42期（1975年4月），頁7～38。

也。」出自〈稱〉:「毋借賊兵,毋裹盜糧。」《漢書・高五王傳》引有:「嗟乎!道家之言,當斷不斷,反受其亂。」出自〈十大經〉:「當斷不斷,反受其亂。」《管子・勢》引有:「故賢者安徐正靜,柔節先定。行于不敢而立于不能,守弱節而堅處之。」出自〈十大經〉:「大庭氏之有天下也,安徐正靜,柔節先定。……立于不敢,行于不能。單視不敢,明勢不能。守弱節而堅之,胥雄節之窮而因之。」《淮南子・原道》引有:「蚑行噲息,蠉飛蠕動。」出自〈經法・論〉:「岐(蚑)行噲息,扇蜚(飛)需(蠕)動。」(扇與蠉聲音相通)〈詮言〉引有:「至味不慊,至言不文,至樂不笑,至音不叫。」出自〈稱〉:「實穀不華,至言不飾,至樂不笑。」

唐蘭經由文字的比對,斷定《黃帝四經》在秦漢流傳廣泛,產生時代理應不會太晚,而且決不致於晚至漢初。唐氏認爲《黃帝四經》的產生當在公元前四世紀初,可能是韓國的法家所作。唐氏主要的依據是《史記・老子韓非列傳》中提到「申子之學本于黃老而主刑名」,故認定黃老的產生當在申不害之前,且《史記・樂毅傳》提到黃老從河上丈人傳到樂臣公,共五代,三十年爲一世,五代師徒有一百五十來年,從蓋公教曹公的公元前三世紀末往上推一百五十來年,是公元前四世紀前期。〔註124〕許抗生〔註125〕、丁原明〔註126〕也認同唐蘭的說法。

陳鼓應《黃帝四經今注今譯・關於帛書《黃帝四經》成書年代等問題的研究》〔註127〕認爲:《黃帝四經》成書當在戰國中期以前。陳氏的理由有:一、〈十大經〉中提到「今天下大爭」,〈經法〉中多次提到「強國」、「中國」、「小國」,以此可判斷成書于戰國中期以前;二、漢語詞匯演變是從單詞發展到複合詞,《黃帝四經》中「道」出現八十六次,「德」出現四十二字,「精」出現九次,「神」出現十四次,「性」出現一次,「命」出現十三次,卻無「道德」、「精神」、「性命」的復合詞出現;三、《黃帝四經》與《孟子》都有出現「夜氣」一詞,《黃帝四經》與《莊子》都有出現「兩行」、「冥冥」等詞,而《孟子》與《莊子》中的詞要更爲概念化,是比較進步的,以此判斷《黃帝

〔註124〕唐蘭:〈《黃帝四經》初探〉,《文物》第221期(1974年10月),頁50。

〔註125〕許抗生:〈略說黃老學派的產生和演變〉,《文史哲》第132期(1979年6月25日),頁71。

〔註126〕丁原明:《黃老學論綱》(濟南:山東大學出版社,1997年12月第1版)。

〔註127〕陳鼓應注譯:《黃帝四經今注今譯——馬王堆漢墓出土帛書》(北京:商務印書館,2007年6月第1版),頁37~46。

四經》比《孟子》與《莊子》早；四、前人研究比較《黃帝四經》與《管子》
都顯示前者比後者早。

二、《黃帝四經》產生於戰國末年，代表說法有：

鍾肇鵬〈論黃老之學〉〔註128〕認爲黃老之學應該起於戰國末年，產生地
點是齊國，故四篇帛書的成書當在戰國末。鍾氏的理由有：一、黃老並稱是
漢朝人的說法，先秦古籍中還沒有發現黃老聯言，因而司馬遷言申子之學本
于黃老，是沒有多少根據的。二、黃帝傳說盛行是在戰國中期以後。三、綜
合各家學派，兼容並包的思想只能產生在戰國末年，與雜家的產生同時。
四、帛書中「兼有天下」的思想反應了戰國末新興地主階級的思想。五、《史
記・樂毅傳》所述黃老師承皆在齊地，其本師號曰河上丈人，依皇甫謐《高
士傳》所言，河上丈人是戰國末年的人。六、帛書中提到「黔首」一詞，是
流行在戰國晚期。七、中國哲學史上「理」的概念大約起于戰國中期，而帛
書中提到「名理」的概念當在「理」概念之後。另外，吳光〔註129〕、朱曉海
〔註130〕、吳俊賢〔註131〕、陳麗桂〔註132〕、郭應哲〔註133〕、林靜茉〔註134〕、
高祥〔註135〕等人也都大致認定成書於戰國末期。

三、調和說，代表說法有：

張增田《黃老治道及其實踐》〔註136〕提出黃老帛書可能是自戰國早中期

〔註128〕 鍾肇鵬：〈論黃老之學〉，《世界宗教研究》第 4 期（1981 年 6 月），頁 81～
86。
〔註129〕 吳光：《黃老之學通論》（杭州：浙江人民出版社，1985 年 6 月第 1 版），頁
133。
〔註130〕 朱曉海：《「黃帝四經」考辨》（臺北：臺灣大學中文研究所碩士論文，1977
年 6 月），頁 4。
〔註131〕 吳俊賢：《黃老評議》（臺北：臺灣師範大學國文研究所碩士論文，1988 年 5
月），頁 87～102。
〔註132〕 陳麗桂：《戰國時期的黃老思想》（臺北：聯經出版事業公司，1991 年 4 月初
版），頁 50。
〔註133〕 郭應哲：《戰國至漢初黃老學說的政治思想》（臺北：臺灣大學政治研究所博
士論文，1996 年）。
〔註134〕 林靜茉：〈老子乙本卷前古佚書四篇成書年代考〉，《中國學術年刊》第 22 期
（2001 年），頁 147～183。
〔註135〕 高祥：〈戰國秦漢之際黃老學說之探討〉，《臺灣師範大學國文研究所集刊》第
33 期（1989 年 6 月），頁 7。
〔註136〕 張增田：《黃老治道及其實踐》（廣州：中山大學出版社，2005 年 9 月第 1
版），頁 27～29。

之際到秦漢間，經過多人整理充實而成的。張氏的討論最重要的是指出前人研究對於《黃帝四經》的討論有一些問題，如：對於帛書成書年代問題所做的考證在前提性的假設（帛書代表著黃老學派的起點）、目標追求（試圖將帛書的成書時間框限在某個相對狹窄的時段內）和基本方法（普遍使用比勘法和推測法）上，都具有內在的一致性，而考證結果的可靠性便在這種一致性上喪失。因此張氏反對在現今的證據條件下，替《四經》定一個固定的時代。

比較上述的論據，可以重新整理出幾點有說服力的說法：一、馬王堆帛書的抄寫年代大約在惠帝至文帝初年，而在惠帝解除「挾書令」以前，應該不可能創作任何「百家語」，可以推知《黃帝四經》產生時代應該在秦焚書以前。

二、唐蘭整理出二十本書與《四經》有文字相同或相似的地方，比較這二十本書中與《四經》相同或相似的地方，發現《春秋繁露》、《淮南子》、《新語》、《後漢書》、《史記》、《漢書》、《說苑》、《別錄》等確定是漢代的書籍部分，與《四經》相同的文字多幾乎一模一樣，而其他可能產生於先秦的書籍，如：《鶡冠子》、《管子》、《荀子》、《韓非子》、《戰國策》、《國語》、《莊子》、《文子》、《申子》、《尸子》、《尉繚子》、《慎子》等書籍，與《四經》相似的部分則多是意思的相同，文字雷同性不如漢代書籍高，由此可以推測漢代書籍與《四經》相同的部分可能是直接引用，而先秦書籍與《四經》雷同的部分則是當時流行的思想、成語，如此並不能由此說《四經》的成書早於這些先秦的書籍，反而可以證明它們應該是同時代的作品，才會有類似的用語。再說這些所謂先秦典籍許多皆非一人一時所作，而其與《四經》雷同的部分亦無法確定是何時所記，其中大部份只能確定是秦漢時期的作品，因此還不太能確定《四經》是戰國早期的作品。

三、陳鼓應透過對《四經》用詞的分析，斷定《四經》產生的時代不會太晚。陳氏指出《四經》沒有「道德」、「精神」、「性命」等複詞，對比劉笑敢亦以這些複詞的有無斷定《莊子》內篇與外、雜篇的時代，由此亦可以推斷《四經》與《莊子》內篇同樣都沒有使用這些複詞，同樣都早於使用這些複詞的《莊子》外、雜篇。

四、鍾肇鵬指出綜合各家學派的思想只能產生在戰國末年。先秦諸子書的《莊子》、《荀子》、《韓非子》等皆有融合各家思想情形，《四經》應該跟他們的時代差不多。

綜合上述幾點的推論，《四經》的產生時代可能跟《莊子》相近。

關於《黃帝四經》作者的推測有，主要有三種說法：一、齊國說，代表說法有：

《四經》的作者，有人認爲是環淵〔註137〕，有人認爲是田駢〔註138〕，有人認爲是愼到〔註139〕，有人認爲是樂臣公〔註140〕，這些基本上都是圍繞著稷下學派、《管子》與《史記・樂毅列傳》提到的黃老學師承而來。這些說法的主要根據是齊威王鑄敦立志的銘文：「揚皇考昭統，高祖黃帝，邇嗣桓、文，朝問諸侯，合揚厥德。」〔註141〕由於田氏纂齊，上溯高祖黃帝，以提高統治者的地位。許多學者由此將黃帝思想與齊國稷下學派結合起來，因此認爲《四經》當產生於齊國。陳鼓應《黃帝四經今註今譯》推測《黃帝四經》可能成於稷下，理由有：一、《黃帝四經》的一些觀念與齊文化的特徵相合；二、《黃帝四經》既依托黃帝，同時又以老子思想爲基礎，而這兩方面都和田齊有特殊的聯繫；三、《黃帝四經》與《管子》在一系列基本觀念上都十分相同或相近，表明它們很可能是同一或相接近的作者群的作品。〔註142〕白奚〔註143〕、胡家聰〔註144〕、鍾肇鵬〔註145〕都主張此說。

二、越國說，代表說法有：

于孔寶的〈稷下學宮與黃老之學述論〉〔註146〕認爲《四經》是受《國語》中提到的范蠡言論的影響，認爲范蠡的思想已構成黃老學派的雛形。陳鼓應《黃帝四經今註今譯》亦提到《四經》引用范蠡的言論達十七、八條之多，可見范蠡可能是由老學發展到黃老之學的關鍵人物。〔註147〕王博〈論《黃帝

〔註137〕劉蔚華、苗潤田：《稷下學史》（北京：中國廣播電視出版社，1992 年），頁368。
〔註138〕董英哲：〈《經法》等佚書是田駢遺著〉，《人文雜誌》第 1 期（1982 年）。
〔註139〕谷方：〈黃老學說新探〉，《管子學刊》第 4 期（1989 年）。
〔註140〕黃釗：〈關於《黃老帛書》之我見〉，《管子學刊》第 4 期（1989 年）。
〔註141〕「陳侯因咨錞」，見陳麗桂《戰國時期的黃老思想》（臺北：聯經出版事業公司，1991 年 4 月初版）。
〔註142〕陳鼓應注譯：《黃帝四經今注今譯——馬王堆漢墓出土帛書》（北京：商務印書館，2007 年 6 月第 1 版），頁 37～46。
〔註143〕白奚：《稷下學研究：中國古代的思想自由與百家爭鳴》（北京：三聯書店，1998年）。
〔註144〕胡家聰：《稷下爭鳴與黃老新學》（北京：中國社會科學，1998 年第 1 版）。
〔註145〕鍾肇鵬：〈《黃老帛書》的哲學思想思想〉，《文物》（1978 年第 2 期）。
〔註146〕《管子學刊》第 4 期（2008 年）。
〔註147〕《黃帝四經今注今譯——馬王堆漢墓出土帛書》（北京：商務印書館，2007

四經》產生的地域〉更直指《四經》的作者是范蠡〔註148〕。

三、楚國說，代表說法有：

龍晦指出《黃帝四經》中運用的楚言、楚諺，以及其與《淮南子》在用韻方面的一致，斷定它爲楚人作品。〔註149〕王博〈《黃帝四經》和《管子》四篇〉指出：《黃帝四經》是楚地作品理由有：一、周、楚等地的傳說中，蚩尤乃是作爲一個作亂的首領而爲黃帝所殺，而在齊地的傳說和習俗中，他卻是以黃帝的一個得力大臣、且死後被祀爲兵主的形象出現。〔註150〕《黃帝四經》中的蚩尤形象與周、楚傳說相合，而不同於齊人傳說。二、蒙文通《古學甄微》曾指出「北方的道家不反對仁義，南方的道家反對仁義」，由此看《黃帝四經》主要重視道和法，絕少涉及仁、義、禮，可見它是近於南方的道家。〔註151〕丁原明〔註152〕與吳光〔註153〕也都主張此說。

上述三種說法最具說服力的是龍晦之說，他從書中使用大量楚語來推論《四經》大概是楚地之書。至於作者何人，則多屬猜測之詞，便不再多作討論。

統合上述，可以大概爲《老》、《莊》、《黃》三書介定一大致的時代：《老子》時代上下限是春秋末至秦焚書以前，《莊子》時代的上下限是戰國中期至秦焚書以前，《黃帝四經》時代與《莊子》相近。

秦以前的書籍，因爲經過秦始皇焚書政策與項羽火燒咸陽等災難，再加上時間的自然淘汰，因此保存下來的恐怕不到十之一、二，其中「詩書百家語」因爲是明文的禁書，其存留下來的機率更低，因此漢初的知識傳承大都是靠學者們口傳下來，再由弟子們用隸書記錄，漢代的今古文之爭也是由此發端。《老子》、《莊子》、《黃帝四經》三書，除了《老子》有郭店出土的幾章是戰國的本子，大部分的內容都只能確定是漢代開始流傳，所以現在我們可

年6月第1版），頁。

〔註148〕《道家文化研究第三輯》（上海：上海古籍，1993年8月第1版），頁223～240。

〔註149〕龍晦：〈馬王堆出土《老子》乙本卷前古佚書探原〉，《考古學報》，1973年第二期，頁23～25。

〔註150〕周人傳說見於《逸周書》和《尚書》，楚人傳說見於《山海經》，齊人傳說見於《史記》及《管子》。

〔註151〕王博：〈《黃帝四經》和《管子》四篇〉，《道家文化研究第一輯》（上海：上海古籍，1992年），頁205～206。

〔註152〕丁原明：《黃老學論綱》。

〔註153〕吳光：《黃老之學通論》。

以很確定的部分就是今人所見《老》、《莊》、《黃》三書都是漢代的本子，而這些本子在寫定前應該是靠師徒口頭傳承。這點便可以解釋爲何許多文獻考證者針對這三本書籍的用字、用詞、文章風格等方式的考證，都無法得出令大家都滿意的答案。

經由口傳的方式記錄下來的文獻，應該注意：許多思想經過長期的口頭轉述，其實沒有所謂的定本可言。在不同時期、不同區域，經由不同背景的敘述人講述，會產生不少基本結構相同而風貌各別的「異說」，這些「異說」裡的人、時、地都不是特定的，可以隨意變動，只有主要思想會固定流傳下來。〔註154〕因此本論文試圖掌握的是那些固定流傳下來的「主要思想」，而非書面記錄的文字考證。〔註155〕對《老》、《莊》、《黃》三書政治觀的比較便著重在義理的異同，而非文字的異同，藉此分析三書所展現的政治思想的脈絡，探討三者之間的關係。

三、三書時代背景

老子與孔子同時（大約西元前 551～479 年）；莊子與魏惠王、齊威王同時（大約西元前 369～319 年），比老子晚了一百多年；《黃帝四經》產生時間在秦焚書（西元前 213 年）以前，可能與《莊子》時代相近。綜合三書的背景時代，大約是從春秋末期到秦代初期，其間最主要的是戰國時期，它上承春秋，下啓秦漢，不管是政治體制，還是社會結構，在此時期都產生了大轉變，因此以下介紹三書時代背景，以戰國時期爲主，兼述與其上承春秋末期與下接秦初時期的政治社會概況。

介紹戰國時代的歷史文獻，應以《史記》與《戰國策》爲主要依據，然現今已有人依據出土文獻考證出史書的錯漏，今謹從先秦史專家楊寬的《先秦史十講》〔註156〕與《戰國史》〔註157〕二書，整理出從春秋末年到秦統一中原，大約三百年間的政治概況。

（一）戰國時期的政治體制

周王朝建國初期，爲了鞏固王朝，加強控制戰略要地，而實施了別都制

〔註154〕這些是民間文學的特性，參考：金榮華：《中國民間故事與故事分類》（臺北：中國口傳文學學會，2007 年 9 月再版一刷），頁 1～2。
〔註155〕某些文字若牽涉到思想的大方向，本論依舊會作討論。
〔註156〕楊寬：《先秦史十講》（上海：復旦大學出版社，2006 年 6 月第 1 版）。
〔註157〕楊寬：《戰國史》（上海：上海人民出版社，2003 年 4 月第 1 版）。

與封建制。周初建有兩都，分別是西都鎬京與東都洛陽，西都駐有西六師，東都駐有成周八師，加強西方與東方諸侯的統治。周天子分封同姓諸侯與異姓有功的諸侯，其所以能控制諸侯，除了依靠西六師與成周八師的武力之外，還因爲諸侯的上卿皆出於周天子的派遣、選拔和任命。周天子不但掌管著諸侯的軍事行動，還兼管了諸侯的司法工作，分封的諸侯要服從王命，定期繳納貢賦，並聽從徵調軍隊，定期朝覲述職，但是諸侯可以在封國內自行制定法令。到了春秋時期，鎬京被攻破，周天子遷都洛陽，同時也喪失了對各諸侯國的軍事權與司法權，變成了名義上的共主，各國諸侯皆各自爲政。到戰國時期，周天子連共主的名義也喪失了，成了附庸國。

從周初到戰國，周天子漸漸喪失對各國諸侯的影響力，就連封建制度也漸漸有了轉變。周初所實施的封建制，是封君分等級分別占有土地、人民、奴隸以及財富的制度。戰國時期的封君在其封國內具有徵收居民租稅的特權，但是執政的「相」，常由國君直接派遣，並須奉行統一的法令，更要納貢稅於國君。相較而言，戰國時期的封君不像西周的封君那樣在封國內有獨立的權力。有些戰國時期的封君兼國王的相國，一時權勢很大，但是一旦免去相國職位，也就沒有多大權力了。秦國自從商鞅變法，實行二十等爵，按軍功大小賞賜各等爵位，第二十等爵位最高，叫「列侯」，又稱「通侯」，等同封君，此時的封君只有在封地以內徵收賦稅的特權，不掌握封地的行政權和兵權，這個制度直到秦統一中原仍然沿用。

西周春秋間，貴族的分封制、等級制和世襲制，是密切關聯的。周天子把土地、人民和統治權力分封給親屬和臣屬，稱爲諸侯；諸侯又這樣分賞給親屬和臣屬，稱爲卿大夫；卿大夫又這樣分賞給親屬和臣屬。各級貴族的爵位與權力，原則上都由嫡長子繼承，這就是世卿、世祿制度。戰國時期以前的官職是由貴族世襲的，按貴族的等級地位輪流擔任差不多的官職，也有同一官職父子相襲的。戰國時，各國諸侯先後變法之後，取消了貴族的這種世襲制度，創立一套君主政權的官僚制度，以國君爲中心，從中央到地方設置一系列官僚機構。同時，封邑制度也漸漸取消，出現了以糧食爲俸祿的官僚，各國任用官吏和挑選常備兵，皆採用俸祿制的僱用辦法，由此國君可以隨時任用和罷免人才，不必受封邑的局限。從此國君可以對相國、將軍以下的各級文武官吏隨意選拔任用，以便中央集權，有的說客因其進言得到國君信任，便可立即被任命爲相國，幫助國君制定和推行對內對外的各種政策。相國等

重要官吏的調換，往往與當時政策的變更有重要的關係。

　　西周時期的別都制，到了春秋時期進一步發展，成了邊地軍事重鎮的性質，於是有了縣的產生。到了戰國時期，縣的性質有了轉變，成了普遍設制的地方制度，各縣的長官是由中央委派的，必須聽從中央的命令，推行各種政策，屬於地方政權性質。爲了有效掌控地方行政的情況，戰國時期有了「上計」制度，是對地方官進行年終考核，規定地方官到年終要見國君，帶上統計的簿冊，包括土地開墾情況、種值面積、人口增長數字、稅收及其他統計數字，以便國君了解該地一年的治理情況。此時還有「行縣」制度，就是國君、丞相或郡守到地方去巡視查訪，了解地方的治理情況。此時還開始有了監察制度，就是派官員去監察縣的長官執行政令情況以及有無違反法令的行爲。〔註158〕

　　關於法律的制定，在春秋晚期便已受某些卿大夫的重視，如西元前 513 年晉國鑄造刑鼎，把范宣子所作刑書鑄在鼎上公布。戰國初期各國先後進行變法，就進一步把法律整理的系統化，把它公布出來，如李悝在魏國變法時編定《法經》，這是第一部系統化的國家法典。此時因爲財產私有制度日漸成熟，所以律法的重點在強調對盜賊的劫捕。衛鞅在秦國變法，便依據李悝的《法經》制定法律。戰國中期以後，各國爲加強政權統治，所制定的法律條文越來越繁，如湖北雲夢秦墓出去的《秦律》，就是戰國晚期秦國執行的法律，此時除了針對處置盜賊的律法，還有如田律、工律等各種官府統治上需要的各種規章法制。

（二）戰國時期的社會結構

　　周代的階級結構，是通過等級的形式來表現的，而禮制是貴族用等級的形式來鞏固貴族內部組織和統治人民的一種手段。按照禮制，有天子、諸侯、卿、大夫、士以及庶人的等級差別，士以上是各等世襲的貴族。當時還有所謂「人有十等」：王、公、大夫、士、皀、輿、隸、僚、僕、台，士以上是貴族，皀以下是庶人和奴隸。到了戰國時代，各國統治者對此有進一步的規定，分別制定了不同的爵秩等級，用來賞賜吏民、獎勵軍功，不過此時用來維護爵秩等級的不再是禮制而是法律。此時的爵位和封君一般不再世襲，而是根據軍功規定尊卑爵秩等級，此時有能力的人透過軍功受賞、憑遊說做大官和

〔註158〕按：《黃帝四經・十大經・觀》提到黃帝命力黑潛行四國，察看地方，應該就是反應戰國時代的監察制度。

賣買土地等手段，對財產和權力不斷進行再分配。

戰國時因為政治體制、軍隊成分和戰鬥方式、地方組織種種的改變，原先的禮制也漸漸改變，由於中央集權政體的建立和執政者統治的需要，比較受重視禮制只有四種：一、新君繼承時的即位禮；二、為鞏固中央集權而在宮廷舉行的朝禮；三、表示對上帝、山川神祇、祖先的敬畏的祭禮；四、對死者表示尊重的喪禮。

從西周到春秋，諸侯各國都有一套鄉遂制度，或者叫國、野對立的制度。「國」是指都城及其近郊，都城主要居住統治階級的各級貴族以及為他們所奴役的奴隸；近郊往往分成若干「鄉」，住著統治階級的下層，其中多屬於「士」一級，統稱為「國人」。國人享有一定政治和經濟權利，國家有大事要徵詢他們的意見，同時他們有繳納軍賦和充當甲士的責任，成為國君和貴族在政治上和軍事上的支柱。「野」或稱為「鄙」或「遂」，指廣大農村地區，主要住的是從事農業生產的平民，稱為「庶人」或「野人」。

戰國以後，國人這個階層分化瓦解，庶人農民不僅要從事農業生產，還成為國家軍隊的來源，因而獎勵耕戰，重農抑商，成為富國強兵的主要政策。此時土地私有制度雖然已經形成，但是有土地的農民有時因為不能維持生而出賣土地，或是為了逃避繁重的賦役而附托到豪強地主之下，成為佃農，或是到城市做僱工。其中社會地位最低的是奴隸，當時奴隸的來源有二：一是俘虜；一是罪犯，想要恢復自由需要贖金，或是取得軍功。

春秋以前推行農村公社性質的井田制，到了戰國時期，各國制定「制土分民之律」，實行按戶授田的制度。農民五家合為一伍的戶籍編制，若干伍集合成鄉、里，若干鄉、里集合成縣，若干縣集合成郡，由此戶籍得以層層控制，按戶籍計口授田，收取地稅，徵發徭役和人頭稅。從此國家規模的小農經濟，成為君主政權的經濟基礎。楊寬指出「所謂百家爭鳴，實際上就是站在不同立場上，為發展這種國家規模小農經濟所提出的不同建國方略。」〔註159〕

春秋時期的這些政治體制與社會結構的變遷，正好可以用來對比古書中所展現的社會現實，如：湖北雲夢出土的《秦律》正可印證《黃帝四經》重法的主張；又如：遊說之士被國君賞識進而被任命為相國，正符合《莊子》

〔註159〕楊寬：《先秦史十講》（上海：復旦大學出版社，2006 年 6 月第 1 版），頁227。

所述楚王聘莊周與各種「讓王」故事的背景，這也影響了《莊子》與《四經》所述聖人的內涵。此類三書與政治體制和社會結構相關的論述，詳見後面的章節。

第二章　三書政治觀理論的根源

　　政治活動與「食、色」不同，它不是自然產物，而是由人類建構出來的體制。人無完人，體制也無完美，因此許多思想家都對其所屬時代的政治體治提出了修正方案，《老子》、《莊子》與《黃帝四經》三書也都展現了作者對政治活動的看法與理想，這便是本論文所要探討的政治觀。凡是理論的建構必定有一最根本的依據，其餘理論皆根據此依據發展出去，《老》、《莊》、《黃》三書的最根本的依據便是「道」，不過三者所謂「道」的內容不盡相同，本章首先要爬梳三書政治理論根源的系統，第一節探討《老子》的道論系統，其作爲侯王執政的依據，其內涵與作用爲何；第二節探討《莊子》的道論系統兼論其與《老子》道論的比較；第三節探討《黃帝四經》的道論系統兼論其與《老》、《莊》道論的比較。

第一節　《老子》的道與侯王執政的依據

　　《老子》書中的「道」字，主要可歸納出三種意涵：一、言說；二、宇宙本體；三、理則。例如：第一章：「道，可道也，非恆道也。」此處三個道字，第一、第三個道字是宇宙本體義，第二個道字則是言說義。將本體義與言說義寄託在同一個字，意在強調本體義的道是不可言說的。又如：第九章：「功遂身退，天之道也。」此道即是理則義，天之道即天之理則。其中，宇宙本體義的道與理則義的道都有形上的性質，有時可以通用，以下便欲探討《老子》中這兩種道與其作爲《老子》政治理論根源的情況。

一、政治體制源於道

《老子》建構的政治理論的根源是本體之道，二十八章云：

> 樸散則爲器，聖人用則爲官長，夫大制無割。

樸是未彫飾的原木，將原木加工便成爲器，同理，道也是最原始的存在，聖人將道「加工」便產生了「官長」。此即三十二章所謂「始制有名」，王弼注云：「始制官長，不可不立名分以定尊卑，故始制有名也。」〔註1〕《莊子·馬蹄》云：「夫殘樸以爲器，工匠之罪也；毀道德以爲仁義，聖人之過也。」便是承接《老子》這種「加工」的思考脈絡，認爲聖人標榜仁義，便是將人們天生本有的道德毀去。在《老子》裡，聖人是行爲符合道的人，大致等於「有道者」或「善爲道者」，也就是掌握了道的人，故能依據道的原理制定政治體制，而「官長」便是政治體制下的產物，如此侯王貴族統治國家才有理據。「大制无割」，指最高明的彫刻技巧便是不以刀割裂木材，保持木材的原貌，亦即無爲的執政方式。

由此可知，《老子》書中並不反對由某些特定的人來管理眾人，因此它幾次提到官長、侯王、聖人等特殊階層的人，二十五章提到：

> 道大、天大、地大、王亦大，國中有四大，王居一焉。

此處指出王亦大，便是肯定王的身份是高於一般人的，但是王雖然有地位、有權勢，他們的行爲必須遵循道，故六十二章云：

> 道者萬物之主也，……故立天子，置三卿，雖有拱之璧以先四馬，
> 不如坐而進此。

「不如坐而進此」的此，指的是萬物之主的道。拱璧、駟馬雖然貴重，但都不如道。對天子、三卿等執政者而言，道應該是最寶貴、最高的指導原則，故三十七章云：

> 道恒無名也，侯王〔如〕能守之，而萬物，將自化。

三十二章有相似的說法，其云：

> 道恒無名、樸……侯王如能守之，〔而〕萬物，將自賓。

三十七章「道恒無名」，郭店本作「道恒無爲也」，通行本作「道常無爲而無不爲」。「無名」，十四章說道無形不可名，即此無名。「無爲」，王弼注曰：「順自然也。」〔註2〕二十五章云：「道法自然」，因此不管是無名或無爲，都是道

〔註1〕 樓宇烈：《王弼集校釋》（臺北：華正書局，1992年12月初版），頁82。
〔註2〕 同上註，頁91。

的性質，重點在於侯王要能把握道、遵循道，則萬物將能自我化育、自動賓服。反之，若侯王不遵守道，那麼萬物失去自然秩序就會亂亡，即三十章所謂的「不道早已」。

事實上，道不只是《老子》政治理論的根源，道還是萬物存在的依據，三十九章云：

> 昔之得一者，天得一以清，地得一以寧，神得一以靈，谷得一以盈，
> 侯王得一以爲天下正。

「天下正」即天下主〔註3〕，此言侯王若能掌握道，便能成爲天下之主。不止侯王，天、地、神、谷皆得一而成，何謂一？《莊子‧在宥》：「一而不可不易者，道也」〔註4〕，《韓非子‧揚權》云：「道無雙，故曰一」，「一」即「道」，此即言天地萬物皆得道而生而成，侯王執政須遵道而行，故研究《老子》的政治觀，必先對其所謂的道有清楚的認識。

《老子》書中對道的描述，大體上可分成靜、動兩種，靜態指對道的形容與道的作用。

二、對道的形容

《老子》對道的特徵形容，強調其無形而不可名，三十五章云：

> 故道之出言，淡乎其無味也；視之不足見，聽之不足聞，而不可既
> 也。

此言「不足見」、「不足聞」，是說道的形狀微細，是感官不易察覺的，卻不是完全的無——不存在。又云「用之不可既」，是說道源源不絕，取之不盡，用之不竭，亦即第四章提到的：「道盅，而用之又不盈也。」《說文解字‧皿部》云：「盅，虛器也。从皿中聲。《老子》曰：『道盅而用之』。」〔註5〕盅是中空

〔註3〕王念孫《讀書雜志》云：「《爾雅》：『正，長也。』『爲天下正』，猶〈洪範〉言『爲天下主耳』。」

〔註4〕〈齊物論〉說：「道通爲一」，〈大宗師〉說：「一氣」，〈在宥〉說：「守其一處其和」，〈天地〉說：「泰初有无，无有无名。一之所起，有一而未形。」，〈繕性〉說：「當是時也，陰陽和靜，鬼神不擾，四時得節，萬物不傷，群生不夭，人雖有知，无所用之，此之謂至一。」〈知北遊〉說：「故曰：『通天下一氣耳。』聖人故貴一。」〈徐无鬼〉說：「知大一」，〈列禦寇〉說：「太一形虛」，〈天下〉說：「聖有所生，王有所成，皆原於一。」〈天下〉又說：關尹老聃主之以太一。

〔註5〕（清）段玉裁注：《說文解字注》（臺北：黎明文化，1974年9月經韵樓藏版），卷五上，頁214。

的器具，在此以盅喻道，強調道可以包容的無限萬物，萬物用之而不窮，舉世加之而不盈。

　　二十一章又云：

　　　　道之物，唯恍唯忽；忽乎！恍乎！中有象乎。恍乎！忽乎！中有物乎。幽乎！冥乎！其中有情乎。其情甚眞，其中有信。

此言「道」看起來恍惚幽冥，若有若無，似不可見，然而其中「有象」、「有物」、「有情」、「有信」，這些都是強調道雖是感官無法確實感知的，但眞有實質的存在。類似的說法又見十四章，其云：

　　　　視之而不見，名之曰微。聽之而不聞，名之曰希。撫之而不得，名之曰夷。三者不可致詰，故混而爲一。一者，其上不皦，其下不昧，繩繩乎不可名也，復歸於無物。是謂無狀之狀、無物之象，是謂忽恍。隨而不見其後，迎而不見其首。〔註6〕

微、希、夷都是指小之又小的狀態，這種狀態謂之「混而爲一」，這裡的「一」，是指那個小之又小的東西，因爲小到肉眼無法辨視，故曰「無狀之狀」。因爲眼睛等感官無法辨視，所以也無法替它命名。因爲不可名，所以對世人而言等於不存在，故云「復歸於無物」，但是這個「無物」是認知上的無，卻不是實質上的無。

　　上述三十五章、二十一章、十四章都極力在描寫道的形貌，然而道「視之而不見」、「聽之而不聞」、「撫之而不得」，所謂無形、無狀、無象，亦即沒有形體可以描述，因爲一但有形，名便隨之而來，有了定名便只是萬物之一，而不是道了。第一章云：

　　　　道，可道也，非恒道也；名，可名也，非恒名也。

可以言說的道，便不是恆常不變的道。可以隨口稱呼的名，便不是恆常不變的名。換句話說，恆常不變的道與名，必定是不可言說、無法隨口稱呼命名的，這裡指出道的基本特質是不可言、名。

　　道既然令人無法感知又無以名之，人類如何得知它的存在與否？於是《老子》除了極力描述道的無形，也強調道的實有。

〔註6〕　按：十四、三十九章對於「道」的形容裡，全篇皆不稱「道」，而只說「混而爲一」、「昔之得一者」，此兩章不稱「道」而稱「一」，而在《黃帝四經》中，「一」即是「道」，此說與《四經》習慣相同，而其言論主張亦近似，兩者關係密切。參註4，《莊子》亦常常稱道爲一，可見三書對的道用語有一致性。

上述指出道的無形，不過是對道外在形貌的描寫，確切說明道的本質在二十五章，其云：

> 有狀混成，先天地生，寂乎！漠乎！獨立而不亥，可以爲天地母。
> 未知其名，字之曰道。吾強爲之名曰大，大曰逝，逝曰遠，遠曰返。……
> 人法地，地法天，天法道，道法自然。〔註7〕

名者所以指實，前面提到道的實是隱微的，所以不可以爲它命名，而在此勉強給它一個稱呼叫「道」，但是這個名與實是無法完全相呼應的，因爲從此物的實而言，它的內涵太多了，它具有「混成」、「先天地生」、「寂漠」、「獨立」、「可以爲天地母」等的性質，似乎怎麼叫都不對，故勉強叫它作「道」，勉強也可以叫它「大」、「逝」、「遠」、「返」，這些名都反應了道的某部分的實，但都不完全，所以似是而又不全然是。

「混成」，十四章亦云「混而爲一」，指的是道無法用感官判斷的外形，感官包括聽覺，「聽之而不聞」，故曰「寂漠」，這些都是它不可名的原因。「先天地生」，指的是道存在長久。「獨立」，強調道是絕對唯一且無所依憑，道是萬物的依據，沒有比它更根本的存在。「不亥」，即不垓，指無始無終，無可範圍。「可以爲天地母」，強調道的生成作用。「大」指物質或空間的無限延伸，因此又可以說它是「逝」——行往，說它是「遠」——距離長遠或空間廣闊，說它是「返」——返還環復，此四者都是對道的描述。最後提到人、地、天、道、自然的排列順序，古人的天文觀念相信地與天是相對應的，因此可透過觀察天文來預測地上的人事變動，故云地法天，應該是指地上的動作是後於天文變化的現象。〔註8〕

這裡便產生一個問題：道應該是最高的存在，爲何在道之上又出現了「自然」？自然的內涵是什麼？較合理的詮釋是將最高等的自然當作是世界本身，而道則是世界的理則。

由來探討《老子》的道論者皆把道當作宇宙生成的動因，四十二章云：

> 道生一，一生二，二生三，三生萬物。萬物負陰而抱陽，沖氣以爲和。

〔註7〕 按：此章通行本多了「周行而不殆」一句，「周行」之周字若作環繞解，則文義與「返」意思重複，實無必要，但若周作普遍解，則是指出道的另一特徵，《韓非子》即用周行之意。

〔註8〕 這種天文預示人事的觀念在秦漢代很盛行，《戰國策‧魏策四》便有「聶政之刺韓傀也，白虹貫日」一類的記錄可知。

五十一章亦云：

> 道生之而德畜之，物形之而器成之。是以萬物尊道而貴德。

由上述可以推出道生成萬物，故二十五章云道「可以爲天地母」，因此道當然是最高的存在，萬物皆尊崇它，也應該依循它。因此陰陽、生死、美惡、善不善、信不信皆是道的生成。

由此又可延申出疑問：如果萬事萬物皆道所生，爲什麼會有不道、無道之事產生？五十五章云：「物壯則老，是謂不道。」〔註9〕四十六章又云：「天下有道，卻走馬以糞；天下無道，戎馬生於郊。」

其實依照道生萬物的邏輯，所謂的「不道」，事實上也是「道」，二章云：

> 天下皆知美爲美也，惡矣；皆知善，此其不善矣。有无之相生也，難易之相成也，長短之相形也，高下之相盈也，音聲之相和也，先後之相隨也。

此言美惡、善不善、有无、難易、長短、高下、音聲、先後等普世價值其實是相對而來，以道觀之，這些價值都非絕對，因此不當以普世的價值觀來主導萬物的行動，六十二章即云：

> 道者萬物之主也，善人之寶，不善人之所保也。美言可以市，尊行可以加人，人之不善也，何棄之有。

此言道是萬物之主，因此善人與不善人皆是它保護的對象。蔣錫昌解釋說：

> 蓋天下之人，無善與不善，唯在聖人之以道爲化。四十九章所謂：「聖人無常心，以百姓心爲心，善者吾善之，不善者吾亦善之。」
> 〔註10〕

由此看來，《老子》應該是反對用普世價值來看待事物，但是二十二章（通行本二十四章）與三十一章又說：「物或惡之，故有道者不居。」這樣一來，就出現了有道者以普世價值爲標準而調整自己的行動，這與第二章的說法是矛盾的。

同一本書中，同時存在道與自然兩種最高存在，又同時認同與不認同普世價值，這些矛盾的存在，雖然不能直接證明《老子》非一人所作，但是顯示出該書存在著不只一種的思考路徑。例如：二十五章云：道「可以爲天地

〔註9〕 三十章原本亦有「物壯則老，是謂不道，不道早已。」，陳錫勇老師以爲與三十章的內容不類，故刪。

〔註10〕 蔣錫昌：《老子校詁》（臺北：東昇出版公司，1980年4月初版），頁379。

母」。「天地母」郭店本與通行本作「天下母」，就文義來看，「天下」包含萬物，而「天地」語義較狹窄，這兩種不同的用語可能是兩種系統的版本不同。在《莊子》中，有一思想系統是以天爲本體而道只是理則義，《黃帝四經》的本體義亦謂之「天地之道」，而《老子》二十五章的主題是描述道的本體義，若作「天地母」則天的本體義就消失了，而郭店本作「天下母」，可能是以天爲本體一系的版本，爲了保留天地的本體義故而作天下。

　　歸納上述對道本體生成義的描述，可以分成二種系統：第一種是四十二章：「道生一，一生二，二生三，三生萬物。」以道爲最高存在的系統；第二種是二十五章：「人法地，地法天，天法道，道法自然。」以自然爲最高存在的系統。以合理性來看，第二種系統具有補強第一種系統的作用，其內涵可以包容第一種。以自然爲最高的存在，道變成了「自然的理則」，而「不道」便是違反「自然的理則」，如此便解決了道與不道的矛盾，而且用理則來詮釋《老子》中的道並無衝突，因爲理則一樣是無形無名的，只有在本體具生成作用的時候才會與眞正的本體——自然相衝突，幸而《老子》的用語有模糊不確切的情況，因此還是可以婉轉詮釋，如：二十五章說道「先天地生」，若將此道作理則解，那麼道便不等同世界本身，而是獨立於世界之中，故曰「獨立而不亥」，眞正的天地母應該是世界本身而非道，故道「可以爲天地母」，亦即第四章所謂「似萬物之宗」，「可以」、「似」都強調「不是等於」的意思。道是世界的理則，與物質的世界並不相等，但是兩者息息相關，互爲表裡，而所謂的理則還是要從物質產生，故曰「道法自然」。又如四十二章云：「道生一，一生二，二生三，三生萬物。萬物負陰而抱陽，沖氣以爲和。」以理則來詮釋此章的道，則一、二、三都是抽象的數〔註11〕，指的是少變多的概念，並非有實指的物存在，即《莊子》所云：「泰初有无，无有无名。一之所起，有一而未形。」（〈天地〉）、「太一形虛」（〈列禦寇〉）。陰、陽亦是抽象的概念，亦非物質性的存在，表示二元對立的狀態，是將萬物生存

〔註11〕 蔣錫昌云：「道始所生者一，一即道也。自其名而言之，謂之道；自其數而言之，謂之一。……然有一即有二，有二即有三，有三即有萬，至是巧曆不能得其窮焉。老子一二三，只是以三數字表示道生萬物，愈生愈多之義。」見《老子校詁》，頁279。按：這裡又有一個問題：一是道，如何能「道生一」？可見這裡語境與三十九章「侯王得一以爲天下正」又是不同系統。這裡用「天下正」可呼應二十五章的「天地母」與「天下母」的問題。自然爲最高存在的系統變成主流，轉化成以天爲最高存在的系統，故「天地母」也改成「天下母」。這兩種系統在《莊子》與《黃帝四經》皆有所承。

狀態抽象化的符號。「和」即調和，《國語・鄭語》提到：「以他平他謂之和，故能豐長而物生之。」〔註12〕可見在先秦的語義裡，「和」有調和對立的意思，在此便是調和陰陽二元對立的狀態，也是表示抽象的概念，最後的「沖氣」〔註13〕才是真正落實在物質上，而這個物質卻是飄渺易散、無法捉摸的「氣」。相對於實的物，《老子》這裡所說的都是虛的狀態，可見這裡敘述道的生成其實是一種邏輯思維，不一定要有物質性的生養，故此處的生成作用仍不脫理則的範圍。

四十二章「道生一」，將一作數字解，又是《老子》有兩種思想的系統的另一證。十四、三十九章對於「道」的形容裡，全篇皆不稱「道」，而只說「混而為一」、「昔之得一者」，此兩章不稱「道」而稱「一」，而在《黃帝四經》中，「一」即是「道」，《莊子》亦云：「道通為一」（〈齊物論〉），又云：「聖有所生，王有所成，皆原於一。」（〈天下〉）。可見一在《老子》中有時作本體義，有時作數字義，配合上道有時作本體義，有時作理則義，這都是表示《老子》的思想系統並不全然一致。

綜上所述，《老子》一書對道的形容大致可歸納為：一、無名——強名之曰道；二、形貌幽微而有實；三、獨立而不亥；四、可以為天地母；五、「大」、「逝」、「遠」、「返」；六、道法自然。

因為《老子》對道的形容都是一些虛無飄渺的描寫，一般人用感官感覺不到，又無法給它確切的名，因此它的實也就令人懷疑，故四十章（通行本四十一章）云：「道隱無名」，人們也因而對道產生三種不同的反應：

　　上士聞道，勤能行之；中士聞道，若存若亡；下士聞道，大笑之。

　　不大笑，不足以為道。

此章所述對道的三種態度，有上、中、下三個層次：上士是篤信道的存在，故努力去遵循道；中士是心懷疑慮、猶疑不定，故曰「若存若亡」；下士是完全不相信道的存在，因此聞道而大笑。老子當然是要人成為篤信道的「上士」。然而，道既無形而不可感知，從何得知道的存在，繼而去遵循它呢？因為道的作用。

〔註12〕　徐元誥集解：《國語集解（修訂本）》（北京：中華書局，2002 年 6 月第 1 版），卷 16，頁 470。

〔註13〕　參註 4，莊子有「一氣」之說，此與稷下精氣說或有關連。

三、道的作用

《老子》對道的作用主要舉出四種，第一種是返。四十一章（通行本四十章）云：

> 返也者，道之動也；弱也者，道之用也。

返，回返環復之意，這是道的運行動作。從《老子》看來，萬物的運作是不斷的往復循環，如：十六章云：

> 天道員員，各復其根。歸根曰靜，靜，是謂復命。復命常也，知常
> 明也；不知常，妄；妄作，兇。

此云天道的運行最後都會返歸原始，歸於寂靜。返歸於原始，乃是「常」。知道常的規律謂之「明」，若不知常而妄自行動，就會有凶險。此即王弼所云：「復命則得性命之常」〔註 14〕。根生物，物歸根，這是生物的循環，是生命的常態。

道的第二種作用是守柔弱，這從生活實際的例子便可看出來，如：七十八章（通行本七十六章）云：

> 人之生也柔弱，其死也筋肕堅強。萬物草木之生也柔脆，其死也枯
> 槁。故曰：「堅強者死之徒也；柔弱者生之徒也。」

這是從人類、草木生前死後的身體、枝幹狀態的變化，歸納出萬物生時是柔軟脆弱的，而死時是僵硬堅強的。八十章（通行本七十八章）又云：

> 天下莫柔弱於水，而攻堅強者莫之能勝也。

這是從滴水穿石一類的現象得出：柔弱無害的水竟能穿透堅硬的石塊，可見柔弱看似無用，實有大用。

上述歸根復命、柔弱者生、柔弱者勝等理則都是從物質世界的狀態歸納出來的結論，但是憑什麼說從物質世界所歸納出的理則便是道呢？因為道的第三種作用是生畜。

萬物自道而生而成，因此萬物便具有傳承自道的本性，即所謂的德。五十一章云：

> 道生之而德畜之，物形之而器成之。是以萬物尊道而貴德。

道生德畜，這裡的德是指道的作用。此所云：「道生之而德畜之，物形之而器成之。」是將道生與物形、德畜與器成相對為文，《易・繫辭傳上》云：「形而上者謂之道，形而下者謂之器」，道生與物形都是形而上的生成境界，是人

〔註14〕 樓宇烈：《王弼集校釋》（臺北：華正書局，民國81年12月初版），頁36。

類無法透過感官確切察覺的；德畜與器成都是形而下的作用，是人類可以透過感官觀察去得知道。由此可知，德源於道，是萬物形成之後的器用，萬物皆有此源自於道的德，因此其行爲規律便能逆推出道的大致樣貌。

《老子》書中最重要的概念是「道」，其次便是「德」，在馬王堆帛書本十、二十一、二十四、二十八、三十八、四十、四十九、五十一、五十四、五十五、五十九、六十、六十三、六十五、七十、八十一等章中都出現了「德」字，但是每章偏重的意涵不完全相同，王邦雄云：「道是超越之體，德是內在之用」〔註15〕，而陳鼓應爲《老子》的「德」作了以下的定義：

> 形而上的「道」，落實到物界，作用於人生，便可稱它爲「德」。「道」和「德」的關係是合二而一的，老子以體和用的發展說明「道」和「德」的關係；「德」是「道」的作用，也是「道」的顯現。混一的「道」，在創生的活動中，內化於萬物，而成爲各物的屬性，這便是「德」，簡言之，落向經驗界的「道」，就是「德」。因而，形而上的「道」落實到人生的層面上，其所顯現的特性而爲人類所體驗、所取法者，都可說是「德」的活動範圍了。在這裡，我們還可以把「道」和「德」作這樣的一個區分：「道」是指未經滲入一絲一毫人爲的自然狀態，「德」是指參與了人爲的因素而仍然返回到自然的狀態。〔註16〕

陳氏的定義可以歸納爲幾點：一、德是形上的道落實到形下的作用；二、德是道在創生的活動中，內化於萬物的屬性；三、德是道落實到人生的層面上，爲人類所體驗、所取法的特性；四、德是自然狀態的道參與了人爲因素而仍返回到自然的狀態。

陳氏這裡指出了道的第四種作用是自然。道雖然生畜萬物，但是並不對萬物強力主宰，即五十一章所謂：「生而不有，爲而不恃，長而不宰，是謂玄德。」不主宰便是順自然，即十七章所云：「成事遂功，而百姓曰我自然也。」二十三章云：「希言自然」，五十一章云：「道之尊、德之貴，夫莫之爵也，而恒自然也。」

另外，《老子》還有所謂天道，《莊子》與《四經》皆有以天爲本體義者，故一般稱之爲天道，而《老子》亦有所謂的天道，此應與《莊子》、《四經》

〔註15〕王邦雄：《老子的哲學》（臺北：東大圖書公司，民國88年8月初版），頁81。
〔註16〕陳鼓應：《老莊新論》（上海：上海古籍出版社，1997年9月第1版），頁13。

的有密切的關係，然而天道與道畢竟不同，六十八章（通行本八十一章）云：
「天之道，利而不害」，七十九章云：「天之道，損有餘而益不足」。本體之道
本來應該是完美無缺的，故五十六章云：「不可得而親，亦不可得而疏」，故
八十一章（通行本七十七章）云：「天道無親，恒與善人」，而六十八章（通
行本八十一章）與七十九章的天之道卻分出了利害損益，這裡開始有了分別
心，不再是無親疏利害的道，尤其是六十八章（通行本八十一章）還將天之
道與人之道相對，此時的天道不再是「獨立而不亥」。這是《老子》思想系統
不只一種的另一證明。

　　上述說明了道的形容是無名、形貌幽微而有實、獨立而不亥、可以爲天
地母、大、逝、遠、返、道法自然；道的作用是返、守柔弱、生畜、自然，
其人能從萬物的規律中認識道、篤信道、遵循道的人便是「有道者」（見二十
四、三十一、七十七章）或是「善爲道者」（六十五章），便是第二章所要探
討的政治理論的主體。

第二節　《莊子》的道、天道與君王治國的本源

　　《老子》書中的「道」主要可歸納出三種意涵：一、言說；二、宇宙本
體；三、理則，其中本體之道與理則之道分別代表了兩種不同的思想系統，
但是在論述中，理則系統應該是爲了補強本體系統，故書中有些敘述兩者可
以通用。《莊子》的內容比《老子》複雜，《莊子》將言說的意義主要寄託在
「言」或「論」兩個字上，《莊子》提到道時，其意涵有：行路、理則、本
體、道德，其中理則之道、本體之道與道德是《莊子》思想中最重要的三種
範疇，理則之道與本體之道與《老子》之道有相通處，顯示二書的繼承關
係，而道德系統將本體義寄託在天，因此有了所謂的「天道」，此與《老子》
所謂的「天道」或「天之道」意涵不同。《老子》的道論系統以「道」或「自
然」爲本體，其雖然也有天道或天之道的詞，然其此時的道字是理則義而非
本體義，且其天亦無本體義，三十九章云：「天得一以清」，可見天尚需道才
能存在，而《莊子》之天道卻有本體義，由此展現出與《老子》不同的道論
系統。《莊子》的理則之道、本體之道與道德三種範疇的交錯的關係，表現出
《莊子》一書的思想系統脈絡，本節所欲討論的便是這些思想系統與其政治
理論的關係。

一、具體「行路之道」往抽象「理則之道」的轉化

《說文》云:「道,所行道也,從辵首。」〔註17〕《爾雅》:「一達謂之道。」〔註18〕道的本義與哲學意涵無涉,但是諸子將它應用在自己的學說之中,賦予了它至高的本體價值,《莊子》書中清楚的反應出道字從「行路之道」向「理則之道」的轉化,〈齊物論〉云:

> 道行之而成,物謂之而然。惡乎然?然於然。惡乎不然?不然於不然。物固有所然,物固有所可。無物不然,無物不可。故舉莛與楹,厲與西施,恢恑憰怪,道通為一。

此云道路是人走出來的,萬物的名稱是人叫出來的。什麼是然?什麼是不然?萬物從然的角度去看它,無物不然;從不然的角度去看它,無物而然。從這個標準來看,雜草與棟樑、醜女與美女其實是一樣的,這叫「道通為一」。「道行之而成」的道,是行路之道,而「道通為一」的道,是行路之道進一步的抽象化,可以直接解釋成:人走的路通往的方向是一樣的;也可以深入的解釋成:然與不然的原理是相通的。在此,行路之道轉化成了理則之道,故又云:「唯達者知通為一」,達者,便是指通達道理之人,最後又說:「因是已。已而不知其然謂之道。」順著理則之道而行,卻不明白它為什麼如此,故而稱之為道。「行路之道」是人行走的具體軌跡,「理則之道」是人行事的抽象依據,兩者有類似的地方,因此可以互相轉化。

二、「理則之道」與「本體之道」

〈齊物論〉既將行路之道轉化成理則之道,此章提到之道字便多為理則義,如:

> 道惡乎隱而有真偽?言惡乎隱而有是非?道惡乎往而不存?言惡乎存而不可?道隱於小成,言隱於榮華。故有儒墨之是非,以是其所非,而非其所是。

此云道被隱蔽而有真偽之別,此處之道當是理則義。宇宙本體是永恆的、唯一的存在,不會有真偽之分,有真偽之分的便非宇宙本體,才可云道隱於小成。此章理則之道用以平定世間是非之分的言論,意指循理而往才是正道,

---

〔註17〕 (漢) 許慎撰,(清) 段玉裁注,魯實先正補:《說文解字注》(臺北:黎明文化,1974 年 9 月經韵樓藏版)。

〔註18〕 (晉) 郭璞注,(北宋) 邢昺疏:《爾雅注疏》(臺北:藝文印書館,1997 年 8 月初版《十三經注疏》本)。

不循理而往則是邪道，因而此道、此言才有眞僞、是非之分。對此理則之道來說，儒墨之是非其實都只是相對而言，只要不使是非相對，便無所謂是非，故〈齊物論〉又云：

> 是亦彼也，彼亦是也。彼亦一是非，此亦一是非。果且有彼是乎哉？
> 果且無彼是乎哉？彼是莫得其偶，謂之道樞。

彼此、是非果眞存在嗎？如果彼與是皆沒有互相對待的對象，那麼它的存在也就消失了，也就無所謂此與非了。只有道可以超越是非、獨立存在，這就叫「道樞」。對宇宙本體而言，道便是道，無所謂「樞」。當〈齊物論〉使用「道樞」這個詞時，其重點已不在道字，而是在樞字，在此運用樞字來說明是非的樞紐就在於相互對待，如果彼此對待不成立，那麼是非之分也就消失了，因此可知此處之道當作理則義而非本體義。〈齊物論〉又進一步云：

> 是非之彰也，道之所以虧也。道之所以虧，愛之所以成。果且有成
> 與虧乎哉？果且無成與虧乎哉？

是非之分被標榜之後，道也就有所虧損了，這是因爲人有所私愛。然而，道會因爲人的私愛而虧損嗎？天道無親，道沒有所謂的公私愛惡，有私愛的是人。不管人是否有所私愛，道就便只是道，所謂的虧損，其實也是人的主觀認定，對於獨立存在的道而言，無所謂盈虧。

〈齊物論〉之道字多爲理則義，也展現在將本體義寄託在「眞宰」一詞，其云：

> 非彼無我，非我無所取。是亦近矣，而不知其所爲使。若有眞宰，
> 而特不得其眹。可行己信，而不見其形，有情而無形。

此言世界上似有一「眞宰」，主宰萬物運行，然而這眞宰雖眞實存在卻沒有形體，無法看到它的跡像，只能透過自己的行動來感知驗證。〈天運〉發出疑問正好可與此相呼應，其云：

> 天其運乎？地其處乎？日月其爭於所乎？孰主張是？孰維綱是？孰
> 居无事推而行是？意者其有機緘而不得已邪？意者其運轉而不能自
> 止邪？雲者爲雨乎？雨者爲雲乎？孰隆施是？孰居无事淫樂而勸
> 是？風起北方，一西一東，有上彷徨，孰噓吸是？孰居无事而披拂
> 是？敢問何故？

此處提出的問題：天地日月的運行有誰在主宰維持著呢？雨降風吹是有誰在

操作嗎？這些疑問是先民對於自然界的運作產生探究的好奇心所發出來的，在神話故事中的風神、雨神都是為解釋這些自然現象而產生的，〈齊物論〉用「真宰」一詞指稱使世界運行的主宰，這種創造世界無形的真宰，便是本論文所謂的宇宙本體，此本體是一切存在的根本，《老子》即稱此本體為「道」或「自然」。

　　〈齊物論〉沒有確切的說此一使世界運行的真宰叫作道，但其所謂「有情無形」的陳述與《老子》對道的形容相通，二十一章即云：「幽乎！冥乎！中有情乎。」由此可知，〈齊物論〉將本體義寄託在真宰這個詞上，而非寄託在道字上，就如同其將言談義寄託在「言」或「論」二字上，這是《莊子》為了更精準的使用文字，以避免字義的混亂造成理解的障礙。然而，《莊子》非一人所作，因此並非所有的人都遵守這個定義，還是有人將本體義寄託在道字上，因此道的定義就更混亂了。

　　〈大宗師〉便將本體義寄託在道字上，其云：

> 夫道，有情有信，无為无形，可傳而不可受，可得而不可見；自本自根，未有天地，自古以固存；神鬼神帝，生天生地；在太極之先而不為高，在六極之下而不為深，先天地生而不為久，長於上古而不為老。狶韋氏得之，以挈天地；伏戲氏得之，以襲氣母；維斗得之，終古不忒；日月得之，終古不息；堪坏得之，以襲崑崙；馮夷得之，以遊大川；肩吾得之，以處大山；黃帝得之，以登雲天；顓頊得之，以處玄宮；禺強得之，立乎北極；西王母得之，坐乎少廣，莫知其始，莫知其終；彭祖得之，上及有虞，下及五伯；傅說得之，以相武丁，奄有天下，乘東維，騎箕尾，而比於列星。

〈大宗師〉描述道，點出了道的四種性質：一、道創生天地萬物，故又云先天地生，且其為萬物之根本，故又云自本自根。二、道真實存在，可以徵驗，卻沒有形體。三、道看不見，故可傳而不可受。四、道無所不在，空間時間皆無法度量。此處以道為世界的依據與《老子》有相通處，三十九章云：

> 昔之得一者：天得一以清，地得一以寧，神得一以靈，谷得一以盈，侯王得一而以為天下正。

《老子》所謂的一即道，天、地、神、谷、侯王皆得道而成，〈大宗師〉對道的描述與《老子》類似，其言鬼神、天地、上古的諸王諸賢皆由道而生，即

《老子》二十五章所云：「有狀混成，先天地生。……未知其名，字之曰道。」
可見〈大宗師〉之道論應當直承《老子》而來，而〈齊物論〉之本體論特意
避開了道字，應是有意爲之，呼應了《老子》所謂道乃強爲之名，卻突出其
自創之意。

　　〈大宗師〉指出道的四種性質在其他篇章都有出現過，對《老子》的道
論有所繼承，亦有所創新，如：一、道之創生性，又見於〈漁父〉孔子告戒
子路的話：

> 且道者，萬物之所由也。庶物失之者死，得之者生。爲事逆之則敗，
> 順之則成。故道之所在，聖人尊之。

此與〈大宗師〉說上古諸王諸賢皆得道而成相通，因爲道是萬物所遵循的，
萬物得之則生，失之則恐；做事順之生成，逆之則恐，因此道所存在的地
方，聖人必定用尊敬的態度去面對。這個思想系統的道具本體義，故有生成
天地萬物的作用，可以主宰天地萬物，而此系統的天地則是作爲物質世界的
存在，不具有本體義。

　　又如：二、道眞實存在，可以徵驗，卻沒有形體。見於〈知北遊〉孔子
問老聃至道，老聃的回答與〈大宗師〉類似，但有些差異，其云：

> 夫道，窅然難言哉！將爲汝言其崖略。夫昭昭生於冥冥，有倫生於
> 无形，精神生於道，形本生於精，而萬物以形相生。……其來无迹，
> 其往无崖，无門无房，四達之皇皇也。……其用心不勞，其應物无
> 方。天不得不高，地不得不廣，日月不得不行，萬物不得不昌，此
> 其道與！且夫博之不必知，辯之不必慧，聖人以斷之矣。若夫益之
> 而不加益，損之而不加損者，聖人之所保也。淵淵乎其若海，魏魏
> 乎其終則復始也，運量萬物而不匱……萬物皆往資焉而不匱，此其
> 道與！

此言道無形無跡，天地日月萬物皆得道而成，如海之廣大淵深，資養萬物而
不會匱乏，這些描述與《老子》三十九章、〈大宗師〉相似。這裡不說道自本
自根，卻說道終則復始，循環往復，似乎無始無終，則與〈秋水〉所云：「道
无終始」相通。這裡又說：「夫昭昭生於冥冥，有倫生於无形，精神生於道，
形本生於精，而萬物以形相生。」這便不同於《老子》的生成系統，四十二
章云：「道生一，一生二，二生三，三生萬物。」乃是由一而衍生出萬物。
又，五十一章云：「道生之而德畜之，物形之而器成之。」此言道生物之形，

德畜器之成。《老子》所謂的成生是具體的萬物與形器，而〈知北遊〉在道生萬物中間插入抽象的精神，這是《莊子》對精神的強調與重視，也是對如何體悟《老子》無形無名的道的一種詮釋，延伸而出一套特別的修養論——心齋，〈人間世〉即云：「唯道集虛。虛者，心齋也。」將心靈精神上的致虛與道作了極高明的連結。

又如：三、道可傳而不可受，王叔岷指出此即所謂傳以心〔註19〕，見於〈天運〉孔子問道於老聃，老子曰：

> 使道而可獻，則人莫不獻之於其君；使道而可進，則人莫不進之於其親；使道而可以告人，則人莫不告其兄弟；使道而可以與人，則人莫不與其子孫。然而不可者，无他也，中无主而不止，外无正而不行。由中出者，不受於外，聖人不出；由外入者，无主於中，聖人不隱。

道是無法獻給君主、無法進供父母、無法告訴兄弟、無法給予子孫，原因無他，因為道是要靠內心去體悟的，而不是由外力所給予的。這一點亦是《莊子》的精神修養論，是《老子》所沒提到的。

又如：四、道無所不在，空間時間皆無法度量，見於〈知北遊〉東郭子與莊子的問題，其云：

> 東郭子問於莊子曰：「所謂道，惡乎在？」莊子曰：「无所不在。」東郭子曰：「期而後可。」莊子曰：「在螻蟻。」曰：「何其下邪？」曰：「在稊稗。」曰：「何其愈下邪？」曰：「在瓦甓。」曰：「何其愈甚邪？」曰：「在屎溺。」東郭子不應。莊子曰：「夫子之問也，固不及質。正獲之問於監市履狶也，每下愈況。汝唯莫必，无乎逃物。……物物者與物无際，而物有際者，所謂物際者也；不際之際，際之不際者也。」

此言道無所不在，連屎溺之中存在著道，所謂「无乎逃物」即是指道與物不離，道既是此，又是彼，但又不僅僅是此，亦不僅僅是彼，無形無名，萬物皆得道而成，道存在於萬物之中，宣穎解云：「物之所在即道之所在，俱無邊際。」〔註20〕生死無所逃，故萬物應當順道無為。

〔註19〕　王叔岷：《莊子校詮》，頁231。
〔註20〕　（清）宣穎：《南華經解》（臺北：廣文書局，1978年影印清康熙60年懷義堂刊本）。

　　除了上述〈大宗師〉提到的四種道之性質之外，《莊子》還強調道的不可言說性質，〈齊物論〉便有：「大道不稱」、「道昭而不道」、「不道之道」等說法，〈知北遊〉更斷然的說「道不當名」，其云：

　　无始曰：「道不可聞，聞而非也；道不可見，見而非也；道不可言，言而非也！知形形之不形乎！道不當名。」无始曰：「有問道而應之者，不知道也；雖問道者，亦未聞道。道无問，問无應。……」

此說道不可聞、不可見、不可言、不當名，此承《老子》首章：「道，可道也，非恒道也。」這裡又更進一步的說，被問到道而給予回應的，是不知「道」的人。〈知北遊〉首章敘述知先後問道於无爲謂、狂屈與黃帝，結果无爲謂不知答，狂屈欲答而忘言，而黃帝回答：「无思无慮始知道，无處无服始安道，无從无道始得道。」其實能夠回答的黃帝只能算是「知言」而非「知道」，而无爲謂被問而不答才是眞「知道」的表現。又〈知北遊〉孔子問至道於老聃，老聃的回答也是類似的意思，其云：「道不可聞，聞不若塞，此之謂大得。」這些全是繼承《老子》五十六章所謂：「知之者不言，言之者不知。」與二章所謂：「不言之教」。

　　〈齊物論〉與〈知北遊〉雖然都提到道不可言說，但是兩者所指道的內涵並不完全相同。〈齊物論〉的道是理則義，標榜道不可言說，是在彌平各個學派的議論，故云：「彼亦一是非，此亦一是非。……彼是莫得其偶，謂之道樞。」又云：「道隱於小成，言隱於榮華。」〈知北遊〉的道是本體義，孔子問老聃何謂至道，老聃回答：「夫道，窅然難言哉！」又點出道的生成性質，云：「精神生於道」，此處標榜道不可言說，在爲恬淡無爲的修養論作背書，達到「其用心不勞，其應物无方」的境界，故其在聖人行不言之教下面又引《老子》四十八章：「爲道者日損，損之又損之，以至於无爲。无爲而无不爲也。」由此看來，〈齊物論〉與〈大宗師〉的道論定義不同，目的不同，可能分屬於兩個不同的系統，而〈知北遊〉等篇所論之道與〈大宗師〉相呼應，應該可以歸入〈大宗師〉一系。

　　綜合上述所論，《莊子》的道論可以分成二個系統，一是以〈齊物論〉爲主的理則之道，此系統將本體義寄託在眞宰一詞，故此一系統之道沒有本體義；另一是以〈大宗師〉爲主的本體之道，此系統直承《老子》而來，此道有生成、實有、無形、無所不在等性質。從生成作用來觀察這兩個思想系統，發現內篇〈齊物論〉之說在外篇〈天運〉之中有呼應，內篇〈大宗師〉之說

在外篇〈天運〉、〈知北遊〉、雜篇〈漁父〉有呼應，後者還與《老子》有類似的陳述，可見若單單只從道論系統來分析《莊子》的思想體系，內篇並非一完整不可分的體系，也很難將內、外、雜篇的關係分割開來。

為什麼《莊子》的道字，卻會有行路之道、理則之道與本體之道的混亂？〈齊物論〉已點出答案，其云：「夫道未始有封，言未始有常」、「夫大道不稱，大辯不言」、「道昭而不道，言辯而不及」、「孰知不言之辯、不道之道？若有能知，此之謂天府。」道是沒有界限的，言論是沒有所謂定說的；真正的道是不用名去稱呼的，真正的辯論是不用語言去說的；道一但明白的用名去稱說，那便不是真正的道，辯論一但用語言去表達就會有說不清楚的地方；如果能夠明白不用名去稱道，不用語言去辯論，就叫「天府」。〈大宗師〉亦云道「无為无形」，〈知北遊〉則云「道不當名」。理則之道與本體之道皆無形而不可稱名、言說，這種本體與理則相混的情形，在《老子》中也同樣出現，這是因為道本身就被設定成具備這樣的性質。

關於理則之道與本體之道的混亂問題，〈則陽〉提出了解決的方法，其云：

> 少知曰：「季真之莫為，接子之或使。二家之議，孰正於其情，孰偏於其理？」大公調曰：「……道不可有，有不可無。道之為名，所假而行。或使、莫為，言之本也，與物終始。道不可有，有不可無。道之為名，所假而行。或使、莫為，在物一曲，夫胡為於大方！言而足，則終日言而盡道；言而不足，則終日言而盡物。道、物之極，言、默不足以載。非言非默，議有所極。」

這裡的對答，其實是對〈齊物論〉的回應，學派學者之間對真理的討論，其實都只是言說，而不是真正的道。在這裡大公調用「道」來回應少知所問的「理」，正是將道作理則義解。然而此「道」之名，只是假借的稱呼，道本無名，因此無所謂有或無，「或使、莫為」一類的主張，都只是一偏之言。道與物的極致不是談論或沈默所可以表達的，郭象注云：「夫道物之極，常莫為而自爾，不在言與不言。」道的終極便是自然，自己如此，因此不必在意言或不言。這是比〈知北遊〉推崇的「不言之教」更進一步的深入探討：假使知不知道都無法回答「何謂道」這個問題，如何得知誰才是真正知道？只能順其自然。此亦與《老子》二十五章「道法自然」相通。

《莊子》中道與理不分的情形，除了上述〈則陽〉大公調用「道」來回

應少知所問的「理」，還有〈秋水〉云：「知道者必達於理」，這都是把道跟理作連結，還有直接將道與理合成一詞者，如〈天下〉云：「是故慎到棄知去己，而緣不得已，泠汰於物，以爲道理」，此篇所言之「道術」亦應是理則義，術者，方法也；道術即是爲道之方法、理論也。〈繕性〉更是直接將理作爲道的定義，其云：

> 夫德，和也；道，理也。德无不容，仁也；道无不理，義也；義明
> 而物親，忠也；中純實而反乎情，樂也；信行容體而順乎文，禮
> 也。

此處確切的爲道下的定義是「理」，而且敘述的順序將道排在德之後，且將儒家的仁義樂禮融入，這個思想系統很明顯與以道至高無上的本體之道系統不同。原本本體之道與理則之道之混用，只是對道的無名性質所作的一種變通，但是這裡的理則之道不再是變通，而是墮落，無形無名的道變成有跡可循的理而且順序排在德之後，這可能與道的另一種範疇——「道德」的出現有關。

三、「本體之天」與「道德」——墮落的道反應治國之法

〈天道〉云：

> 夫道，於大不終，於小不遺，於萬物備。廣廣乎其无不容也，淵乎
> 其不可測也。

「无不容」在〈繕性〉是德的性質，到了〈天道〉卻成了道的性質，這是道與德的混淆。《莊子》中，道與德常有連文的情形，如：〈駢拇〉云：

> 多方乎仁義而用之者，列於五藏哉！而非道德之正也。……則仁義
> 又奚連連如膠漆纆索，而遊乎道德之間爲哉！使天下惑也！……余
> 愧乎道德，是以上不敢爲仁義之操，而下不敢爲淫僻之行也。

此言仁義與淫僻之行同樣都是扭曲了人性，非「道德之正」，故應當順應著自然本性而行。這是回應了《老子》三十八章：「故失道而後德，失德而後仁，失仁而後義，失義而後禮。」道是最完美的，德、仁、義、禮都是退而求其次，〈馬蹄〉亦有同樣的說法，只是將單字變成複詞，其云：「道德不廢，安取仁義！性情不離，安用禮樂！」這種以道德來指稱道的例子還有：〈山木〉云：「士有道德不能行」、「若夫乘道德而浮遊則不然」、「其唯道德之鄉乎」；〈庚桑楚〉云：「外內韄者，道德不能持，而況放道而行者乎！」〈天下〉云：「天下大亂，賢聖不明，道德不一。天下多得一察焉以自好。」

　　上述〈駢拇〉等篇所謂的「道德」的用法與「道」相通，故〈庚桑楚〉云：「道德不能持，而況放道而行者乎！」「道」本來就是一個假借來稱呼的名，由這個邏輯來看，把道這個名改成「道德」這個名亦無不可，只不過這個改變還帶有時代變動的意義。劉笑敢《莊子哲學及其演變》搜集《論語》、《孟子》等先秦文獻，歸納比較，提出這種由單字「道」的單一概念演化成複詞「道德」的複合概念正是內篇早於外雜篇的證據。〔註21〕

　　事實上，《莊子》外雜篇中將單詞的道轉變成複詞的道德，不只是名的轉變，還包含了內涵與地位的變動。觀察〈駢拇〉、〈馬蹄〉等篇使用道德的情況，發現其常常與仁義相比較，在其他篇中亦有將道與德、仁、義、禮相提並論者，如：〈在宥〉云：

> 賤而不可不任者，物也；卑而不可不因者，民也；匿而不可不爲者，事也；麤而不可不陳者，法也；遠而不可不居者，義也；親而不可不廣者，仁也；節而不可不積者，禮也；中而不可不高者，德也；一而不可不易者，道也；神而不可不爲者，天也。……不明於天者，不純於德；不通於道者，无自而可；不明於道者，悲夫！何謂道？有天道，有人道。

這裡將物、民、事、法、義、仁、禮、德、道、天十個概念分別給予定義，值得注意的是此處地位最高的不是道而是天，且用神字來形容它，而神字通常是用來形容道的；其下又說不明白天，德就不純，而德本來也是依附於道而存在的，此處變成天的附庸；其下又將獨一無二的道分成「天道」與「人道」；由上述諸點可知，此時的道字很明顯是理則義。

　　理則之道與德字混用變成了「道德」之後，由道的理則義漸漸轉向品格義，而本體義則由「天」這個名來容納，有時也稱作「天地」。從〈知北遊〉舜問丞的話可以得知天地已取代了本體之道，其云：

> 舜曰：「吾身非吾有也，孰有之哉？」曰：「是天地之委形也；生非汝有，是天地之委和也；性命非汝有，是天地之委順也；孫子非汝有，是天地之委蛻也。故行不知所往，處不知所持，食不知所味。天地之彊陽氣也，又胡可得而有邪！」

這裡強調天地的生成作用，身體性命子孫皆是天地所賦予的。原本屬於道的生成作用，在此轉到天地一詞。又，〈天道〉云：

〔註21〕劉笑敢：《莊子哲學及其演變》，頁 26～33。

> 夫天地至神，而有尊卑先後之序，而況人道乎！宗廟尚親，朝廷尚
> 尊，鄉黨尚齒，行事尚賢，大道之序也。語道而非其序者，非其道
> 也。語道而非其道者，安取道！是故古之明大道者，先明天，而道
> 德次之；道德已明，而仁義次之；仁義已明，而分守次之；分守已
> 明，而形名次之；……

原本本體之道是超越天地萬物的概念，德是本體之道在創生萬物時，內化於
萬物的屬性。然而此處道與德並稱，地位排在天之下，仁義之上。其以天
地為至神，而謂宗廟朝廷鄉黨之先後順序為「大道之序」。這裡提到「人
道」、「大道」、「道德」，前兩個道字作理則解，意指人行為的理則與至高的理
則，第三個道與德連文，從文義看，應當與仁義、分守、形名等同樣都是
指人所應遵守的行為規範，故此處道德可理解成道的理則義與德的品格義的
綜合。

　　當道失去了本體義之後，其地位下降至與德並肩，有時行文的排列還位
於德之後。再看〈天地〉對道與德的描述，其云：

> 故通於天地者，德也；行於萬物者，道也；上治人者，事也；能有
> 所藝者，技也。技兼於事，事兼於義，義兼於德，德兼於道，道兼
> 於天。

「故通於天地者，德也；行於萬物者，道也；」王叔岷云：「案陳碧虛《闕
誤》引江南古藏本作『故通於天者，道也；順於地者，德也；行於萬物者，
義也。』於文為長。下文『義兼於德，德兼於道。』即承此道、德、義而
言。」〔註22〕然而從成玄英的疏云：「同兩儀之覆載，與天地而俱生者，德
也。」與「至理無塞，恣物往來，同行萬物，故曰道也。」可見唐代所見本
已作「故通於天地者，德也；行於萬物者，道也」，且此道、德的排序正與
〈繕性〉相同，其云：「夫德，和也；道，理也。」德是調和萬物者，故通於
天地；道是萬物之理，故行於萬物──兩者正可互通。這裡的技、事、義、
德、道、天的順序，其邏輯與《老子》二十五章相似：「人法地，地法天，天
法道，道法自然。」所謂技、事皆屬人，但是道與天的順序相反了，似乎是
將天等同於自然，這點與〈秋水〉對天與人的解釋相通──天是自然，人是
人為。由此可以歸納出《莊子》的用詞習慣，當道與德分述時，道多作理則
解，而德是調和萬物者，地位並不低於道，而當道德連文時，雖然是兩者的

〔註22〕 王叔岷：《莊子校詮》，頁 415。

綜合，主要是指人的行為規範。這兩種不同的用詞習慣應當分屬不同的思想系統。

《莊子》一書的本體論可分成以道為主與以天為主兩大類，前人已有類似的說法。孫以楷與甄長松歸納《莊子》的天有兩種意涵：「一是與地對舉的自然之天；一是與人對舉的天然之天。」〔註 23〕孫、甄二人所謂的天然之天指的是物質之天，而自然之天指的是自然而然的天道規律。其所謂自然之天一類，略似關鋒跟劉笑敢所指：〈天道〉諸篇是以天為根本存在的，道不再是獨立於天地之外的絕對，而是貫通天地萬物的普遍規律。老子的至高無上的道變成了服從於天地的道。由此關鋒將〈天道〉作為宋尹學派，而劉笑敢認為〈天道〉諸篇——〈天地〉、〈天道〉、〈天運〉、〈在宥下〉、〈刻意〉、〈繕性〉、〈天下〉，是莊子後學中的黃老派〔註 24〕，不過他們都沒有進一步說明所謂〈天道〉諸篇內部的天、道、德等範疇的異同。

比較《莊子》中道的四種範疇：行路之道、本體之道、理則之道、道德，其中行路之道與思想無關可略過不提，其他三種範疇則大致上分別對應了三種本體論系統，一種是將本體義寄託在真宰一詞，而道主要是理則義，以〈齊物論〉為代表，重點在彌平眾學派的言論之爭；一種是將本體義寄託在道字，以〈大宗師〉為代表，重點在強調無為的精神修養論；一種是將本體義寄託在天或天地，而道字主要是品格義，以〈天地〉等篇為代表，主要在與仁義作對比。第一、第二種的本體之道與理則之道比較接近《老子》的「道生一」系統；第三種的道德系統將本體義寄託在「天」上，比較接近《老子》的「道法自然」系統。這三種系統的差別除了道的內涵之外，還表現在對政治的態度上。本體義、理則義系統著重在抽象的萬物之理，主要回應的是各家學派之爭與自然無為的精神修養論；品格義系統著重在具體的人事之理，主要回應的是治國行政之方法。

《莊子》的政治思想主要反應在品格義系統，〈天地〉便云：

> 天地雖大，其化均也；萬物雖多，其治一也；人卒雖眾，其主君也。君原於德而成於天，故曰：「玄古之君天下，无為也，天德而已矣。」

〔註 23〕 孫以楷、甄長松：《莊子通論》（北京：東方出版社，1995 年 10 月第 1 版），頁 166。

〔註 24〕 劉笑敢：〈莊子後學中的黃老派〉，《國文天地》第 7 卷第 11 期（1992 年 4 月），頁 33～38。

天地雖然廣大，它化育萬物是平均無私的；萬物雖然眾多，它的條理是一致；人民雖然眾多，他們的主宰是君王。君王的產生是源自於天地欲調和人民的生活。在此先給予君王存在的肯定，再說明君王治理天下只是順應著天地所賦予的調和人民的任務，無爲而治。在《老子》的系統中，賦予侯王權力的是道，而在《莊子》卻變成是天，這是本體之名的轉移了，但是兩者對於侯王、君王同樣都要求要無爲而治。〈天道〉也有與此類似的說法，其云：「夫帝王之德，以天地爲宗，以道德爲主，以无爲爲常。」〈天下〉也有類以的說法，只是帝王換成聖人，其云：「以天爲宗，以德爲本，以道爲門，兆於變化，謂之聖人」。由此可知，〈天道〉所謂的「帝王之德」，指的是品德，有品德的帝王即是聖人，以本體義的天地爲本源，以品格義的道德爲主旨，以實踐義的無爲爲常態。這裡道德是指合理的行爲規範。又〈天道〉云：

> 天道運而无所積，故萬物成；帝道運而无所積，故天下歸；聖道運而无所積，故海內服。明於天，通於聖，六通四辟於帝王之德者，其自爲也，昧然无不靜者矣。……夫虛靜恬淡寂漠无爲者，天地之平（本）而道德之至（質）〔註25〕。

此云天地運行的律則是不停滯的，萬物由此而生成；帝王治國的律則是不停滯的，天下因此歸往；聖人行爲的律則是不停滯的，萬物因此賓服。如果可以明白通達天地、帝王、聖人行動的律則，任由萬物自己成長，便能不知不覺達到清靜的境界。此說與《老子》四十五章：「清靜可以爲天下正」相通。這裡明確指出道德的內容是虛靜恬淡寂漠无爲，正與「以道德爲主，以无爲爲常」呼應。

　　另外，〈在宥〉提到黃帝與廣成子對至道的內涵產生歧義，其云：

> 黃帝立爲天子十九年，令行天下。聞廣成子在於空同之山，故往見之，曰：「我聞吾子達於至道，敢問至道之精。吾欲取天地之精，以佐五穀，以養民人。吾又欲官陰陽，以遂群生，爲之奈何？」廣成子曰：「而所欲問者，物之質也；而所欲官者，物之殘也。自而治天下，雲氣不待族而雨，草木不待黃而落，日月之光益以荒矣，而佞人之心翦翦者，又奚足以語至道！」黃帝退，捐天下，築特室，席白茅，閒居三月，復往邀之。廣成子南首而臥，黃帝順下風膝行而

〔註25〕「平」當作「本」，據馬敘倫之說改。「至」當作「質」，據〈刻意〉：「故曰：『夫恬淡寂漠，虛无无爲』，此天地之平，而道德之質也。」

進，再拜稽首而問曰：「聞吾子達於至道，敢問：治身奈何而可以長久？」廣成子蹶然而起，曰：「善哉問乎！來！吾語女至道。至道之精，窈窈冥冥；至道之極，昏昏默默。无視无聽，抱神以靜，形將自正。必靜必清，无勞女形，无搖女精，乃可以長生。目无所見，耳无所聞，心无所知，女神將守形，形乃長生。……」

此云黃帝原本以爲至道是治理人民萬物的方法，廣成子卻說至道是事物的原質，治理人民萬物只是事物的殘渣。第二次黃帝又來問治身長久的方法，廣成子才告訴他何謂至道，然而廣成子所傳授的卻是長生的方法：不要勞累形體，不要消耗精神，耳目不被外界所擾，內心不要多計算，保持精神的寧靜，才能長生。這種將修養身心的方法作爲至道，應當也算是理則之道系統，此系統標榜自然無爲的修養論，否定具體的治國方針，這種排斥治國方法的政治觀與上述的〈天地〉、〈天道〉等篇應當是不同系統。此處黃帝所謂至道是治國之道，這符合《黃帝四經》中對黃帝的描述，而廣成子對黃帝的教訓似是針對黃帝之治而來。由此看來，《莊子》一書中的政治觀有兩種互相衝突的系統，不可一概而論。

　　另外，還有所謂「由技入道」者，如：〈養生主〉中，庖丁自以爲好道；〈達生〉中，痀僂丈人亦自以爲有道；又孔子問呂梁丈夫蹈水有道乎？這些所謂的「道」其實是「術」〔註26〕，指的是方法，它表現出所謂的「用志不分，乃凝於神」，主要強調精神的修養與政治無關，則不在本論文的討論之列。

第三節　《黃帝四經》的天地之道與聖王治國的工具

　　《黃帝四經》對「道」的詮釋與《老子》跟《莊子》不盡相同，相對較爲單純，多是理則義，其本體義則寄托在「天」，但亦有本體之道的系統。《四經》的道，或是獨立成義，或是天地之道的省稱，兩者極難分辨，因此，籠統言之，《四經》政治觀的理論根源可用天地之道來概括；細分之，可分成本體之道與本體之天兩系統。

一、本體之道

　　《四經》中，對道的描述，主要集中在〈道原〉一篇，其云：

────────────

〔註26〕此或與〈天下〉的道術有相關。

　　　　恆無之初，迵同大（太）虛。虛同爲一，恆一而止。濕濕夢夢，未
　　　　有明晦，神微周盈，精靜不巸（熙）。古（故）未有以，萬物莫以。
　　　　古（故）無有刑（形），大迵無名。天弗能覆，地弗能載。小以成小，
　　　　大以成大。盈四海之內，又包其外。在陰不腐，在陽不焦。一度不
　　　　變，能適規（蚑）僥（蟯）。鳥得而蜚（飛），魚得而流（游），獸得
　　　　而走。萬物得之以生，百事得之以成。人皆以之，莫知其名，人皆
　　　　用之，莫見其刑（形）。一者其號也，虛其舍也，無爲其素也，和其
　　　　用也。是故上道高而不可察也，深而不可則（測）也。顯明弗能爲
　　　　名，廣大弗能爲刑（形）。獨立不偶，萬物莫之能令。天地陰陽，〔四〕
　　　　時日月，星辰雲氣，規（蚑）行僥（蟯）重（動），戴根之徒，皆取
　　　　生，道弗爲益少；皆反焉，道弗爲益多。堅強而不撌，柔弱而不可
　　　　化。精微之所不能至，稽極之所不能過。故唯聖人能察無刑（形），
　　　　能聽無〔聲〕。〔註27〕

此言世界在渾沌虛無的狀態時，有「一」在虛空中形成，此「一」湧動充盈，
卻好似不存在，沒有形體，沒有名字，天地無法覆載它，它卻可以成就精微
小物，也能成就廣闊大物，它充滿四海之內，又涵蓋四海之外，在陰濕之地
不會腐爛，在陽熱之地不會焦毀，萬物皆因它而生而成，人皆用之，而不見
其形，不知其名。一，只是勉強給它的稱呼；空虛，是它的住所；無爲，是
它的根本；和，是它的作用。所以說：上道高深莫測，無形無名，獨一無二，
萬物皆取用而不會減少，反之亦不會增多，堅強而不會被摧折，柔弱而不會
被改變，再精微極至也不能達到道的境界，只有聖人才能察覺這無形無聲的
一。以一稱道，是在強調道的絕對性，它是支配萬物的而不受任何的支配，《韓
非子・揚權》即云：「道無雙，故曰一」。

　　〈道原〉很明顯將一與道混在一起說，而所說的內容，如：萬物得之而
生，無形無名，一者其號，獨立不偶，精微不能致等等，與《老》、《莊》對
道的描述十分接近，主要在強調道的生成作用與不可限定性質。今將三者比
較，如下表：

〔註27〕　本論文之《黃帝四經》引文主要採用陳鼓應注釋：《黃帝四經今注今譯──馬
　　　　王堆漢墓出帛書》，又因其內文多通假字，今爲方便讀者閱覽用（　）補上正
　　　　字，用〔　〕表示補上缺字，另有□表示不可補之缺字，〈　〉表示改正錯
　　　　字。

道　原	老　子	莊　子
虛同爲一		太一形虛〈列禦寇〉
古（故）無有刑（形），大迵無名。	大象無形，道襃無名。〈四十章〉（今四十一章）	泰初有无，无有无名。一之所起，有一而未形。〈天地〉
天弗能覆，地弗能載。		夫道，覆載萬物者也〈天地〉
小以成小，大以成大。		夫道，於大不終，於小不遺，故萬物備。〈天道〉
在陰不腐，在陽不焦。		入水不濡，入火不熱，是知之能登假于道者也若此。〈大宗師〉
鳥得而蜚（飛），魚得而流（游），獸得而走。萬物得之以生，百事得之以成。	昔之得一者；天得一以清，地得一以寧，神得一以靈，谷得一以盈，侯王得一以爲天下正。〈三十九章〉	狶韋氏得之，以挈天地；伏戲氏得之，以襲氣母；維斗得之，終古不忒；日月得之，終古不息；……〈大宗師〉 聖有所生，王有所成，皆原於一。〈天下〉
一者其號也，虛其舍也，無爲其素也，和其用也。	未知其名，字之曰道。吾強爲之名曰大。〈二十五章〉	我守其一以處其和。〈在宥〉
獨立不偶。	獨立而不亥〈二十五章〉	
皆取生，道弗爲益少；皆反焉，道弗爲益多。	道盅，而用之又不盈。淵乎，似萬物之宗。〈四章〉	萬物皆往資焉而不匱〈知北游〉

〈道原〉與《老子》的相似處在描述道的無形無名、生成作用、獨一無二與不可損益等方面，與《莊子》的相似處除了無形無名、生成作用、不可損益之外，連「一」生自無形、不懼水火、大小不遺等細部的描寫都有相通處，由文句的相似度來看，〈道原〉與《莊子》的關係應該比《老子》還密切。

鍾肇鵬〈論黃老之學〉歸納《黃帝四經》中道的性質，而以〈道原〉爲主要依據，歸納出四點：一、普遍性——包裹天地，充塞四海之內；二、絕對性——支配萬物而不受任何的支配；三、無限性——構成天地、陰陽、四時、日月、星辰、雲氣、動物、植物等一切事物；四、物質性——可以認識，可以掌握。〔註28〕鍾氏忽視道無形無名這個特點，將道的不可感知性與不可限定性排除，強調道可以被聖人察覺，故以此爲物質性。道的不可感知性與物質性是相斥的，〈道原〉只說聖人能察無形、聽無聲，卻沒有解釋：聖人爲什麼能察覺一般人不能察覺的道，而一般人可否變得如同聖人一樣能察無

〔註28〕 鍾肇鵬：〈論黃老之學〉，頁87。

形、聽無聲？

〈道原〉在描述道之後，只說：聖人能察聽道之無形、無聲，知虛之實，能通天地之精。又說：聖王用此道則天下服，抱道執度，天下可一。此處聖人對道的態度與《老子》不同，〈道原〉云：「聖王用此，天下服」，應該是從《老子》三十二章：「侯王若能守之，萬物將自賓。」轉化而來，但是其云「用」而非「守」，由此可知，〈道原〉著重的是道的工具性質，而非本體性質，這是因爲《黃帝四經》強調的不是修養身心，而是實用的政治活動，如：〈經法‧道法〉云：「執道者，生法而弗敢犯殹（也）」，此即言聖人對道之用；〈經法‧六分〉云：「王天下者之道，有天焉，有地焉，又（有）人焉，參（三）者參用之，〔然後〕而有天下矣。」此即言人主對聖人之用。

除了〈道原〉集中的描述道之外，《四經》其他篇章在提到道時，常將道作爲政治的附庸，〈十大經‧成法〉云：

> 黃帝曰：「請問天下猷（猶）有一虖（乎）？」力黑曰：「然。昔者皇天使馮（鳳）下道一言而止。五帝用之，以杁天地，〔以〕楑（揆）四海，以壞（懷）下民，以正一世之士。夫是故毚（讒）民皆退，賢人減（咸）起，五邪乃逃，年（佞）辯乃止。循名復一，民無亂紀。」黃帝曰：「一者，一而已乎？其亦有長乎？」力黑曰：「一者，道其本也，胡爲而無長？□□所失，莫能守一。一之解，察于天地：一之理，施于四海。何以知□之至，遠近之稽？夫唯一不失，一以騮化，少以知多。夫達望四海，困極上下，四鄉（向）相枹（抱），各以其道。夫百言有本，千言有要，萬〔言〕有蔥（總）。萬物之多，皆閱一空。夫非正人也，孰能治此？罷（彼）必正人也，乃能操正以正奇，握一以知多，除民之所害，而寺（持）民之所宜。譽凡守一，與天地同極，乃可以知天地之禍福。」

此言黃帝問一於力黑，力黑說天派鳳鳥爲使者傳道只說一。其下則敘述五帝以此一來治理天下人民，結果天下大治，淫邪亂紀之事都消失了。這似乎是想要進一步解釋《老子》三十九章所謂：「侯王得一而以爲天下正」。其下黃帝又深入探問一的內涵，力黑才說明一的根本是道，一的踪跡廣布天地間，一的規律施於四海皆準，萬事萬物皆有原則，如果可以掌握此一，便能「以少知多」，可以知道天地間禍福的所在。由此可知，力黑對黃帝解釋道，只是讓黃帝認識道之後能握一以知多，除民之所害。

此處用神話解釋一的由來，與〈道原〉從虛無中產生的一，很明顯是不同的系統，但是可以看出兩者對一的描述應該都是進一步發展《老子》的一。王增田《黃老治道及其實踐》便認為《四經》的道論應該有道與天道兩個體系，其云：「帛書之『道』與為治活動並無一致性和同構性。也許正是這一內在矛盾，使得帛書作者轉向『天道』尋求為治的理據。」〔註29〕不過，若要明確的說〈道原〉的系統與其他三篇不同，又因為〈道原〉的內容較少，如果就此下定論，證據稍嫌不足，故暫且存疑。

《四經》又說道是處於度之內而見於度之外，〈經法·名理〉云：

> 道者，神明之原也。神明者，處於度之內而見於度之外者也。處於度之〔內〕者，不言而信；見於度之外者，言而不可易也。處於度之內者，靜而不可移也；見於度之外者，動而不可化也。靜而不移，動而不化，故曰神。神明者，見知之稽也。有物始〔生〕，建於地而洫（溢）於天，莫見其刑（形），大盈冬（終）天地之間而莫知其名。莫能見知，故有逆成；物乃下生，故有逆刑，禍及其身。

此言道是「神明之原」。關於以神明形容道者，在《文子·自然》也有提到，其云：

> 夫道者，體圓而法方，背陰而抱陽，左柔而右剛，履幽而戴明，變化無常，得一之原，以應無方，是謂神明。〔註30〕

此所謂「得一之原」即是「得道之原」，了解道的本原，便能應變無方，這就叫神明。王利器指出先秦文獻裡的神明常與天地相提並論，《莊子·天道》即云：「天尊地卑，神明之位也。」《文子》所言圓方，即指天地，王氏例舉了〈天道〉、〈知北遊〉、〈天下〉、《周易·說卦》等文字來證明神明與天地的關係，得出的結論是：「蓋天地以體言，神明以用言，一而二，二而一者也。」〔註31〕《四經》使用神明一詞只見於本篇三處，看不出神明與天地的關係，但秦漢古籍使用神明一詞多與天地並論，可見兩者關係密切。

〔註29〕 王增田：《黃老治道及其實踐》，頁43。
〔註30〕 李定生、徐慧君校釋：《文子校釋》（上海：上海古籍出版社，2004年3月第1版），頁334～335。《淮南子·兵略》與此有一樣的敘述，其云：「所謂道者，體圓而法方，背陰而抱陽，左柔而右剛，履幽而戴明，變化無常，得一之原，以應無方，是謂神明。」據丁原植的研究，這種情形大概是《淮南子》的殘本混入《文子》所致。
〔註31〕 王利器疏義：《文子疏義》（北京：中華書局，2000年9月第1版），頁376。

　　《四經》此處解釋云：「神明者，處於度之內而見於度之外者也。」其實便是〈秋水〉所云：「言之所不能論，意之所不能察致者，不期精粗焉。」道無形無名，是言不能論，意不能察的，超越度之內外，既靜且動〔註32〕，「神明」即是指稱這種超越的狀態，若能弄清楚這種神明的狀態，便能認識道，便能解決一般人無法認識道而產生的逆成、逆刑等問題。人如果能認識道，那麼他便再也不是一般人，而是聖人。

　　關於對道的認識，〈經法‧道法〉也有提到，其云：

　　　　故同出冥冥，或以死，或以生；或以敗，或以成。禍福同道，莫知
　　　　其所從生。見知之道，唯虛無有。虛無有，秋毫成之，必有形名，
　　　　形名立，則黑白之分已。

此處以「虛無有」指稱生成萬物的本體之道，禍福皆由道所生，不知其何以如此，若問此道如何生成萬物，答案是從「虛無有」的狀態生成如秋毫一般細微之物，物生成之後就有形有名，形名確立則是非黑白就分明了。這種萬物形成的步驟與〈稱〉所言相同，其云：

　　　　道無始而有應。其未來也，無之；其已來，如之。有物將來，其刑
　　　　（形）先之。建以其刑（形），名以其名。

這裡說的是道的生成作用，由無而有，由形而名，類似於《老子》四十一章（通行本四十章）：「天下之物生於有，有生於無。」五十一章云：「道生之而德畜之，物形之而器成之。」道生與物形都是描述萬物從無到有的狀態。〈稱〉具體的描繪出萬物從虛無有到產生形體，進而有了名稱，聖人透過對形名的認識來分辨是非黑白。這是對《老子》由德來追溯道的另一種轉化。

二、本體之天──聖王以道、理治國

　　上一節提到《莊子》的道，除了本體義系統之外，還有道德義系統，而道德義系統將本體義寄託在天，故常稱天道，《四經》亦有以天為本體的現象，〈經法‧國次〉云：

〔註32〕　胡家聰比較〈道原〉與《老子》的道論，指出〈道原〉說道云：「恆一而止」、
　　　　「精靜不熙」，以道為靜止的；而《老子》講道云：「周行而不殆」，「大曰逝，
　　　　逝曰遠，遠曰反」，以道為運動的。〈帛書《道原》和《老子》論道的比較〉，
　　　　《道家文化研究第三輯》（上海：上海古籍，1993年8月第1版），頁260～
　　　　264。按：止與只的意思可以相通；靜，除了靜止，還有寧靜的意思，所以胡
　　　　家聰的說法沒有絕對的依據，從〈經法‧名理〉此處的說法來看，道是可動
　　　　可靜，因此與《老子》所說並沒有絕對的不同。

> 天地無私，四時不息。天地立（位），聖人故載。過極失〔當〕，天
> 將降央（殃）。人強朕（勝）天，慎辟（避）勿當。天反朕（勝）人，
> 因與俱行。先屈後信（伸），必盡天極，而毋擅天功。

這裡以天爲判定人行爲的最高標準，如果人的行爲不合天道，天便會降下懲
罰。且天有盈有虛，有時人亦可勝天，當天爲盈時便不硬擋，而須避開。其
他還有類似的說法，如：

> 周曑（遷）動作，天爲之稽。天道不遠，入與處，出與反。〈經法·
> 四度〉

> 天道壽壽，番（播）於下土，施於九州。是故王公慎令，民知所繇
> （由）。天有恆日，民自則之，爽則損命，環（還）自服之。天之道
> 也。〈十大經·三禁〉

此言天道是人行爲的楷式，動靜皆要遵循它。天道廣播於天下，王公要謹慎
的下令，使人民知道如何遵從。天道如恆常不變的太陽，人民要遵循它，若
違反它則會損傷生命，反遭敗亡。〈十大經·兵容〉即云：「天固有奪有予，
有祥〔福至者也而〕弗受，反隋（隨）以殃。」即所謂「順天者昌，逆天者
亡」。天會降下賞罰，且有盈有虛，且有好惡，〈十大經·行守〉亦云：「天亞
（惡）高，地亞（惡）廣，人亞（惡）荷（苛）。高而不已，天闕土〈之〉；
廣而不已，地將絕之；苛而不已，人將殺之。」

　　上述這些都顯示出《四經》的天是具有人格特質，已不再是《老》、《莊》
的自然狀態的本體。《老子》的道與《莊子》的天道沒有人格，只是單純的宇
宙本體，所以不會有好惡等情緒，也不會因善惡的降下賞罰，因爲從道觀點
來看，人世界所謂的善惡都只是一己之私，沒有絕對的是非，只有相對的對
待。《四經》的天卻有了是非善惡之辨，因此原本一切「自然完美」的世界便
有缺陷產生，〈經法·道法〉云：

> 虛無刑（形），其裻冥冥，萬物之所從生。生有害，曰欲，曰不知足。
> 生必動，動有害，曰不時，曰時而□。動有事，事有害，曰逆，曰
> 不稱，不知所爲用。事必有言，言有害，曰不信，曰不知畏人，曰
> 自誣，曰虛誇，以不足爲有餘。

這裡指出由虛無形所生出的萬物，其言行舉止不再遵循自然而有所謂的害，
如：不知足、動不時、逆道而行、言不信等等。〔註33〕這裡的宇宙本體與

〔註33〕按：這種「生有害」的說法，或許與荀子、韓非之性惡論有關。

《老》、《莊》不同，不再是完整的，而是有缺陷的。《老》、《莊》的宇宙本體
無所謂利害，一切皆爲道所生，道主宰創造萬物、無所不在，孰知善與不善？
因爲不管善與不善，都只是世人的認定，道無所謂善與不善，故而世間諸人
行善與行不善的結果無定，所以才要無爲。《莊子·秋水》云：「以道觀之，
物無貴賤。」《老子》二十章云：「美與惡，相去若何？」七十三章云：「勇於
敢者則殺，勇於不敢者則活。此兩者或利或害，天之所惡，孰知其故？」五
十八章云：「禍乎福之所倚，福乎禍之所伏，孰知其極？其無正，正復爲奇、
善復爲祅，人之迷也，其日固久。」六十二章云：「道者，萬物之主也，善人
之寶，不善人之所保也。……人之不善，何棄之有。」四十九章云：「善者善
之，不善者亦善之，得善也。」這些都是在說人世間的價值觀與道並不相干，
而《四經》的本體天卻會因人世間的是非價值來降下賞罰，是由此可以看出
《四經》所謂的天道雖然與《莊子》的天道同名，內容卻是不同。

　　《老子》的道論系統雖然以本體義的道或自然爲主體，但是有幾章也出
現天道或天之道的詞，如：

> 功遂身退，天之道也。（第九章）

> 不出於戶，以知天下。不闚於牖，以知天道。（四十七章）

> 故天之道，利而不害；人之道，爲而不爭。（六十八章～通行本八十
> 一章）

> 此兩者或利或害，天之所惡，孰知其故？天之道，不戰而善勝……
> 天網恢恢，疏而不失。（七十五章～通行本七十三章）

> 天之道，猶張弓也。……故天之道，損有餘而益不足。人之道，損
> 不足而奉有餘。孰能有餘而有以取奉於天者乎？唯有道者乎！（七
> 十九章～通行本七十七章）

> 夫天道無親，恒與善人。（八十一章～通行本七十九章）

第九章提到「功遂身退天之道」，或四十七章所謂的「知天道」，這兩處都還
看不出天道與本體之道有何不同，而在六十八章所謂「天之道利而不害」，七
十五章（通行本七十三章）所謂「天之道不戰而善勝」，七十九章所謂「天之
道損有餘而益不足」，八十一章（通行本七十九章）所謂「天道無親」等內
涵，則有分出利害好惡，這是人格天的特質。七十九章（通行本七十七章）
與八十一章（通行本七十九章）皆以天道與人道對舉，與《莊子·在宥》所

謂「无爲而尊者，天道也；有爲而累者，人道也。」相通，此處之道應是理則義。又第五章：「天地不仁，以萬物爲芻狗；聖人不仁，以百姓爲芻狗。」第七章：「天地之所以能長且久者，以其不自生也，故能長生。是以聖人退其身而身先，外其身而身存。」這裡將天地與聖人、萬物與百姓作比喻，這也是將本體義寄託在「天地」一詞，與《四經》的天道系統相近。由上述諸例可以說明《四經》的天道論是前有所承，或是整理《老子》的人將後學的說法混入其中。上述有關天道的篇章：第九章、四十七章、六十八章（通行本八十一章）、七十五章（通行本七十三章）、七十九章（通行本七十七章）、八十一章（通行本七十九章），這六章都不見於郭店本《老子》，所以極有可能是晚出。

《四經》常將「天地之道」與「天地之理」相提並論，如：〈經法·論約〉云：

> 始於文而卒於武，天地之道也。四時有度，天地之李（理）也。日月星晨（辰）有數，天地之紀也。三時成功，一時刑殺，天地之道也。四時而定，不爽不代（忒），常有法式，〔天地之理也〕。一立一廢，一生一殺，四時代正，冬（終）而復始，人事之理也。

此言始文卒武、生殺有時是「天地之道」，而四時輪替則是「天地之理」，日月星晨有定數是「天地之紀」。人效法天象，故立廢生殺如四時之相代，終而復始，這是「人事之理」。此處把道與理分開來說，道指原則，理指規律。

再看〈經法·論〉所謂天道，其云：

> 天建八正以行七法：明以正者，天之道也。適者，天度也。信者，天之期也。極而〔反〕者，天之生（性）也。必者，天之命也。□□□□□□□□□者，天之所以爲物命也。此之胃（謂）七法。七法各當其名，胃（謂）之物。物各〔合於道者〕，胃（謂）之理。理之所在，胃（謂）之〔順〕。物有不合於道者，胃（謂）之失理。失理之所在，胃（謂）之逆。逆順各自命也，則存亡興壞可知〔也〕。

這裡講到天道、天度、天期、天性、天命等等所謂的「七法」，其實皆是對天的描述，天有：明以正、適、信、極而反、必等性質，合於這些性質的叫理，不合於這些性質的叫失理，比對國家的行政跟這些性質，那麼存亡興壞的結果就很明白了。這裡說天建立八正、頒行七法，所謂八正指的是天地四時內外動靜等八種政令，七法指的是明以正、適、信、極而反、必、順

正、有常等七種法則，這些都是把天的性質當作是人取法的原則，故此「七法」之「法」，並非一般意義的律法，而是最高指導原則的法則。又把不合於原則之道的叫作失理，可見規律之理是遵循原則之道而行，故〈經法・四度〉云：

> 當者有〔數〕，極而反，盛而衰：天地之道也，人之李（理）也。逆
> 順同道而異理，審知逆順，是胃（謂）道紀。

物極而反，在《老子》是屬於道的性質，在《四經》則成為天地之道的性質與人事的規律之理。合理叫順，失理叫逆，逆順同出於天道，但人事上卻有合不合理的差別，如果能知道逆順的規律，就能把握住原則之道，故〈經法・四度〉又云：「執道循理，必從本始，順為經紀。」把握住原則之道，順應著規律之理，必定從根本做起。由此亦可見《四經》中的道有時只是天地之道的省稱，經中的「天理」、「天當」、「天度」等天字開頭的詞，其實都是天地之道的內涵之一，目的在標榜人事當一切以天為準則。因為《四經》中道與天地之道混用得很厲害，因此很難釐清道與天地之道二者思想系統有何不同，因為書中以天為本體的立場很明確，泛而言之，可將道與天道都當作是以天為本體的系統。

另外，《四經》與將道、理混用的《莊子》不同，它的道與理是分得很清楚的，由上述可知，道指原則，理指規律，不過，理雖然與道分開卻與名有了連結，故有「名理」一詞，〈經法・名理〉云：

> 天下有事，必審其名。名□□循名廄（究）理之所之，是必為福，
> 非必為材（災）。是非有分，以法斷之；虛靜謹聽，以法為符。審察
> 名理冬（終）始，是胃（謂）廄（究）理。唯公無私，見知不惑，
> 乃知奮起。故執道者之觀于天下〔也〕，見正道循理，能與曲直，能
> 與冬（終）始。故能循名廄（究）理。

「名」是萬物成形之後隨之產生的，「理」是萬物運行規律。處理天下萬事必定要先審定其名，再觀察其規律之理，是非便可分辨，再用法度裁決。要做到這樣，就要「虛靜謹聽」。執道者能夠虛靜謹慎的態度處理事情，依循道的原則審查萬物名理的變化關係，就叫循名究理。由此可以發現，《四經》中的「道」、「名」、「理」、「法」是一條環環相扣的結構鏈，而執政者的權力依據也由此產生。〈經法・道法〉首句即「道生法」亦由此由而來。

劉榮賢在談到先秦兩漢的黃老思想主體內容時，云：

這其中「道」代表中國大格局政治社會發展時物性文明流動的總根源，「法」則是從「道」發展出來的政治社會演進的大方向與大原則，而「刑名」則是落實於形下現象世界的制度甚至是法令刑律的系統。這三個觀念正好體現了《老子》第五十一章中所謂「道生之，德畜之，物形之」的天道結構，形成了從上到下的本體論、宇宙論、現象界的三個層次，完整的建構了先秦時代天道思想的體系。〔註34〕

劉氏認為黃老思想主體的「道」、「法」、「刑名」三者的關係結構，就如同《老子》的「道」、「德」、「物」三者分別對應了「本體論」、「宇宙論」、「現象界」三個層次。劉氏指出了黃老思想的法並非現在一般概念的法律條文，而是具有宇宙論意義的法則規範，刑名必須遵循這個規範來行動。由本論文前面所歸納的結果，發現劉氏所言較為粗略，而沒有點出在道與法中有名理位置，名理不應該被忽略，因為它與刑名有很大的關係，這在第四章有詳細的討論。

小　結

　　比較三書的道論，《莊子》與《四經》都有解釋《老子》經文的情形，可見兩者都有傳承自《老子》的部份。從文句與以天為本體兩點來看，《四經》與《莊子》的道理系統關係很密切，前人多將此與《四經》密切的《莊子》稱為黃老派，然而泛稱為黃老派只說出兩者的同，卻沒指出兩者的異。《莊子》將道與理相合，而《四經》將道與理分開，而將名與理相合，可以看出兩者的著重點不同。《莊子》將道混同理，凸出道德，而《四經》將名與理相合，偏重在形名，由此卻發展出偏重品格修養與政治實用兩種不同的政治觀。

〔註34〕　劉榮賢：〈先秦兩漢所謂「黃老」思想的名與實〉，《逢甲人文社會學報》第18期（2009年6月），頁11。

第三章　三書政治觀理論的執行者

　　在《老子》、《莊子》與《黃帝四經》三書的政治理論中，施政的對象是很單純的人民，但是施政的主體卻不定，有時是權位最高的國君，有時卻是指輔政的大臣，三書對於這些不同對象的稱呼有些微的差異，其內涵也不盡相同，因此在對主體的稱呼上有侯王、帝王、聖人等差別。《老子》政治觀理論的執行者一般稱作聖人，有時被稱作有道者，就是得自於道之人；《莊子》政治觀理論的執行者有時也稱作聖人，有時稱作眞人，有時稱作有德者，德者得也，表示得道者的內涵是以得自於道的德爲依據；《四經》政治觀理論的執行者有帝王，也有聖人，它認爲聖人是知道而能掌握道的人，故又稱之爲執道者。本章第一節探討《老子》的聖人與有道者之德，第二節探討《莊子》的聖人與其他有德的超凡之人，第三節探討《黃帝四經》的執道聖人與執政者的關係。

第一節　《老子》之有道的聖人

　　《老子》中提到與政治體制相關的職位只有偏將軍、上將軍、侯王、王公、天子與三卿。三十一章云：

> 兵者不祥之器也……是以偏將軍居左，上將軍居右。言以喪禮居之也。

這裡提到偏將軍與上將軍著重在他們所居的位置，用來對戰爭表示哀淒之意，兵仍不祥之器，即便戰勝了，也要以喪禮處之。此處看不出該職位在政治理論上的作用。

三十二章云：

> 道恒無名、樸。雖微，天地不敢臣，侯王如能守之，〔而〕萬物，將
> 自賓。

三十七章云：

> 道恆無名，侯王〔如〕能守之，而萬物，將自化。

三十九章云：

> 侯王得一以爲天下正。……侯王不已貴以高將恐蹶。……夫是以侯
> 王自謂孤寡不穀。

四十二章云：

> 天下之所惡，唯孤寡不穀，而王公以自名也。

三十九章與四十二章提到以孤、寡、不穀爲侯王與王公的稱呼，這都是戰國
的諸侯王用來自稱的詞，可見侯王與王公應該是諸侯王的位階，戰國時的諸
侯王統治範圍很大，不像漢代的王只統治某些郡國，而這種統治也在七國之
亂後被削弱了，而侯更是只有封邑食祿的爵位沒有實質的治理權力，可見《老
子》三十二章、三十七章、三十九章才將萬物、天下這麼廣泛的詞加在侯王
身上，其對應的是戰國的侯王地位。

六十二章云：

> 道者萬物之主也，……故立天子，置三卿。

「三卿」，通行本作三公。秦在皇帝之下設丞相、太尉、御史大夫，稱爲三公，
周代文獻看不見三公的制度，可見通行本的三公應該是秦以後的詞，帛書本
作三卿，卿是周代天子與諸侯之下的高級長官，時代便不會太晚。〔註1〕

上引的篇章中，三十二章、三十七章、三十九章很明確的指出侯王須守
持道才能治理好天下萬物，因爲道乃萬物之主，天子、三卿皆由此而立，至
於偏將軍、上將軍等職位，因爲是不祥之器，因此沒有多著墨。總而言之，
在《老子》的政治觀中，整個政治體制上自諸侯，下至官員，皆必須守道，
因爲道是整個政治理論的依據。

一、政治體制中的聖人

《老子》書中提到治理人民的主體時，提到有關政治體制的爵位職銜時

〔註1〕 本論文關於先秦的政治狀況的說法多依據楊寬《戰國史》、《先秦史十講》二
書。

只有上述六處，但卻常常提到聖人，從文中的敘述可以分成三類：第一類是
有治國行動的聖人，如：第三章云：

> 是以聖人之治也，虛其心，實其腹，弱其志，強其骨。恒使民無智
> 無欲也。

又，第五章云：

> 天地不仁，以萬物爲芻狗；聖人不仁，以百姓爲芻狗。

又，十二章云：

> 是以聖人之治也，爲腹不爲目，故去彼而取此。

又，二十八章云：

> 樸散則爲器，聖人用則爲官長，夫大制無割。

又，二十九章云：

> 將欲取天下而爲之，……是以聖人去甚，去泰，去奢。

又，四十九章云：

> 聖人恒無心，以百姓之心爲心。……聖人之在天下也，歙歙焉，爲
> 天下渾心。百姓皆注其耳目焉，聖人皆孩之。

又，六十章云：

> 以道莅天下，其鬼不神，非其鬼不神也，其神，不傷人也。非其神
> 不傷人，聖人亦不傷人。

又，六十六章云：

> 聖人之在民前也，以身後之；其在民上也，以言下之。

又，二十三章（通行本二十二章）云：

> 是以聖人執一，以爲天下牧。

上述八個篇章提到了聖人之治、以百姓爲芻狗、用道爲官長、取天下而爲之、
以百姓之心爲心、以道莅天下、以身後民、爲天下牧，這些敘述都明確的指
出聖人治國的行爲。可見這八章的聖人與執政者是可以劃上等號的。

第二類是提出關於治國看法的聖人，但是沒有直接敘述聖人治理國家的
事跡，如：五十七章云：

> 是以聖人之言曰：「我無事而民自富，我無爲而民自化，我好靜而民
> 自正，我欲不欲而民自樸。」

這裡提到聖人說：「我」應當無事、無爲、好靜、不欲。此章前面先論述「以
無事取天下」的原因，最後引聖人之言做結論。從語氣看來，這裡的「我」

並不一定等於聖人自己，也可以泛稱指所有的執政者，甚至是人類，只是這裡的「我」與民相對，「我」應當是貴族階級，配合三十七章所云：「侯王若能守之，萬物將自化。」可見「我」應該是指侯王一級的諸侯。又，七十八章云：

> 故聖人之言云：「受邦之垢，是謂社稷之主；受邦之不祥，是謂天下之王。」

這裡云社稷之主應當受邦之垢與不祥。此章所謂的「社稷主」、「天下王」，配合上述五十七章的「我」、三十七章的「侯王」來看，可見這兩章皆是引用聖人的言論，來為諸侯王的執政方針背書，但是聖人與侯王、社稷主並不等同。

　　上一段所引八章中提到的聖人本身便是執政者，而五十七章與七十八章提到的聖人不但是執政者，更是指導施政原則的人。這樣便凸顯聖人與一般的執政者有了上下之別，但是何者為上呢？

　　三十章提到：「以道佐人主者，不欲以兵強於天下」，佐有輔佐之意，所謂以道佐人主，則是運用道來輔佐人主治理天下，如此一來，可以掌握道的人便不是人主，而是輔佐人主的人了。在先秦的封建體制中，統治階級的貴族有許多人：公、侯、伯、子、男等，凡是有封地之人，便具有執掌讓封地的資格，這些人都有執政的權力，但是春秋時期所謂人主指的是大夫。在春秋末期，各國卿大夫常常透過田畝、軍隊等政策來奪取政權，如：魯國的三桓、齊國的田氏等等，晉國甚至被韓、趙、魏三家所分割，最後三家還各自成為諸侯國。陳錫勇指出：三十章所謂用道來輔佐大夫便是士 [註2]，即十五章所謂：「古之善為士者，必微弱玄達，深不可識。」「古之善為士者」，帛書甲本作「古之善為道者」，正與三十章「以道佐人主」相呼應。五十七章與五十八章所謂的聖人雖然也是掌握道的人，但是他們可能便是這種輔佐人主的人，因此他雖然在理解道的程度上比人主高，但是在政治體制的地位上卻是比人主低，在某種程度上還要受制於人主。此一類的聖人與《黃帝四經》的關係較密切，《四經》的聖人便是執道以輔佐人主者。 [註3]

　　第三類是敘述他的品格修養與行為原則，而沒有指出聖人有治國的行動 [註4]，如：第二章云：

〔註2〕 陳錫勇：《老子釋義》，頁73。
〔註3〕 詳見本章第三節「聖人的位階」一段。
〔註4〕 四十七章：「不出於戶，可以知天下。不闚於牖，可以知天道。其出彌遠者，

是以聖人居無爲之事，行不言之教。萬物作而不始也，爲而不恃也，

成而不居也。

因爲《老子》將言說義寄託在道字上，因此蔣錫昌主張將言字解作政令義〔註5〕，故不言之教便指不施政令的教化，以此呼應無爲之事。然觀此章上下文，乃言美惡、善不善、有無、難易、長短、高下、音聲、先後等相對的抽象概念，不必然與政令相關，此處之言作言說解亦可通，如此便與孔子所言相合，《論語・陽貨》子曰：「天何言哉！四時行焉，百物生焉，天何言哉？」皆言聖人無爲不言，任萬物自然，以此解無爲之義亦無不可。

其後諸章提到聖人的品格皆可與第二章呼應，如：第七章云：

是以聖人退其身而身先，外其身而身存。

此言聖人謙退而反受遵重。此即呼應第二章所云：「先後之相隨也」。

又，二十七章云：

是以聖人恒善救人，而無棄人。物無棄材，是謂襲明。

此言聖人不論善與不善皆不棄。此即呼應第二章所云：「天下皆知美之爲美也，惡矣；皆知善，此其不善矣」。

又，六十三章云：

天下之難作於易，天下之大作於細。是以聖人終不爲大，故能成其

大。夫輕諾必寡信，多易必多難，是以聖人猶難之，故終無難。

此言聖人謹愼行事而不自大。此即呼應第二章所云：「難易之相成也」。

又，六十四章云：

爲之者敗之，執之者失之。聖人無爲故無敗；無執故無失。……是

以聖人欲不欲，不貴難得之貨；教不教，復衆人之所過。是以能輔

其知彌少。是以聖人不行而知，不見而明，不爲而成。」此篇通行本有聖人，但帛書甲、乙本皆缺字。第五十八章：「其政悶悶，其民淳淳。其政察察，其民獪獪。禍兮福之所倚；福兮禍之所伏，孰知其極？其無正，正復爲奇、善復爲妖，人之迷也，其日固久。是以方而不割，廉而不劌，直而不紲，光而不燿。」此篇帛書本沒有聖人，通行本於「方而不割」前有「聖人」二字。七十五章（通行本七十三章）：「勇於敢者則殺，勇於不敢者則活。此兩者或利或害，天之所惡，孰知其故？天之道，不戰而善勝，不言而善應，不召而自來，坦而善謀。天網恢恢，疏而不失。」此篇帛書本沒有聖人，通行本於「天之道」有「是以聖人猶難之」六字。此三章通行本雖然聖人二字，但在帛書本皆不見，故在此不討論。

〔註5〕蔣錫昌注通行本十七章「悠兮其貴言」云：「『貴言』即二十三章『希言』之誼。彼此二『言』，均指聲教法令而言。」見《老子校詁》，頁112。

萬物之自然，而不敢為。

此言聖人無為，不欲不教，任萬物自然。此即呼應第二章所云：「聖人居無為之事，行不言之教」。

又，六十八章（通行本八十一章）云：

聖人無積，既以為人，己愈有；既以予人，己愈多。

此言聖人有餘則慷慨予不足之人。此即呼應第二章所云：「有無之相生也」。

聖人除了上述無為不言等修養之外，還貴在自知，且不以此自驕自傲，七十一章云：

知不知，上矣；不知知，病矣。是以聖人之不病，以其病病也，是以不病。

此言聖人知道自己有所不知，故能反而能無不知之病，這便是不以知驕人之故。

又，七十二章（通行本七十章）云：

知我者希，則我貴矣，是以聖人被褐而懷玉。

此言天下多不知道者，此即聖人所以尊貴，所以說聖人外在樸素與常人無異，卻心懷尊貴的道德，這便展現聖人不以知人所不知而驕傲的特立獨行。

又，七十四章（通行本七十二章）云：

是以聖人自知而不自見也；自愛而不自貴也。

此言聖人自知自愛，卻不急著表現、不自以為尊貴。

又，七十九章（通行本七十七章）云：

是以聖人為而不有，成而不居也，若此。其不欲見賢也。

此言聖人以有餘奉天下而不據為己有，且不彰顯自己的賢能。

又，八十一章（通行本七十九章）云：

是以聖人執右契，而不以責於人。故有德司契，無德司徹。

此言聖人助人而不求回報，此其所以有德也。

上述十一章所描述的聖人品德裡，第二章、六十四章講到無為，與五十七章聖人所云：「我無為而民自化」的主旨相同；第七章、七十四章（通行本七十二章）、七十九章（通行本七十七章）講謙退不驕矜，與二十九章云：「將欲取天下而為之，……是以聖人去甚，去泰，去奢。」的態度相同，可見這些所謂的聖人應該也是執政者。由此可以得出《老子》一書所謂的聖人應該皆是指執政者，也就是其政治觀中的施政主體，而上述聖人的治國方針與品

德修養皆是此施政主體所應該具備的，除了治國方針的不同之外，《老子》與儒家同樣都對執政者有品德上的要求。

《老子》中，除了侯王與聖人這兩類施政的主體之外，還有提到君子，如：

> 是以君子眾終日行，不離其輜重。雖有還館，燕居則昭若。若何萬乘之王，而以身輕於天下？（二十六章）

> 夫兵者，不祥之器也。物或惡之，故有道者〔註6〕不居。君子居則貴左，用兵則貴右。故曰兵者不祥之器也。不得已而用之，銛纏爲尚，弗美也。（三十一章）

二十六章的「君子」通行本作「聖人」，可見後人可能把這裡的君子地位等同於聖人，但是三十一章的君子卻沒有被改成聖人，原因何在？

比較二十六章與三十一章的差別，發現：前者點出君子是萬乘之王，後者點出君子是有道者。後人爲什麼將萬乘之王的君子改成聖人而有道者的君子不改？從前面對《老子》聖人一詞的分析歸納可以發現，《老子》的聖人等同執政者，所以後來的人將萬乘之王的君子改成聖人，是符合《老子》對聖人一詞的一貫用法的。那麼有道的君子與聖人有何差異？

從字的本義來看，聖本來是指能聽見細微聲音的人〔註7〕，聖人一詞與能夠掌握幽微之道的能力正好相合；君本來是指施發號令的人〔註8〕，君子一詞與執政者的地位剛好吻合，但是兩個詞在春秋戰國時便有混同的趨勢。《論語》中的君子既與小人相對，又有指德行超群之意，而儒家從孔子開始便將堯舜等古代的執政者稱作聖王，將聖字加在王之上，表示有德之君。《老子》的君子是否具有超群的品德，從帛書本看不出來，只能確定君子是指萬乘之王一類的人，同時還是有道者，而《老子》的聖人一詞普遍指具有執政身份的人，有時還有指導施政原則的能力，這在五十七章與七十八章引用聖人之言立說可以得到證明。到了通行本時，君子指稱萬乘之王的意義被取消了，只剩下有道者的意義，這與自漢代以來的儒家用語是符合的，可見通行本二十六章

〔註6〕　「有道者」帛書本作「有欲者」，高明認爲二十四章與三十一章的「有欲者」之「欲」當是「裕」字的假借，《廣雅‧釋詁四》：「裕，道也。」裕、道義同，且古音亦通，故有裕者即有道者。見《帛書老子校注》，頁389。

〔註7〕　許進雄：《中國古代社會》（臺北：臺灣商務印書館，1995年2月修訂版），頁26～27。

〔註8〕　《說文》：「君，尊也。從尹口，口以發號」，見《說文解字注》，頁57。

將帛書本的君子改成聖人應該是晚出。

有道者一詞除了被用來形容君子，有時也與聖人語義相通，如：二十四章云：

> 自是者不彰，自見者不明，自伐者無功，自矜者不長。其在道也，
> 曰：「餘食贅行。」物或惡之，故有道者不居。

此章在否定自是者、自見者、自伐者、自矜者，正與七十九章（通行本七十七章）「其不欲見賢也」相呼應，七十九章（通行本七十七章）云：

> 孰能有餘而有以取奉於天者乎？唯有道者乎！是以聖人爲而不有，
> 成而不居也，若此。其不欲見賢也。

這裡對聖人的描述也呼應了第二章所謂聖人「爲而不恃也，成而不居也」。這些否定的描述都是所謂「居無爲之事，行不言之教」，可見這裡的有道者與聖人的語義是相通的。

既然聖人與君子皆與有道者相通，那麼聖人與君子的語義也就很難分清楚了，這一點與儒家的情況類似。通行本把二十六章的君子改成聖人，這是想把君子與聖人的語義分清楚，從這一點可以看到《老子》被整理過的痕跡。由此同理可證，《老子》在道論上有道與自然的混亂，可能也是因爲被整理的痕跡，可見《老子》並非一人一時一地獨立完成，因此其中的思想系統並不單純。

《老子》提到的施政主體有侯王、聖人、君子、有道者等等，其中聖人是《老子》最中心的施政主體，其內涵可以概括其他三者。上述在分析聖人的內涵已有約略提到聖人所具備的治國行動與品格修養，以下將詳細分說，此即所謂聖人之德。

本體之道落實在政治上，可以分成兩個層次，一是德，一是術〔註9〕。德是得自於道的生物本性，因此《老子》也將遵循道的行爲叫有德，《韓非子・解老》即云：「德者，得也。」所謂有德，便是指有得於道的意思，聖人便是有得於道之人，故可與有道者相通。術是聖人依照道的理則所規畫出的施政方針。想要成爲有道的執政者，就必須努力讓自己保持道的本性，政策也要符合道的理則，否則便是「不道」，「不道」就會滅亡。其中，術是下一章的

〔註9〕 按：在《老子》中不見「術」字，但是在《黃帝四經》中卻很常見，本論文所用的「術」是取自法家的觀念，爲了方便指稱與抽象的「德」相對的具體行政政策。本論文架構主要由三個層次組成，分別是：「道」（形上）→「德」（形下、抽象）→「術」（形下、具體）。

主題，以下先討論聖人的德。

二十一章云：

> 孔德之容，唯道是從。

此處明確的指出，德的動向只追隨著道。河上公進一步解釋爲：「大德之人，不隨世俗所行，獨從於道也。」〔註10〕河上公所謂大德之人便是指遵從道的有道者或聖人，這些人便是所有人的典範，侯王所要效法、成爲的對象。

德是形上的道落實在形下的作用，因此應該與道同樣具有普遍性，它不應專門指稱君子、聖人或侯王，而是所有人類都適用。第五十四章說：

> 脩之身，其德乃眞；脩之家，其德有餘；脩之鄉，其德乃長；脩之
> 邦，其德乃豐；脩之天下，其德乃溥。

這裡指出德可以隨著修養功夫的不同，而產生幾種不同的狀態：眞、餘、長、豐、博，這些修養功夫的不同其實也就是身、家、鄉、邦、天下等身份階級的不同。二十五章云：「天大、地大、王亦大」，原則上凡人皆有德，而王是人中之大者，當然更要有德，而且其德要豐盛、要普及。

二、聖人之德

在本論文第二章對《老子》的分析中，得出道的作用可歸納爲四種：返、柔弱、生畜、自然，這些作用落實在人類的身上即成爲德，因而其政治理論的執行者的德便是遵從這四種道的作用。

第一種作用——「返」，落實在形下便是指萬事萬物皆會反復循環的觀念，十六章云：

> 致虛，恒也；守中，篤也。萬物並作，居以須復也。天道員員，各
> 復其根。歸根曰靜，靜，是謂復命。復命常也，知常明也；不知常，
> 妄；妄作，兇。知常容，容乃公，公乃王，王乃天，天乃道，道乃
> 久。〔註11〕

此云恒常的持守虛靜，篤守沖虛之道，便可以觀察到萬物的運動最終都會回歸原始，回歸原始的狀態是靜，是常。知道萬物運動的常態規律叫作「明」，

〔註10〕 王卡點校：《老子道德經河上公章句》（北京：中華書局，1993 年 8 月第 1
　　　　 版），頁 86。

〔註11〕 按：「至虛，恒也。守中，篤也。」帛書本作「致虛極也，守靜篤也」，指透
　　　　 過致虛守靜的工夫來觀察萬物的運作。「天道員員」帛書本作「夫物雲雲」，
　　　　 指天道環周運作。這兩處不同不影響這裡的詮釋，因此不在正文中討論。

不知道萬物的規律而盲目行動就會有凶險。知道萬物常態規律就能夠包容萬物，能夠包容萬物則能公正不偏私，能公正才能成為天下所歸，乃至於同於天、符合道。

　　萬物運行變化的規律是反復循環，張岱年《中國哲學大綱》解釋「反復」云：

> 宇宙是動的，一切都在變化之中，但變化的規律為何？既承認變中有常，此變中之常為何？中國哲人所講，變化的規律，便是反復。認為一切都是依循反復的規律而變化。何謂反復？就是：事物在一方向上演變，達到極度，無可再進，則必一變而為其反面，如是不已。事物由無有而發生，既發生乃漸充盈，進展以至于極盛，乃衰萎墮退而終于消亡；而終則有始，又有新事物發生。凡事物由成長而剝落，謂之反；而剝落之極，終而又始，則謂之復。……一反一復，是事物變化之規律。〔註12〕

宇宙變化的規律，始則有終，終則反始，由衰而盛，再由盛返衰，如此循環不止，即是反復。《老子》將這種由盛返衰往復循環的觀念應用在世情上，提出守雌、守辱、守黑的處世態度，二十八章云：

> 知其雄，守其雌，為天下溪，恒德不離，復歸於嬰兒。知其白，守其辱，為天下谷，恒德乃足，復歸於樸。

辱即黑。此謂雄雌、白辱，都是指人間事情的正反兩個極端狀態，極好與極壞看似完全相反，其實都只是循環往復中的過程。若能守雌、守辱則能成為天下溪、天下谷，即三十二章所謂：「譬道之在天下也，猶小谷之與江海也」。執政者若能如溪谷江海一般可以容納一切，如此其德便能恆常不離、充足。這裡所說的復歸於嬰兒、樸，都是指回復原始的狀態，嬰兒是人之本原，樸是木之本原。因為萬物變化的規律是由始向終，由終反始，由衰向盛，由盛反衰，若是一味的追求雄、白，這些事情發展接近極至的狀態，馬上就會面臨反始反衰的落差；反之，若追求的是事情的本原狀態，便有許多成長的空間。事物的演化不是驟然而成，必經過累積，必經一段時間的發展，才轉為其反面，並不是一開始運動即轉為相反，因此人們最好一直保持在累

〔註12〕　張岱年：《中國哲學大綱》（臺北：藍燈文化事業有限公司，民國81年4月），頁164。張氏附注：今按中國古代哲學中所謂「復」有兩層意義，一為終則有始，更新再始；二為復返于初，回到原始。二義不同。但古代思想家往往將此二義混為一談，以為更新再始即是復返于初，因而陷入于簡單的循環論。

積的狀態。往復循環的觀念最重要的是要提醒侯王物極必反的規律，告戒侯王凡事要適可而止，不可太過，避免達到轉反的極致，即三十二章所謂：「知止所以不殆」，又郭店本三十七章亦曰：「知足以靜，萬物將自定。」〔註13〕知止、知足便能避免物極而反的苦果，因此可以繼續運作不怠，萬物亦將自足安定。

　　執政者爲了避免物極則反，故不能追求盈滿的狀態，因此他顯露在外的表徵是卑下低賤的。四十章（通行本四十一章）云：

　　　尚德如谷，大白如辱。廣德如不足，建德如偷。

蔣錫昌曰：「『谷』者虛空卑下，爲水所歸，故老子用以比道。『上德若谷』，言上德之人，虛空卑下，若谷也。」〔註14〕辱，或作㖥。「大白若辱」，即是大白若黑。廣大之德，因爲不盈滿，所以像不足。剛健之德，反若偷惰。這裡的谷、辱、不足、偷，都是外表，而其內在實是上德、廣德、建德。由此可知，有德之人所追求的最高境界表現在外，往往反而是眾人認爲最低下的。這與六十五章所說的正相通，其云：

　　　玄德深矣！遠矣！與物反也，乃至大順。

「反」與「返」在《老子》的語言邏輯中常是通用的，物極必反的觀念是以基於萬事萬物皆以循環返復的狀態運動著的前提下來說的，因此注家皆以玄德之人與物反異來解釋本章，如：河上公注：「玄德之人，與萬物反異，萬物欲益己，玄德欲施與人也。」〔註15〕又如：黃茂材曰：「物皆強，吾獨弱；物皆動，吾獨靜；物皆華，吾獨樸；物皆死，吾獨生，非爲與物反乎！能反於物者，可以至大順。」〔註16〕他們都是說玄德之人的行止與眾人相反，然而卻可使事情順利進行，即所謂大順。眾人皆欲求強、求貴而玄德之人卻是求弱、求下。

　　第二種作用——「守柔弱」，落實在形下便是柔弱卑下之德。爲了避免物極而反，守弱爲下是最好的行爲準則，八十章（通行本七十八章）云：

〔註13〕此處引郭店本（丁甲 7，王 37），馬王堆本作「不辱（欲）以情（靜），天地將自正。」不欲雖然與知足的意思相關，但是還要多一層轉折，因此直接引用郭店本較簡要。

〔註14〕蔣錫昌：《老子校詁》（臺北，東昇出版事業公司，民國 69 年 4 月初版），頁 273。

〔註15〕王卡點校：《老子道德經河上公章句》（北京，中華書局，1993 年 8 月第一版），頁 255。

〔註16〕黃茂材：《老子解》，見於彭耜纂集：《道德眞經集註》，道藏本，頁 114。

> 天下莫柔弱於水，而攻堅強者莫之能勝也，以其無以易之也。柔之
> 勝剛，弱之勝強，天下莫不知也，而莫能行也。故聖人之言云：「受
> 邦之垢，是謂社稷之主；受邦之不祥，是謂天下之王。」

此云天下萬物沒有比水更柔弱的東西，但是水卻能破壞極堅硬的石頭，滴水
可以穿石這種柔弱勝剛強的現象眾所皆知，但是人們卻都不能依此理而行，
所以聖人告戒執政者：要能夠承受國家的一切汙垢與不祥，才能成爲社稷
主、天下王。四十二章亦云：

> 天下之所惡，唯孤寡不穀，而王公以自名也。物或損之而益，益之
> 而損。古人之所教，亦我而教人。故「強梁者不得其死」，我亦將以
> 爲教父。

孤、寡、不穀都是人們所厭惡的狀態，而王公卻以此來自稱，這是「受邦之
不祥，是謂天下之王」此一觀念的實際應用，但更重要的是，這也是要王公
警告自己：萬物的損益是可以相互轉化的，並非停滯不變的，要小心物極而
反的情形，故要以「強梁者不得其死」爲戒。

又，三十九章亦云：

> 故必貴而以賤爲本，必高而以下爲基。夫是以侯王自謂孤寡不穀。
> 此其賤之本與？非也！故致數譽無譽。是故不欲祿祿若玉，硌硌若
> 石。

王公自稱孤、寡、不穀，還有一個作用，就是提醒自己：貴必以賤爲本，高
必以下爲基，最高的稱譽反而無須誇譽，所以執政者理當不願像玉一樣華麗
卻易碎，反而要像石頭一樣質樸而堅實。這些不祥的稱呼也是守弱爲下的思
想反應。

在物質世界中，守柔弱的效法對象除了水，還有嬰兒，五十五章說：

> 含德之厚者，比於赤子。蜂薑虺蛇不螫，攫鳥猛獸不搏。骨弱筋柔
> 而握固，未知牝牡之合然怒，精之至也；終日號而不啞，和之至
> 也。

此云含德之深厚者，就像剛出生的嬰兒般，毒蟲不會刺傷他，猛獸兇鳥不會
傷害他，筋骨柔弱，拳頭卻握得很堅固，尚不知兩性交媾之欲，生殖器卻充
盈勃起，這是因爲嬰兒精氣充足的緣故；整天哭號而氣不逆滯，則是因爲元
氣淳和的緣故。《老子》認爲嬰兒赤子是至眞至柔的形象，第十章便說「摶氣
致柔，能嬰兒乎？」二十八章則說：「恒德不離，復歸於嬰兒」。《老子》認爲

赤子的形象與德厚的境界可以相類比，而嬰兒有一個特點，那就是極柔弱，《老子》認爲柔弱才是眞正的強，七十八章（通行本七十六章）說：「強大居下，柔弱居上」，三十六章說：「柔弱勝強」，五十二章也說：「守柔曰強」。一般總認爲剛強才是強，《老子》正好相反，認爲柔弱才是眞正的強。

　　守柔弱爲下的另一個具體表現便是不爭。第八章云：

　　　　尚善如水。水善利物〔註17〕，而又爭居眾之所惡，故幾於道矣。居善地，心善淵，予善天。夫唯不爭，故無尤。「言善信，正善治，事善能，動善時。」

上善之人就好像水一般，水滋潤萬物，又處在眾人厭惡的卑下之地，與道非常相似。得道之人處下，心深藏若虛，行爲合乎天道，因爲不與萬物相爭，因此不會引起別人的怨尤。所以執政者要言必守信，能治理好百姓，能做好該做的事，動靜合時。這種不爭的觀念又是與一般人的觀念相背反。一般人多認爲狹路相逢勇者勝，然而勇者相爭，難免會累積仇恨，最後導致不死不休的程度；若不爭而互讓，想辦法讓彼此都能達成目的，怨恨就不會產生了。

　　二十三章（通行本二十二章）云：

　　　　「曲則全，枉則正，洼則盈，敝則新。少則德，多則惑。」是以聖人執一，以爲天下牧。不自是故彰，不自見故明，不自伐故有功，不自矜故能長。夫唯不爭，故莫能與之爭。古之所謂「曲全者」，豈語哉！誠全歸之。

曲、枉、洼、敝、少都是一般人認爲不好的，全、正、盈、新、德都是一般人認爲好的，曲與全、枉與正、洼與盈、敝與新，這些一組組的字都代表對立的意涵，得道的聖人知道弱勝強的道理，故守弱而行，即是所謂的「執一」，高明解釋這是「掌握對立統一之辯證法則」〔註18〕。陳鼓應則指出：

　　　　一、事物常在對待關係中產生，我們必須對事物的兩端都能加以徹察。二、我們必須從正面去透視負面的意義，對於負面意義的把握，更能顯現出正面的內涵。三、所謂正面與負面，並不是兩種截然不同的東西，它們經常是一種依存的關係，甚至於經常是浮面與根底的關係。〔註19〕

〔註17〕　按：「物」本作「萬物」，陳錫勇老師以爲萬物包含天地，水無法利之，當作「物」，或疑作「生物」，第五章：「天地不仁，以萬物爲芻狗。」亦與此同。
〔註18〕　高明：《帛書老子校注》，頁340。
〔註19〕　陳鼓應：《老子今註今譯及評介》，頁137～138。

聖人知道負面與正面的關係並非絕對的對立，反而是相互依存的，因此可以不自以為是、不自我誇耀，反而能彰顯自己、使事情成功，這才是真正的全，這便是不爭之德。聖人用這個法則來治理天下，天下必能平治。此即五十八章云：

> 禍乎福之所倚，福乎禍之所伏，孰知其極？其無正，正復為奇、善
> 復為祅，人之迷也，其日固久。

福禍相依而非對立，福禍、正奇、善祅本無常態，人們不知此理，對此迷惑，身為執政者不能不知此理。

又，六十六章云：

> 江海之所以為百谷王者，以其能為百谷之下，是以能為百谷王也。
> 聖人之在民前也，以身後之；其在上民也，以言下之。其在民上也，
> 民不厚也；其在民前也，民不害也，天下樂進而不壓。以其不爭也，
> 故天下莫能與之爭。

此云江海之所以能令百谷歸往，是因為它能居卑下之地。聖人在上位治理人民，態度亦如江海之卑下，故能令人民不受傷害，天下樂推其功而不厭惡他。因為他不跟人爭，所以天下才沒有人能和他爭。此處以谷來比喻君王之德，同樣的比喻又見於二十八章的「天下谷」，四十章（通行本四十一章）亦云「尚德如谷」，這些都是指執政者認識世界物極必反的規律之後而產生的處世態度，亦即聖人的典範之一——包容一切的心胸，因為包容一切，可以成為容納眾水的山谷，所以可以不盈滿；因為包容一切，所以不爭。

第三種作用——「生畜」，落實在形下便是為而不恃之德。五十一章云：

> 道生之而德畜之，物形之而器成之。是以萬物尊道而貴德，道之尊、
> 德之貴，夫莫之爵也，而恒自然也。道生之、畜之、長之、育之、
> 亭之、毒之、養之、覆之。生而不有，為而不恃，長而不宰，是謂
> 玄德。

在此指出德有畜養的功能，僅次於能生的道，所以萬物皆尊道而貴德，而道與德的尊貴，並非來自人為的封賞，而是因其生畜萬物卻不依恃生長的恩惠而主宰萬物，只是任萬物自由生長。玄德是道對萬物不干涉、不主宰的態度，執政者應當效法道，故亦當用相同的態度去治理天下。

又，三十四章云：

> 道泛乎！其可左右也，成事遂功而不名有也，萬物歸焉而不為主。

> 則恒無欲也，可名於小，可名於大。是以聖人之能成大也，以其不
> 爲大也，故能成大。

此云道廣泛流行，無所不到，功成事就之後卻不佔有，萬物歸附卻不主宰，
因爲沒有私欲，所以可以稱它爲「小」；但萬物又皆歸附它，所以可以稱它爲
「大」。聖人效法道的精神，不自以爲偉大，所以能夠成就他的偉大。「不爲
大」與不爲主、不有、不恃、不宰一樣，都是指不自恃恩惠而佔有、主宰的
無私態度。

又，第七章云：

> 天長地久。天地之所以能長且久者，以其不自生也，故能長生。是
> 以聖人退其身而身先，外其身而身存。不以其無私歟？故能成其
> 私。

此云天地之所以能長久，是因爲天地不自私其生，所以能長生。聖人亦無
私，讓自己退在眾人之後，反而能令人尊敬，這是因爲他無私心，反而能成
就自己。這種爲而不恃的無私態度，正呼應了第二種作用的求弱不爭，第九
章云：

> 持而盈之，不若其已；揣而群之，不可長保也。金玉盈室，莫能守
> 也；富貴而驕，自遺咎也。功遂身退，天之道也。

此所謂的持盈揣群，都是指追求成功極至的行爲，然而物極必反，即使金玉
滿屋也不見得能守住，富貴而驕傲，必定會遭到禍患，因此成功之後要懂得
謙退，謂之爲而不恃。

第四種作用——「自然」，落實在形下便是無爲之德。第二章云：

> 天下皆知美之爲美，惡矣；皆知善，此其不善矣。有無之相生也，
> 難易之相成也，長短之相形也，高下之相盈也，音聲之相和也，先
> 後之相隨。是以聖人居無爲之事，行不言之教。萬物作而不始也，
> 爲而不恃也，成而不居也。夫唯不居，是以不去也。

美與惡、善與不善、有與無、難與易、長與短、高與下、音與聲、先與後，
這些一組組兩兩相對的概念，其實都是比較而來，而非自然產生。有了比較，
有了分別心，就會開始產生紛爭，所以聖人無爲，不去比較分別，不去主宰，
讓萬物各行其是，自己成就自己。聖人無爲、不言，所以並不認爲萬物的成
就是他的功勞，然而正因爲他不居功，才正顯出他的成功。

「生而弗有」等不干涉、不主宰的行爲，讓萬物自然活動，也就是無爲。

四十九章云：

> 聖人恒無心，以百姓之心為心。善者善之，不善者亦善之，得善也。
> 信者信之，不信者亦信之，得信也。聖人之在天下，歙歙焉，為天
> 下渾其心。百姓皆注其耳目，聖人皆孩之。

此云聖人沒有主觀的成見，以百姓的心為心。善與不善，聖人皆善待；信與
不信，聖人皆相信。這是為了讓百姓自化，因此聖人收斂自己的主觀成見，
像對待純真無邪的孩子一般，寬大慈祥，讓百姓受到感化之後，進而仿效，
懷抱著渾然純樸的心去對待他人，如此社會自然和諧。

　　無為的反義即是有為，也就是干涉、主宰萬物的活動，這是不可行的，
二十九章便云：

> 將欲取天下而為之，吾見其弗得已。夫天下，神器也，非可為者也，
> 非可執者也；為者敗之，執者失之。物或行或隨，或噓或吹，或強
> 或羸，或培或墮。是以聖人去甚，去泰，去奢。

此云想要用有為的方式來治理天下是不可行的。天下萬事萬物是變化莫測
的，無法勉強的改變它，若想勉強去改變它，結果只會失敗。萬物各有各的
個性，有的積極領先而行，有的卻只能隨人而行，有的性緩，有的性急，有
的強健，有的羸弱，有的潔身自愛，有的墮落自毀。因此聖人要戒去過度的、
奢侈的舉止。王弼注云：

> 萬物以自然為性，故可因而不可為也，可通而不可執也。物有常性，
> 而造為之，故必敗也。物有往來，而執之，故必失矣。……聖人達
> 自然之性，暢萬物之情，故因而不為，順而不施。除其所以迷，去
> 其所以惑，故心不亂而物性自得之也。〔註20〕

王氏指出萬物的本性是自然，只能順其自然，不可有意作為，否則必遭失敗。
聖人明白萬物之性，通達萬物之理，因此順著萬物的自然本性，去除令人迷
惑的驕奢行為，所以可以本心不亂，而令萬物各得其所。這種順萬物之自然
的態度，便是無為，執政者若想要治理好天下，便要無為而任自然，因此五
十七章云：「我無事而民自富，我無為而民自化，我好靜而民自正，我欲不欲
而民自樸。」執政者若能以無為的態度治天下，人民便可以自然變化，自富
自樸。

　　無為的表現便是對萬物不干涉、不主宰，清靜則表現為對自身欲望的淡

〔註20〕樓宇烈：《王弼集校釋》，頁77。

薄，知足才能夠寡欲，才能夠不對萬物起干涉主宰的欲望，也才能夠自重自愛。十三章云：

> 寵辱若驚，貴大患若身。何謂寵辱若驚？寵爲下也，得之若驚，失之若驚，是謂寵辱若驚。何謂貴大患若身？吾所以有大患者，爲吾有身。乃吾無身，或何患？故貴以身乎爲天下，若可以託天下矣；愛以身乎爲天下，若可以寄天下矣。

受寵與受辱同樣感到驚慌，重視身體就面臨好像大患一樣小心翼翼，因爲禍福相依，寵辱相隨，所以不管得與失都同樣感到警惕。又身與患相隨，無身則無患，所以要防患應當減少身體的欲望，寡欲即是貴身愛身，能夠作到這樣的人，才可以把天下委託給他。

清靜無爲之德是《老子》一書極重要的行爲守則，德經開頭三十八章便云：

> 尚德不得，是以有德；下德不失得，是以無德。尚德無爲而無不爲也。尚仁爲之而無以爲也〔註21〕；尚義爲之而又以爲也。尚禮爲之而莫之應也，則攘臂而扔之。故失道而後德，失德而後仁，失仁而後義，失義而後禮。夫禮者，忠信之薄也而亂之首也；前識者，道之華也而愚之首也。是以大丈夫居其厚而不居其薄；居其實不居其華。故去彼取此。

《韓非子‧解老》云：「德者內也，得者外也。」〔註22〕古文德、得常通用，此言崇尚品德者不得於外而得於內，因此得者無德，不得者有德。尚德者清靜無爲，寡欲而不干涉萬物，而尚仁者以下之尚義者、尚禮者則是已陷入有爲的狀態，而且每況愈下，有爲偏執的情形愈來愈嚴重，離德愈來愈遠，最後的禮只剩表面的粉飾，內在已無忠信之德，只是混亂的源頭，因此大丈夫著重內在的實質而不看重外表的裝飾。

總地來說，德的具體行爲表現在十五章形容「善爲道者」的行止，云：

> 古之善爲士者，必微弱玄達，深不可識。是以爲之容：豫乎其若冬涉川，猶乎其若畏四鄰，嚴乎其若客，渙乎其若釋，淳乎其若樸，混乎其若濁。孰能濁以靜者，將徐清；孰能安以動者，將徐生。保

〔註21〕 通行本此句前有「下德爲之而有以爲」，於義不順，高明《帛書老子校注》已有申論。

〔註22〕 王先慎：《韓非子集解》（臺北：藝文印書館影印光緒丙申十二月刊，民國72年6月第3版），頁217。

此道者不欲盈，夫唯不欲盈，是以能敝而不成。

道不可名，不可道，因此爲道者的行止也有些令人捉摸不定，深不可識，勉強用：豫乎、猶乎、嚴乎、渙乎、淳乎、混乎等詞來形容。蘇轍解釋此章云：

> 戒而後動曰豫，其所欲爲，猶迫而後應。豫然若冬涉川，逡巡如不得巳也。疑而不行曰猶，其所不欲，遲而難之，猶然如畏四鄰之見之也。（若客：）無所不敬，未嘗惰也。（若冰將釋：）知萬物之出於妄，未嘗有所留也。（若樸：）人僞已盡，復其性也。（若谷：）虛而無所不受也。（若濁：）和其光，同其塵，不與物異也。世俗之士，以物汩性，則濁而不復清；枯槁之士，以定滅性，則安而不復生。今知濁之亂性也則靜之，靜之而徐自清矣。知滅性之非道也，則動之，動之而徐自生矣。《易》曰：「寂然不動，感而遂通天下之故。」今所謂動者，亦若是耳。盈生於極，濁而不能清，安而不能生，所以盈也。物未有不弊者也，夫惟不盈，故其弊不待新成而自去。〔註23〕

豫乎指戒而後動，猶乎指疑而不行，嚴乎指無所不敬，此三者在說善爲道者遇事遲疑審慎不敢妄爲，若冬天涉川，若畏鄰國入侵，又端莊謹慎如客。渙乎，蔣錫昌解云：「此句與上句相對而言，謂聖人外雖儼敬如客，而內則一團和氣，隨機舒散，無復凝滯，渙然如冰之隨消隨化，毫無跡象可見也。」〔註24〕淳乎指純厚如未加雕琢的原木，混乎指渾雜不分清濁，和光同塵。這些謹慎、柔和、純樸、包容的態度，都是善爲士者在理解了道，並遵行道的表現，也就是人們要看齊的行爲典範。有德之人懂得物極必反、守弱卑下、爲而不恃、清靜無爲等理則，故其舉止謹慎，包容萬物，不勉強施爲，這些都是爲執政者的行爲準則。

從《老子》描述聖人的內容可以看出：《老子》認爲正確的執政者應該是聖人，也就是能夠掌握道、遵循道的人。然而，春秋戰國時代的執政者卻不一定是聖人。在周王朝的封建制度之下，天子、王、卿大夫等享有封地的統治階層，其政治地位成立的前提是血緣關係，而非得道與否。這種情況，到

〔註23〕 蘇轍：《道德眞經註》（又名《老子解》）（臺北：新文豐出版社，1983 年 12 月影印明《正統道藏》本），卷一。按：本段原文分注在各句之下，此處爲行文通順而將各句合在一起，括號中的文字是筆者所加之所說明文字。

〔註24〕 蔣錫昌：《老子校詁》，頁92。

了戰國的制度改革才有變化，而此時正是老子思想的流行時期。〔註 25〕《老子》的作者（不管是哪一系統）應該知道現實中的執政者不一定是有道之人，若要實現理想的政治環境，只能改造執政者，因此書中一直在告訴讀者：執政者應該如何、不應該如何，可見在《老子》作者的心目中有一個標準的讀者，也就是執政者。《老子》應該是一本爲了教育執政者而寫的書，這本書就是爲了教導讀者如何成爲聖人才存在的，而作者解決執政者並非聖人的方法是訂立典範──有道的聖人。在春秋戰國時代，普通的百姓大多不識字，不可能看得懂書，即便看得懂，看這本書根本沒用，因爲他永遠不可能成爲執政者。從春秋到戰國，貴族們漸漸散落到民間，有知識的士階級大量產生，士是爲了執政者服務的一群人，這群人也可以看見這本教育執政者的《老子》，然而他們還是不可能成爲侯王階級的執政者，於是輔佐政務的理論開始產生，所以三十章出現了「以道佐人主」的話，由全書的結構來看，這應該是較晚出的觀念，其後的《莊子》承續了這類思想，除了君道，也發展出臣道。〔註 26〕

第二節　《莊子》之有德的超凡之人〔註 27〕

　　《老子》以教導出理想的執政者爲目的，其所謂的聖人專指的是得道的執政者。《莊子》書中著重政治思想的系統，其主要本體是天，因此不太用得道者或有道者這一類的詞，得道者與得道之人各只見於〈讓王〉一次，有道者一詞則只見於〈讓王〉二次與〈列禦寇〉一次，且所描述的人皆與政治體制相斥，如〈讓王〉敘述魯君聽說顏闔是得道之人，所以派人去聘請他，結果顏闔不願受聘，欺騙使者而逃走了。最後下了結論：

　　故曰：「道之眞以治身，其緒餘以爲國家，其土苴以治天下。」由此觀之，帝王之功，聖人之餘事也，非所以完身養生也。今世俗之君子，多危身棄生以殉物，豈不悲哉！凡聖人之動作也，必察其所以之與其所以爲。今且有人於此，以隨侯之珠彈千仞之雀，世必笑

〔註 25〕老子思想在戰國時代的流行，可以從《莊子》、《韓非子》、《呂氏春秋》等書對老子思想的接受可以看得出來。
〔註 26〕與《莊子》同時期的《荀子》之聖人便是指有德之人，其執政者的色彩減弱而淪爲佐政的地位，故其文中屢稱周公輔佐成王之政。
〔註 27〕本論所謂「超凡之人」指的是《莊子》所提到的諸種得道之人，包括：聖人、至人、神人、眞人、天人、大人等等。

> 之，是何也？則其所用者重，而所要者輕也。夫生者，豈特隨侯之
> 重哉！

此言道真正的功用是用來治身，餘緒才用來治國，土苴才用來治天下。又言
「帝王之功，聖人之餘事也」，然而世俗的君子卻多不完身養生而去追求外在
的名聲地位，這就好像用珍貴的隨侯之珠去打麻雀。這裡的作者將帝王與有
道的聖人與君子分割開來，認為真正得道之人是不會去執政的，只有世俗所
謂君子才會在官場上汲汲營營。〈讓王〉又提到舜想把天下讓子州支伯，子州
支伯拒絕了，對於此事，其下的結論更直接：

> 故天下大器也，而不以易生。此有道者之所以異乎俗者也。

這裡同樣是讚美有道者子州支伯知道保養生命而不被執政的權力所引誘。同
篇又提到堯欲讓王於子州支父，子州支父亦辭以幽憂之病，〔註28〕其下的結
論進一步指出：懂得保養生命的人才是真正可以為天下的人，其云：

> 夫天下至重也，而不以害其生，又況他物乎！唯无以天下為者，可
> 以託天下也。

此言生命重於天下，而明白這個道理的人才是真正能託付天下的人。同篇又
用越國的王子搜不願為君的故事來說明同樣的論點，其云：

> 王子搜非惡為君也，惡為君之患也。若王子搜者，可謂不以國傷生
> 矣！此固越人之所欲得為君也。

此言正是因為王子搜不欲為君，所以越國人才更希望他來治理越國。身為統
治者，若不能明白生命重於天下，便常會有憂患，〈讓王〉又提到韓魏相與爭
侵地，昭僖侯因此有憂色，子華子以殘害肢體來換得天下為喻，向昭僖侯說
明身重於天下。子華子云：

> 自是觀之，兩臂重於天下也，身亦重於兩臂。韓之輕於天下亦遠矣！
> 今之所爭者，其輕於韓又遠。君固愁身傷生以憂戚不得也。

國君常為內政外交而憂慮，這便是不懂得重身而輕天下，故云：「子華子可謂
知輕重矣！」因此〈讓王〉以大王亶父為例，敘述他雖被狄人所迫，卻不想
因為私利而引起戰爭，故而遷都，結果人民反而相連從之。其結論云：

> 夫大王亶父可謂能尊生矣。能尊生者，雖貴富不以養傷身，雖貧賤
> 不以利累形。今世之人，居高官尊爵者，皆重失之，見利輕亡其身，

〔註28〕 堯讓天下於子州支父與舜讓天下於子州支伯，很明顯是同一個故事，但是作
者下的結論卻不同。這種用同樣的故事說明不同的道理，是口傳的特點。

豈不惑哉！〔註29〕

大王亶父果然是個尊重生命的人，因爲尊重生命，所以愛惜自己，也愛惜別人，甚至愛惜敵人，人民因此追隨他。

〈讓王〉提到顏闔說的「道之眞以治身」這段話，有兩層意思：一、聖人以完身養生爲主；二、聖人在完身養生之餘才管理天下。這兩點正好可以代表《莊子》的兩種政治思想系統：前者代表較消極的反政治系統；後者則是先修己再治人的先聖後王系統。這個分歧，也反應在《莊子》對於聖人的詮釋上。「聖」本來是指有聽敏聽力的人，後引申爲能力超群的人，在古代社會裡，這種能力超群的人通常會成爲領導者，故先秦語意裡常把賢明的執政者稱作聖人，如：先秦儒家以堯舜爲聖人，《老子》也將聖人作爲理想執政者的代稱。聖人一詞，本身便兼具能力超群與領導者兩種內涵，先秦儒家以傳說中的賢明君王爲聖人是沿用傳統的意思，但是到了漢代的儒家卻以沒有君王身份的孔子爲聖人，可見聖人一詞從先秦到漢代的語義漸漸產生轉移，君王的意涵漸漸消失，變成了對能力——尤其是品德超凡之人的代稱。《莊子》正處在這語義轉移過程當中，書中對聖人的用法因爲思想系統的不同，也分成二種：一、指有才智者，這是反政治系統的用法；二、指有道者，這是先聖後王系統的用法。〈大宗師〉敘述女偊對南伯子葵描述他的修道過程提到：「夫卜梁倚有聖人之才，而无聖人之道；我有聖人之道，而无聖人之才。」成玄英解釋說：「虛心凝淡爲道，智用明敏爲才。」〔註30〕可以證明在《莊子》的創作時代已有將聖人的內涵分成了才跟道，而《莊子》的諸多創作者對才與道各有偏重，便是本論文所謂的有才智者與有道者兩種系統。

一、反政治系統的才智聖人

〈天道〉有所謂「巧知神聖之人」，〈盜跖〉亦提到「聖人才士」，這都是把聖人當作是有才智之人，〈盜跖〉敘述孔子去遊說盜跖，而標榜聖人才士，而其所謂聖人才士之行，是指：「使爲將軍造大城數百里，立數十萬戶之邑，尊將軍爲諸侯，與天下更始，罷兵休卒，收養昆弟，共祭先祖。」這些描述與道德品格關係不大，反而是著重要能力權位的爭取。駁斥聖人，反對才智，

〔註29〕大王亶父的故事亦見於《孟子》，只是以同樣的故事說明不同的道理。
〔註30〕郭慶藩：《莊子集釋》，頁253。

這種絕聖棄智的思想正是反政治系統的重點主張，與此相關的篇章還有〈庚桑楚〉，其敘述畏壘這個地方因為庚桑楚的有德而漸漸聚集人民，畏壘之民便以庚桑楚為聖人，庚桑楚因此而不釋然，其云：

> 吾聞至人，尸居環堵之室，而百姓猖狂不知所如往。今以畏壘之細民而竊竊焉欲俎豆予于賢人之間，我其杓之人邪？

又云：

> 夫全其形生之人，藏其身也，不厭深眇而已矣！

又云：

> 舉賢則民相軋，任知則民相盜。

庚桑楚說的這三段話很明顯表示他認為被稱作聖人是羞恥的事，因為這表示人民認為他是賢能的人，而一但有尚賢、任知的觀念，人民就會起分別心，亂象就產生了。〈徐无鬼〉有與此相呼應的說法，而以舜為主角作為負面形象，其云：

> 舜有羶行，百姓悅之，故三徙成都，至鄧之虛，而十有萬家。堯聞舜之賢，舉之童土之地，曰冀得其來之澤。舜舉乎童土之地，年齒長矣，聰明衰矣，而不得休歸，所謂卷婁者也。是以神人惡眾至，眾至則不比，不比則不利也。故无所甚親，无所甚疏，抱德煬和以順天下，此謂真人。

堯舜是儒家所謂的聖人，而〈徐无鬼〉卻以賢稱之，而其云舜因有賢，故百姓喜愛他，同樣的情形放在〈庚桑楚〉，庚桑楚卻以被百姓愛戴為恥，這是將聖人與賢人看作同樣是能力的表現而非道德高尚之人。

〈庚桑楚〉在聖人之上又舉出一種至人，這種人全形全生，而且藏其身而不被人所知，因為如果標榜賢能者，便有人會因此而追求名利、相率為盜。這明顯是《老子》第三章的延伸，所謂：「不尚賢，使民不爭。不貴難得之貨，使民不為盜。」

反政治思想系統這種貶低聖人，推崇至人的方式，應該是針對儒家標榜仁義禮智而來。《莊子》中駁斥聖人的說法常與反對仁義一起出現，如：〈胠篋〉舉田成子殺齊君而自立的例子，說明世俗所謂的聖、智皆是為大盜積守者，其云：

> 竊鉤者誅，竊國者為諸侯，諸侯之門，而仁義存焉，則是非竊仁義聖知邪？

此言仁義聖知（通智）皆是被盜國者利用的工具，故其下又云：「聖人生而大盜起。」「聖人不死，大盜不止。」又引《老子》三十六章：「魚不可脫於淵，國之利器不可以示人。」之後說明：

> 彼聖人者，天下之利器也，非所以明天下也。故絕聖棄知，大盜乃止；擿玉毀珠，小盜不起；焚符破璽，而民朴鄙；掊斗折衡，而民不爭；殫殘天下之聖法，而民始可與論議；……削曾、史之行，鉗楊、墨之口，攘棄仁義，而天下之德始玄同矣。

此言與帛書本《老子》十九章相類：「絕聲（聖）棄知（智），民利百負（倍）。絕仁棄義，民復畜（孝）茲（慈）。絕巧棄利，盜賊无有。」〔註31〕此皆言聖智仁義是使民離純樸、盜賊興起的原因。

〈駢拇〉亦有與〈胠篋〉類似的主張，其云：

> 自虞氏招仁義以撓天下也，天下莫不奔命於仁義。是非以仁義易其性與？故嘗試論之：自三代以下者，天下莫不以物易其性矣！小人則以身殉利；士則以身殉名；大夫則以身殉家；聖人則以身殉天下。故此數子者，事業不同，名聲異號，其於傷性以身為殉，一也。

此言仁義只會擾亂人的本性，使小人、士、大夫、聖人各階層的人都為了追求仁義而傷害本性。世俗之人將追求仁義稱作君子，將追求貨財的稱作小人，殊不知從殘生損性的角度來看，他們的行為都是一樣的違反本性，沒有君子小人之分。這種思考邏輯出自《老子》十八章：「故大道廢，安有仁義。智慧出，安有大偽。」

這一反政治的思想系統主張絕棄聖智仁義，使人回復如赤子嬰兒般純樸的本性，所以〈馬蹄〉描敘所謂的至德之世云：

> 夫至德之世，同與禽獸居，族與萬物並，惡乎知君子小人哉！同乎

〔註31〕其中，「絕聖棄智」郭店本作「絕智棄辯」；「絕仁棄義」郭店本作「絕偽棄詐」。比較三者的說法，〈胠篋〉以聖知相對於大盜，玉珠相對於小盜，符璽相對於民不朴鄙，斗衡相對於民爭，聖法相對於議論，仁義相對於德不同，而《老子》帛書本以聖智相對於民利，仁義相對於孝慈，巧利相對於盜賊；郭店本則以智辯相對於民利，偽詐相對於孝慈，其中因聖智而起大盜與民爭利，故絕棄聖智則於民有利，尚可解，而絕智辯主要在息百家論說紛紛，與民利的關係較曲折。而仁義本與品德相關，故絕棄仁義則民孝慈當可解，而絕棄偽詐主要使民純樸，與孝慈的關係也較曲折。郭店本雖是較早的版本，但是從義理來看，不見得比較合理。陳錫勇老師《老子釋義》即認為此三句話是限制百姓的美言政令，乃不足取者。故本論文在此引用帛書本。

> 无知，其德不離；同乎无欲，是謂素樸。素樸而民性得矣。及至聖
> 人，蹩躠爲仁，踶跂爲義，而天下始疑矣。澶漫爲樂，摘僻爲禮，
> 而天下始分矣。故純樸不殘，孰爲犧樽！白玉不毀，孰爲珪璋！道
> 德不廢，安取仁義！性情不離，安用禮樂！五色不亂，孰爲文采！
> 五聲不亂，孰應六律！夫殘樸以爲器，工匠之罪也；毀道德以爲仁
> 義，聖人之過也。

又云：

> 夫赫胥氏之時，民居不知所爲，行不知所之，含哺而熙，鼓腹而遊，
> 民能以此矣。及至聖人，屈折禮樂以匡天下之形，縣跂仁義以慰天
> 下之心，而民乃始踶跂好知，爭歸於利，不可止也。此亦聖人之過
> 也。

此以聖人標榜仁義爲亂性之首，這裡的聖人應該指的是儒家所推崇的堯舜等
聖王，〈在宥〉即云：

> 昔堯之治天下也，使天下欣欣焉人樂其性，是不恬也；桀之治天下
> 也，使天下瘁瘁焉人苦其性，是不愉也。夫不恬不愉，非德也。

又云：

> 吾未知聖知之不爲桁楊椄槢也，仁義之不爲桎梏鑿枘也，焉知曾史
> 之不爲桀跖嚆矢也！故曰：「絕聖棄知而天下大治。」

此言雖然堯使天下樂其性，桀使天下苦其性，其實皆是亂民之性，最好的方
式依循人民的自然之性，故云：「絕聖棄知而天下大治」，〈外物〉即云：「與
其譽堯而非桀，不如兩忘而閉其所譽。」

二、以品德爲追求的聖人

　　反政治系統因爲標榜絕對的自然，因此理所當然的反對由人所設定的政
治體制，這便與《老子》的執政者養成計畫背道而馳，而從先聖後王系統看
來，養生與執政並沒有絕對的衝突，只是先後順序的問題，正符合《老子》
對聖人的描述。

　　總地來說，不管是反政治系統或是先聖後王系統，都是不以教導執政方
法爲主要目的，而是以追求養生全性的生活爲主，能夠逍遙遊戲於天地之間，
因此《莊子》對聖人的描敘以不涉政治爲主，〈齊物論〉云：

> 方生方死，方死方生；方可方不可，方不可方可；因是因非，因非

因是。是以聖人不由，而照之於天，亦因是也。

又云：

> 聖人不從事於務，不就利，不違害，不喜求，不緣道。无謂有謂，
> 有謂无謂，而遊乎塵埃之外。

此云聖人對於生死、可不可、是非等問題，皆照之於天，順其自然；又云聖
人遊乎塵埃之外，可見他對於凡俗事務的利害沒興趣。〈漁父〉所謂「聖人法
天貴眞，不拘於俗。」與此有相通處。〈刻意〉云：

> 若夫不刻意而高，无仁義而脩，无功名而治，无江海而閒，不道引
> 而壽，无不忘也，无不有也。澹然无極，而眾美從之。此天地之道，
> 聖人之德也。

此說聖人之德是不刻意去做什麼，無不忘，無不有，就像天地一樣，淡然無
爲而無不爲。此與〈天地〉華封人與堯的對話相合：華封人祝聖人壽、富、
多男子，堯皆辭，原因是：「多男子則多懼，富則多事，壽則多辱。是三者，
非所以養德也，故辭。」華封人認爲壽、富、多男子本就是人類自然的想望，
沒什麼不可以的。又〈知北遊〉云：

> 聖人處物不傷物。不傷物者，物亦不能傷也。唯无所傷者，爲能與
> 人相將迎。

又云：

> 聖人者，原天地之美而達萬物之理。

此說聖人待人處事不傷物，物亦不能傷，與物相將迎；又說聖人通達萬物之
理。〈達生〉所謂「聖人藏於天，故莫之能傷也。」與此正好可以互相解釋。
又〈庚桑楚〉云：

> 故敬之而不喜，侮之而不怒者，唯同乎天和者爲然。出怒不怒，則
> 怒出於不怒矣；出爲无爲，則爲出於无爲矣！欲靜則平氣，欲神則
> 順心，有爲也欲當，則緣於不得已，不得已之類，聖人之道。

此說聖人同乎天和，不因外物而喜悲，平氣順心，爲無爲，不得已而爲之。
又〈徐无鬼〉云：

> 聖人并包天地，澤及天下，而不知其誰氏。是故生无爵，死无諡，
> 實不聚，名不立，此之謂大人。狗不以善吠爲良，人不以善言爲賢，
> 而況爲大乎！夫爲大不足以爲大，而況爲德乎！夫大備矣，莫若天
> 地。然奚求焉，而大備矣！知大備者，无求，无失，无棄，不以物

易己也。反己而不窮，循古而不摩，大人之誠！

此說聖人無所求，故無所失，恩澤遍及天下，卻不聚眾、不立名，這就叫大人。又〈則陽〉云：

聖人達綢繆，周盡一體矣，而不知其然，性也。復命搖作而以天為師，人則從而命之也。

又云：

聖人之愛人也，人與之名，不告則不知其愛人也。若知之，若不知之，若聞之，若不聞之，其愛人也終无已，人之安之亦无已，性也。

又云：

夫聖人未始有天，未始有人，未始有始，未始有物，與世偕行而不替，所行之備而不洫，其合之也若之何！

此說聖人以天為師，與萬物一體，卻不知所以然，這都是出於本性；又說聖人愛人是出於本性，自己無所覺，故愛人無休止，人亦安之；又說聖人心中沒有天人物我的分別，所行卻完備而冥合萬物。此與〈天地〉老聃解釋聖人的說法相合，其云：「有治在人。忘乎物，忘乎天，其名為忘己。忘己之人，是之謂入於天。」聖人忘物忘天忘己，這才叫奏合於天。

由上述諸篇對聖人的描述，可以歸納出聖人的主要特質有三點：一、超脫世俗，哀樂不入於心；二、行事但依本性，不刻意為之，卻能全備；三、以天為師。這些都與政治活動沒有直接相關，只是將聖人當作是理想人格。這些說法並沒有將聖人與才智相提並論者，可見這些與反政治系統應該是不同系統。此系統的聖人以天為師，故云：「照之於天」、「原天地之美」、「藏於天」、「同呼天和」、「并包天地」、「入於天」、「休乎天鈞」，合於天地之道。《莊子》講天人關係，〈秋水〉解釋何謂天人，云：「牛馬四足，是謂天；落馬首，穿牛鼻，是謂人。」可見其所謂的天，除了有本體義之外，還有與「人為」相對的「天然」意。以天為師，便是遵循本體之天，而行天然之事。然而政治活動本來就是人為而非天然，故容易將此系統與反政治系統混同，但若從兩者對聖人的定義來看，便可知兩者當是不同系統。

〈則陽〉有一則描述的聖人與上述諸篇不類，其云：

故聖人，其窮也使家人忘其貧，其達也使王公忘爵祿而化卑。其於物也，與之為娛矣；其於人也，樂物之通而保己焉。故或不言而飲人以和，與人並立而使人化。

此說聖人不論窮達，凡與人相處便能教化人，這與儒家敘述舜教化人民的故事，說有聖人的地方便有人聚集的說法相同。這種思考模式應該是儒家所謂移風異俗之教化，與《莊子》的其他說法格格不入。韓非批評這種儒家的教化根本緩不濟急，若用賞罰之法，只要一天就可以達到成效了，〈顯學〉即云：「夫聖人之治國，不恃人之爲吾善也，而用其不得爲非也。」〔註32〕《莊子·庚桑楚》則認爲這種所謂聖人受人民愛戴的情形不過是聖人在彰顯自己的賢能，至人應以此爲恥。

三、其他的超凡之人

〈讓王〉云：「帝王之功，聖人之餘事也，非所以完身養生也。」指出：先聖後王系統裡的聖人第一要務是順應天然，完身養生，其餘才是治國。這種說法並沒完全排斥政治，只是認爲政治是「餘事」，〈天下〉也是此類典型的例子，其云：

> 「聖有所生，王有所成，皆原於一。」不離於宗，謂之天人；不離於精，謂之神人；不離於眞，謂之至人。以天爲宗，以德爲本，以道爲門，兆於變化，謂之聖人；以仁爲恩，以義爲理，以禮爲行，以樂爲和，薰然慈仁，謂之君子。以法爲分，以名爲表，以參爲驗，以稽爲決，其數一二三四是也，百官以此相齒。以事爲常，以衣食主，蕃息畜藏，老弱孤寡爲意，皆有以養，民之理也。

這裡分別說明了天人、神人、至人、聖人、君子等特質，其位階在百官與民之上，又云：「聖有所生，王有所成」，故可知這裡的諸多超凡之人指的是統治百官萬民之人，只是這些超凡之人各自有不同的特點，故分成五類。其中當以天人爲最高等，因爲「不離於宗」，其次是神人，其次是至人，其次是聖人，這三者還沒脫離天道的範圍，到了君子，則以仁義禮樂爲治，那就是下等了。這正符合《老子》十七章：「太上，下知有之；其次，親譽之；其次，畏之；其次，侮之。」可見〈天下〉的作者沿襲著《老子》的聖人乃有道之君的說法，只是多了天人、神人、至人等不同特質、不同類型的執政者。

〔註32〕　（清）王先愼集解：《韓非子集解》（臺北：藝文印書館影印光緒丙申十二月刊，1983年6月第3版）卷十九，頁715。《韓非子·難一》便敘述歷山農人侵犯鄰人邊界，舜到該處種田之後，一年之後，田的邊界就修正過來了。韓非指出這種依靠聖人的精神感招所形成的移風異俗太過耗費時日，不如法律實用。（卷十五，頁544～547。）

　　〈天下〉對各種超凡之人的介紹是最完整的，但是若比較此篇與其他篇對神人、至人、聖人、至人的描述，會發現《莊子》中對各種超凡之人的說法其實存在許多歧異，這也是《莊子》非一人所作的證據。

　　《莊子》中的超凡之人，除了〈天下〉提到了不離於宗的天人、不離於精的神人、不離於眞的至人、兆於變化的聖人、行仁義禮樂的君子，〈逍遙遊〉提到了：「至人无己，神人无功，聖人无名。」其中，無功〔註33〕、無名正符合《老子》二章：「聖人居無爲之事，行不言之教。萬物作而不始也，爲而不恃也，成而不居也。」三十四章云：「道泛乎！其可左右也，成事遂功而不名有也。」之所以要無功、無名，是因爲不尚賢，七十九章（通行本七十七章）云：「聖人爲而不有，成而不居也，若此。其不欲見賢也。」不崇尚賢能是《老》、《莊》共同的訴求，但是無己卻是《莊子》自己的創見，〈秋水〉亦有云：「大人无己」，〈在宥〉提到大人之教，亦云：「大同而无己。」可見無己對超凡之人而言是很重要的特點。這是在不尚賢的基礎上更進一步的要求忘身忘己，這可能從《老子》十三章發展而來，其云：「吾所以有大患者，爲吾有身。乃吾無身，或何患？」《老子》只說無身，但沒有提出如何無身，《莊子》的忘己正是對此問題的回應。

　　《莊子》的大人似乎只是對超凡之人的泛稱，〈秋水〉所謂的大人指德大備之人，不必有名位，就這點來看，《莊子》中的超凡之人，除了君子之外，都具有此特點。其在〈徐无鬼〉即稱聖人爲大人，在〈秋水〉對大人的描述又與至人重複，其云：

> 是故大人之行，不出乎害人，不多仁恩；動不爲利，不賤門隸；貨財之爭，不多辭讓；事焉不借人，不多食乎力，不賤貪污；行殊乎俗，不多辟異；爲在從眾，不賤佞諂。世之爵祿不足以爲勸，戮恥不足以爲辱，知是非之不可爲分，細大之不可爲倪。聞曰：「道人不聞，至德不得，大人无己。」約分之至也。

〔註33〕　按：《老子》二十二章（通行本二十四章）云：「自是者不彰，自見者不明，自伐者無功，自矜者不長。其在道也，曰：『餘食贅形。』物或惡之。故有道者不居。」二十三章（通行本二十二章）亦云：「聖人執一，以爲天下牧。不自是故彰，不自見故明，不自伐故有功」，〈逍遙遊〉稱神人無功，由《老子》來看，神人無功當是自伐者，而《莊子》所謂神人無功卻是不自伐的意思，剛好與《老子》相反，這是《老》《莊》敘述的不同方式，所指的意涵是一樣的。

此云「至德不得」正是解釋《老子》三十八章「上德不德」。〈則陽〉云：

> 是故丘山積卑而為高，江河合水而為大，大人合并而為公。是以自
> 外入者，有主而不執；由中出者，有正而不距。四時殊氣，天不賜，
> 故歲成；五官殊職，君不私，故國治；文武大人不賜，故德備；萬
> 物殊理，道不私，故无名。

這裡用文武形容大人，文武在《四經》中指的是文治武功，這裡卻是用德備
來描述文武，可見其文武之意與《四經》有所不同。《漢書・藝文志》云：「春
秋所貶損大人，當世君臣，有威權埶力」〔註34〕，這裡將大人與君臣相提並
論，可見漢代之大人指的是有權力的人，語義發生轉移。《四經》將小人與大
人相對，〈十大經・雌雄節〉云：「凡人好用雄節，是謂妨生。大人則毀，小
人則亡。以守不寧，以作事不成。」此大人與無權位的小人相對，應指有權
位之人，意思與《漢書・藝文志》相類，而與《莊子》不同，由此或可推知
《四經》文字寫定的時代較接近漢代。

〈天下〉比〈逍遙遊〉多了天人跟君子兩種超凡之人，天人在《莊子》
一書只出現兩次，除了在〈天下〉提到不離於宗的天人之外，一次在〈庚桑
楚〉，其云：

> 夫復謵不餽而忘人，忘人，因以為天人矣！故敬之而不喜，侮之而
> 不怒者，唯同乎天和者為然。

此言天人能忘人，所以能不因物喜，不以己悲，而同乎天和。此與〈天下〉
所謂的「不離於宗」並不相悖，然而〈天下〉的天人比「不離於眞」的至人
高了二級，而此處的天人只能忘人，與〈逍遙遊〉的「至人無己」相比，卻
又低了一層，〈天運〉云：

> 忘親易，使親忘我難；使親忘我易，兼忘天下難；兼忘天下易，使
> 天下兼忘我難。

「忘」，在《莊子》中是一種很重要的修養，如果能夠忘親人、忘天下，又能
使親人與天下都忘了自己，這大概便是無己了，這樣說來，至人是比天人高
明了。這又是《莊子》各作者間的矛盾用詞了。

〈大宗師〉所謂：「墮肢體，黜聰明，離形去知，同於大通，此謂坐忘。」
大概也類似這種使天下忘了自己的無己境界，物我相忘，也就能與天相和。
所謂天人之天，即是強調同乎天和，即〈天道〉所謂：

〔註34〕班固撰、顏師古注、王先謙補注：《漢書補注》，頁883。

> 夫明白於天地之德者，此之謂大本大宗，與天和者也。所以均調天
> 下，與人和者也。

天和相對於人和，能明白天地之德者，才能稱作天人，而能均調天下者，只是較高明的執政者。〈在宥〉便言：「无己，惡乎得有有！覩有者，昔之君子；覩无者，天地之友。」覩无者，是能無己忘己之人，故能成天地之友；覩有者，是不能無己忘己之人，只能叫作君子。

本來君子皆是指上位者，到了儒家才將權位與品格結合，最後甚至取消了權位的意涵，專門用來指稱有德者，這從《論語》到《孟子》和《荀子》對君子一詞的使用便可看出軌跡。《莊子》的時代正是君子內涵由權位向品格轉移的中間，故同時具有權位與品格的意思，〈在宥〉云：

> 故君子不得已而臨莅天下，莫若无為。无為也而後安其性命之情。
> 故貴以身於為天下，則可以托天下；愛以身於為天下，則可以寄天
> 下。故君子苟能无解其五藏，无擢其聰明，尸居而龍見，淵默而雷
> 聲，神動而天隨，從容无為，而萬物炊累焉。

這裡的君子便具有治理天下的權力，且引《老子》十三章：「故貴以身乎為天下，若可以託天下矣。愛以身乎為天下，若可以寄天下矣。」說明君子治理天下當無為，這是把《老子》對聖人的要求附加在君子身上，可見這裡是把君子看作等同於聖人的有道的執政者。

〈讓王〉提到孔子窮於陳蔡之間，對弟子訓示說：

> 君子通於道之謂通，窮於道之謂窮。今丘抱仁義之道以遭亂世之患，
> 其何窮之為！故內省而不窮於道，臨難而不失其德。

其下結論是：

> 古之得道者，窮亦樂，通亦樂，所樂非窮通也，道德於此，則窮通
> 為寒暑風雨之序矣。故許由娛於潁陽，而共伯得乎共首。

可見在這裡是把君子當作是得道者來看，故才有窮亦樂、通亦樂的胸襟，而且把許由、共伯一類的隱逸者當作是對道有所堅持，不在意世俗的或窮或通，而把隱逸當作是在政治失意時的一種選擇，其標榜的有道君子，不管在政治上失意或得意，都能夠不失去對道的堅持。〈繕性〉亦有類似的說法，只是對象換成聖人，其云：

> 道无以興乎世，世无以興乎道，雖聖人不在山林之中，其德隱矣。
> 隱，故不自隱。古之所謂隱士者，非伏其身而弗見也，非閉其言而

> 不出也，非藏其知而不發也，時命大謬也。當時命而大行乎天下，
> 則反一无迹；不當時命而大窮乎天下，則深根寧極而待：此存身之
> 道也。

又云：

> 古之所謂得志者，非軒冕之謂也，謂其无以益其樂而已矣。

此言隱士只是因爲不當時命，故深根寧極而待。所謂待，當然是指等待時命所當，屆時便可一展長才。此與〈秋水〉提到孔子對子路解釋聖人之勇相通，云：「知窮之有命，知通之有時，臨大難而不懼者，聖人之勇也。」此言聖人知時命，正與〈讓王〉、〈繕性〉所言相合，但是用詞有君子與聖人之別，這種用語的混亂，亦是《莊子》非出自一人的痕跡。

〈讓王〉是藉由孔子之口解釋君子，故其君子偏重道德義，而看不出其權位的有無，但是在〈讓王〉的另一段所說的君子義涵正與此相反。該段敘述得道之人顏闔避魯君派來聘請自己的使者，作者對此下結論說：

> 帝王之功，聖人之餘事也，非所以完身養生也。今世俗之君子，多
> 危身棄生以殉物，豈不悲哉！

這裡提到的君子是危身棄生以殉物，正與重視完身養生的聖人是相反的人格。〈天地〉與此有類似的看法，該段提到華封人祝堯壽、富、多男子，堯卻以「三者非所以養德」的理由拒絕了，而華封人卻覺得他太刻意了，云：

> 始也我以女爲聖人邪，今然君子也。天生萬民，必授之職。多男子
> 而授之職，則何懼之有？富而使人分之，則何事之有？夫聖人，鶉
> 居而鷇食，鳥行而无彰。天下有道，則與物皆昌；天下无道，則脩
> 德就閒。千歲厭世，去而上僊，乘彼白雲，至於帝鄉。三患莫至，
> 身常无殃，則何辱之有？

此言：「天下有道，則與物皆昌；天下无道，則脩德就閒。」正與〈讓王〉：「君子通於道之謂通，窮於道之謂窮。」相通，只是這裡指的是聖人，〈讓王〉指的卻是君子。這裡將刻意避開富、壽、多男子等俗欲的人當作君子，而不刻意爲之的才是聖人。此言君子與聖人不同，聖人是有道之君子，君子便只是有權位而無道德的貴族。這是批評那些人不懂道順應變化的眞義，而只是單純斷絕情欲，反而有矯情的嫌疑。這種順俗勢而行的觀念，比較不會產生反社會的思想，應該是與反政治系統相對的先聖後王一系。

上述的君子，或者是有權位，或者是有道德，或者權位與道德並有，這

些都與儒家的君子內涵不同，是《莊子》特有的用法，另外還有採用儒家式的意涵，只是其目的是用來批判儒家的仁義，〈駢拇〉云：

> 彼其所殉仁義也，則俗謂之君子；其所殉貨財也，則俗謂之小人。
> 其殉一也，則有君子焉，有小人焉。若其殘生損性，則盜跖亦伯夷
> 已，又惡取君子小人於其間哉！

此言君子殉仁義，小人殉財貨，同樣都是違反自然本身，並沒有優劣之分。〈盜跖〉有類似於此的說法：

> 小人殉財，君子殉名，其所以變其情，易其性，則異矣；乃至於棄
> 其所為而殉其所不為則一也。故曰：「无為小人，反殉而天；无為君
> 子，從天之理。」

此言儒家所言之忠信廉義皆是諸士為追求名利所標榜，故曰：小盜者拘，大盜者為諸侯。諸侯之門，義士存焉。所謂的君子，不過就是追求名譽的人，與追求財貨的小人同樣都違反自然本性。這裡的名，指的就是對仁義的追求，為了仁義可以捨生忘死，故謂之殉。

另外，《莊子》中提到的超凡之人內涵十分混亂，這從其提到時的次序與描述可見一斑。

〈逍遙遊〉提到至人、神人、聖人這些超凡之人時，沒有明確的點出三者的先後名次，所以不太清楚這些超凡之人之間是何種關係，但是其敘述的次序給人無限聯想。〈天下〉從天人、神人、至人、聖人、君子依次排列，並給了順序，其中至人與神人的順序與〈逍遙遊〉不同。〈外物〉還有另外一種排序，其云：

> 勞者之務也，非佚者之所未嘗過而問焉。聖人之所以駴天下，神人
> 未嘗過而問焉；賢人之所以駴世，聖人未嘗過而問焉，君子所以駴
> 國，賢人未嘗過而問焉；小人所以合時，君子未嘗過而問焉。

這裡明顯表現出由神人以下，聖人、賢人、君子、小人分別有駴天下、駴世、駴國、合時等諸多等級，神人是超越天下之上的存在。這裡的排名少了至人，卻多了賢人。《老子》與《莊子》基本上是不尚賢的，故《莊子》所描述的賢人雖然比普通的百姓能力高一點，但是並非是理想人格。

《莊子》對理想人格的描述主要集中在聖人、神人、至人，關於聖人，前面已作了論述，典型的神人描寫在〈逍遙遊〉：

> 藐姑射之山，有神人居焉。肌膚若冰雪，淖約若處子；不食五穀，

> 吸風飲露。乘雲氣，御飛龍，而遊乎四海之外。其神凝，使物不疵
> 癘而年穀熟。

又云：

> 之人也，之德也，將磅礡萬物以爲一，世蘄乎亂，孰弊弊焉以天下
> 爲事！之人也，物莫之傷，大浸稽天而不溺，大旱金石流、土山焦
> 而不熱。是其塵垢秕穅將猶陶鑄堯舜者也，孰肯以物爲事！

這裡對神人的描述先以神話敘述其不食五穀，乘雲御龍，遊乎四海之外，他的精神凝聚，可使萬物不受災害而年穀熟。其後連叔才以修養的角度說明：之人也，之德也，廣被萬物而物莫之傷，洪水不溺，山焦不熱，不以俗事爲務，因此當堯去藐姑射之山見神人之後，便茫然的忘了天下。

〈天地〉提到苑風問神人，諄芒的答案是：

> 上神乘光，與形滅亡，是謂照曠。致命盡情，天地樂而萬事銷亡，
> 萬物復情，此之謂混溟。

此言神人乘光形滅，也是神話的描述，其後謂其究極性命之情，和天地共樂而不被俗事牽累，由此可見，神人對於世俗的政治是毫不關心的。

《莊子》關於至人的描述，首先見於〈人間世〉，其云：

> 古之至人，先存諸己而後存諸人。

此謂至人先存已而後存人，自己先立定腳跟才能去幫助別人。

又，〈應帝王〉云：

> 至人之用心若鏡，不將不迎，應而不藏，故能勝物而不傷。

此謂至人用心若鏡，其心平靜，只是萬物的反射，此即「盡其所受乎天」，與〈則陽〉說聖人以天爲師，與萬物一體，兩者說法相通。

又，〈天道〉云：

> 夫至人有世，不亦大乎，而不足以爲之累；天下奮棅，而不與之偕；
> 審乎無假，而不與利遷。極物之眞，能守其本。故外天地，遺萬物，
> 而神未嘗有所困也。通乎道，合乎德，退仁義，賓禮樂，至人之心，
> 有所定矣！

此謂至人能「極物之眞，能守其本」，這是說至人的心安定，故能「外天地，遺萬物」。此言至人能「通乎道，合乎德，退仁義，賓禮樂」，這種排斥儒家仁義禮樂的態度與〈天運〉：「假道於仁，託宿於義」，這種融納仁義的態度不同，其云：

> 古之至人，假道於仁，託宿於義，以遊逍遙之虛，食於苟簡之田，
> 立於不貸之圃。

這種不強力排外，與極端否定人文化成的反政治系統不同，而與〈刻意〉所謂「不刻意而高，无仁義而脩，无功名而治」的聖人之道相通。

又，〈達生〉云：

> 子獨不聞夫至人之自行邪？忘其肝膽，遺其耳目，芒然彷徨乎塵垢
> 之外，逍遙乎无事之業，是謂為而不恃，長而不宰。

這裡提到至人能「芒然彷徨乎塵垢之外，逍遙乎无事之業」與〈天運〉說至人「以遊逍遙之虛」，兩者同樣都提到逍遙，但是前者的逍遙是忘肝膽、遺耳目，後者則是假仁託義，這是融合了儒家的仁義之說，應是先聖後王系統，而前者很明顯是反政治系統。

又，〈田子方〉云：

> 得至美而遊乎至樂，謂之至人。

又云：

> 至人之於德也，不修而物不能離焉。若天之自高，地之自厚，日月
> 之自明，夫何脩焉！

又云：

> 夫至人者，上闚青天，下潛黃泉，揮斥八極，神氣不變。

這三段說至人能遊乎至樂，其德若天地日月，不必特意修行便能使物不能離。其中提到至人能「上闚青天，下潛黃泉」，神話的意謂又濃了，較之實際的品德修行更虛幻。

又，〈知北遊〉云：

> 是故至人无為，大聖不作，觀於天地之謂也。

此云至人取法天地而無為，大聖因此不敢妄作。這很明顯是在貶低聖人，抬高至人。

又，〈列禦寇〉云：

> 古之至人，天而不人。

又云：

> 彼至人者，歸精神乎无始，而甘冥乎无何有之鄉。水流乎无形，發
> 泄乎太清。

此云至人「天而不人」，又云至人的精神無始無終，如水流一般順應自然。

　　上述諸篇所提到的至人，或有誇大的神話形態的描述，或是就精神、品德修養程度的描述，總之，都與政治活動無關，可見至人的反政治色彩極為濃厚。

　　《莊子》的思想體系複雜，因此對於這些超凡之人的形容各篇有自相矛盾處，如：〈知北遊〉說聖人待人處事不傷物，物亦不能傷，與物相將迎。〈達生〉云：「聖人藏於天，故莫之能傷也。」這種物不能傷的特點，〈逍遙遊〉也用來形容神人。〈庚桑楚〉謂聖人之道，同呼天和，出為無為，不得已而為之，同篇又以同乎天和為天人的特色。這是聖人與天人有共同點，但也可能是不同系統的矛盾。〈應帝王〉謂至人「不將不迎」與〈知北遊〉形容的聖人與物相將迎的特點相反，〈外物〉所云：「唯至人乃能遊於世而不僻，順人而不失己。」反而與〈知北遊〉對聖人的形容相近，與〈齊物論〉說聖人遊乎塵埃之外相比，至人反而比聖人更入世，而〈達生〉提到至人能「芒然彷徨乎塵垢之外，逍遙乎无事之業」又與〈齊物論〉相類，〈則陽〉卻云：「夫聖人未始有天，未始有人，未始有始，未始有物，與世偕行而不替」，不務俗事和與世偕行是相反的，這便是不同系統所產生的矛盾。〈庚桑楚〉還批評聖人：

　　　　聖人工乎天而拙乎人。夫工乎天而俍乎人者，唯全人能之。唯蟲能
　　　　蟲，唯蟲能天。全人惡天，惡人之天，而況吾天乎人乎！

這裡的聖人善於契合天然而拙於應合人為，而在他之上還一種全人，能夠既契合天然又應合人為。這個說法與〈知北遊〉說聖人與人相將迎、〈則陽〉提到聖人愛人無已而人安之亦無已相反。〈則陽〉另一段說聖人未始有天，未始有人亦與〈庚桑楚〉的批評不合。

　　除了聖人、神人、至人，另外還有一種超凡之人叫真人，〈大宗師〉云：

　　　　古之真人，不逆寡，不雄成，不謨士。若然者，過而弗悔，當而不
　　　　自得也。若然者，登高不慄，入水不濡，入火不熱。是知之能登假
　　　　於道者也若此。

又云：

　　　　古之真人，其寢不夢，其覺无憂，其食不甘，其息深深。真人之息
　　　　以踵，眾人之息以喉。

又云：

　　　　古之真人，不知說生，不知惡死；其出不訢，其入不距；翛然而往，

> 脩然而來而已矣。不忘其所始，不求其所終；受而喜之，忘而復之。
> 是之謂不以心捐道，不以人助天，是之謂真人。若然者，其心志，
> 其容寂，其顙頯。淒然似秋，煖然似春，喜怒通四時，與物有宜，
> 而莫知其極。

又云：

> 古之真人，其狀義而不朋，若不足而不承；與乎其觚而不堅也，張
> 乎其虛而不華也；邴邴乎其似喜乎！崔乎其不得已乎！滀乎進我色
> 也，與乎止我德也；厲乎其似世乎！警乎其未可制也！連乎其似好
> 閉也！悗乎忘其言也！

又云：

> 天與人不相勝也，是之謂真人。

〈大宗師〉提到的真人是極神奇的，不懼水火，不悅生惡死，不夢無憂，直
是仙人狀態。

又，〈刻意〉云：

> 能體純素，謂之真人。

此云真人體純素，同篇又解云：「純素之道，唯神是守。守而勿失，與神為一。
一之精通，合於天倫。」純是不損精神，素是不含雜質，此言真人保守精神，
合於自然之理。

又，〈田子方〉云：

> 古之真人，知者不得說，美人不得濫，盜人不得劫，伏戲黃帝不得
> 友。死生亦大矣，而无變乎己，況爵祿乎！若然者，其神經乎大山
> 而無介，入乎淵泉而不濡，處卑細而不憊，充滿天地，既以與人己
> 愈有。

此處所言與〈大宗師〉所謂的真人相似，死生無變，淵泉不濡，又云「既以
與人己愈有」，此源自《老子》六十八章（通行本八十一章）：「聖人無積，既
以為人，己愈有。」只是把《老子》的聖人改成了真人。

又，〈徐无鬼〉云：

> 古之真人，以天待人，不以人入天。

又云：

> 神人惡眾至，眾至則不比，不比則不利也。故无所甚親，无所甚疏，
> 抱德煬和以順天下，此謂真人。

此謂眞人以自然的態度對待人事，因此無親無疏，此則源自《老子》五十六章：「不可得而親，亦不可得而疏。」此即所謂玄同。其稱有此種特質的神人爲眞人，這是把神人與眞人混同了。這種混同的情形也曾出現在聖人、神人、至人之間，可見《莊子》因爲思想系統混雜，所以在對於理想人格的描述也很紛亂。

又，〈列禦寇〉云：

> 爲外刑者，金與木也；爲內刑者，動與過也。宵人之離外刑者，金木訊之；離內刑者，陰陽食之。夫免乎外內之刑者，唯眞人能之。

此云唯眞人免除外在的刀鋸之刑與內在的心惑之刑。

《莊子》一書對於眞人與至人的描述有相類者，〈大宗師〉描述眞人說：「不逆寡，不雄成，不謨士。」「登高不慄，入水不濡，入火不熱。」〈田子方〉亦云：「淵泉而不濡」，〈列禦寇〉則云：「免乎外內之刑」，這些形容與其他篇對至人的描述相類，〈庚桑楚〉云：

> 夫至人者，相與交食乎地而交樂乎天，不以人物利害相攖，不相與爲怪，不相與爲謀，不相與爲事，翛然而往，侗然而來。

〈達生〉云：

> 至人潛行不窒，蹈火不熱，行乎萬物之上而不慄。

〈齊物論〉云：

> 至人神矣！大澤焚而不能熱，河漢沍而不能寒，疾雷破山、飄風振海而不能驚。若然者，乘雲氣，騎日月，而遊乎四海之外。死生无變於己，而況利害之端乎？

〈大宗師〉稱眞人能達到水火不能害的境界，是因爲他的知識能與道相合，此即所謂的眞知。〈達生〉則認爲至人能達到蹈火不熱的境界是因爲他能保守純和之氣，此正與〈刻意〉則稱眞人「能體純素」相合，「體純素」即是保守純和之氣與保守純素之精神，由此可見眞人與至人所達到的境界十分相似。

〈齊物論〉的至人除了不懼水火雷風，還能乘雲氣、騎日月，遊乎四海之外，死生無變，這已經從精神的修養變成神話了，〈秋水〉則企圖把這種神話拉回現實，其云：

> 至德者，火弗能熱，水弗能溺，寒暑弗能害，禽獸弗能賊。非謂其薄之也，言察乎安危，寧於禍福，謹於去就，莫之能害也。

所謂道德修養到極至能不懼水火寒暑禽獸，不是因爲至德者成了神仙，而是

因為他能夠明察安危所在，謹慎行事，近福遠禍。

〈大宗師〉又謂真人「寢不夢」、「覺無憂」，「不知悅生，不知惡死」，「喜怒通四時，與物有宜」，〈田子方〉亦云真人不在意生死，甚至還可入泉而不濡，這都是在說真人的心思安定清靜，不被外在俗物影響。〈刻意〉謂真人「能體純素」，就是說真人的精神純淨無雜，正與此相合。這便是「不以心捐道，不以人助天」。

〈大宗師〉又用「天與人不相勝也」形容真人。〈徐无鬼〉亦云真人「以天待人，不以人入天。」〈秋水〉解釋天、人云：「天在內，人在外，德在乎天。」這都是在說真人的修養主要在自己的內在天然，而不是外在的事物。

另外，〈天下〉雖然在介紹諸種超凡之人時，只提到天人、神人、至人、聖人、君子，而沒有真人，但是在介紹關尹、老聃卻稱之為「古之博大真人」，用博大來形容真人，可見這裡對真人的用法與其他篇不同。《莊子》中的真人與至人的描述相似度極大，而〈天下〉云：「不離於真，謂之至人」，由此看來，至人的特質與「真」關係緊密，由此令人懷疑至人與真人有可能是同一種人的不同寫法，理由有二：一、由上述比較可知《莊子》對至人與真人的描述是類似的；二、至與真古音相近，真與咥有通假的紀錄，《易·履》：「履虎尾，不咥人。」〔註35〕咥，漢帛書作眞。咥，《說文》：「从口至聲」〔註36〕。由此推論，真、至的通假亦不是不可能的事。

比對《莊子》所謂的聖人、神人、至人、真人、君子等超凡之人，發現因為聖人與君子也受儒家的推崇，所以在有些篇章將他們當作得道者，但是在有些篇章卻將他們當作是普通的執政者，或是道德低於至人、神人、真人的賢者。

從《莊子》各篇對超凡之人的紛亂描述裡，大至可以歸納出二大類：反政治系統與先聖後王系統。在先聖後王系統中，承襲了《老子》的說法，聖人本身便是理想人格的代表，指的是有道的執政者。反政治系統將聖人當作有才而無德的管理者，反對批判聖人的存在，這便將傳統的理想人格取消了，於是必須推出另一理想人格來取代聖人的位置，神人、至人、真人便紛紛出現了，但是對於這些新出的理想人格描述，其實還是與先聖後王系統裡的聖

〔註35〕（魏晉）王弼、韓康伯注，（唐）孔穎達疏：《易經正義》（臺北：藝文印書館，1997 年 8 月初版《十三經注疏》本）。

〔註36〕許慎撰，段玉裁注：《說文解字注》第二篇上。

人類似，只是多出了一些「非人」的能力，如：不避水火、乘雲駕日、遊四海之外等神話的加入，這些神仙能力對普通百姓而言，已經脫離了現實，但是對富貴權勢皆全的上位者，在名利權勢皆一手掌握時，唯一能夠追求的便是長生，因此這種神仙形象對上位還是有一定的魅力。另外，在先聖後王與反政治這兩個主要系統之外，雖然也有處於兩者之間的中立派，但是因為其主張特色不明顯，很難獨立分析出來，故不多加討論。

四、聖人與政治

在《莊子》一書提到的超凡之人裡，唯有聖人與政治的關係較親近，故書中提到政治的部份，多用聖人來表述，如〈大宗師〉云：

> 故聖人之用兵也，亡國而不失人心；利澤施乎萬世，不為愛人。

此言聖人用兵，滅亡敵國卻能不失掉人心；恩澤施及萬世而無所偏愛。〈列禦寇〉謂聖人无兵可作此篇的補充，其云：

> 聖人以必不必，故无兵；眾人以不必必之，故多兵。順於兵，故行
> 有求。兵，恃之則亡。

此言聖人將必然的事當作不必然，所以不會引起紛爭而興兵。因為聖人不主動引起紛爭，故而才能亡國而不失人心。

〈大宗師〉所云的「亡國而不失人心」與《黃帝四經・國次》所云有相通處，其云：

> 聖人之伐也，兼人之國，墮其城郭，焚其鐘鼓，布其資財，散其子
> 女，裂其地土，以封賢者。是謂天功。功成不廢，後不逢殃。

《四經》似乎在進一步說明聖人如何才能「亡國而不失人心」，必須將攻打敵國所得的資財全散封給賢者，這樣才能功成不廢。

另外，〈應帝王〉反駁日中始所謂：「君人者，以己出經式義度人，孰敢不聽而化諸」，其云：

> 夫聖人之治也，治外乎？正而後行，確乎能其事者而已矣。

此言聖人治理天下，先端正自己然後才感化他人，任人各盡所能。又提到老聃與陽子居的對話，云：

> 是於聖人也，胥易技係，勞形怵心者也。

在聖人看來，胥吏治事為技能所累，勞苦形骸擾亂心神，因此老聃解釋明王之治云：

> 明王之治，功蓋天下而似不自己，化貸萬物而民弗恃；有莫舉名，
>
> 使物自喜；立乎不測，而遊於无有者也。

明王一詞，《莊子》全書只見於此。這裡將聖人稱作明王，明王治理天下的態度是功蓋天下而不居功，化育萬物而人民卻以為是自己如此，因此他雖然有功德教化，卻無法稱說，他使萬物自得自喜，自己則彷彿無所行事。這正符合《老子》第二章：「是以聖人居無為之事，行不言之教。萬物作而不始也，為而不恃也，功而不居也。」由此看來，《莊子》關於聖人觀念許多都受了《老子》的影響，其政治觀也繼承了《老子》清靜無為。

五、其他——士階級

《老子》以教導出理想的執政者為目的，其所謂的聖人專指的是得道的執政者，但是現實中的執政者多非得道之人，而所謂的得道之人也大多無法執政。相較於《老子》動輒稱聖人如何如何，《莊子》對士階層是比較關注的，如：〈德充符〉提道勇士，〈天道〉提到辯士〔註37〕，〈刻意〉提到廉士、山谷之士、平世之士、朝廷之士、江海之士、道引之士，〈繕性〉提到隱士，〈秋水〉提到曲士、烈士〔註38〕，〈田子方〉提到儒士、列士，〈徐无鬼〉提到知士、辯士、察士、招世之士、中民之士、筋力之士、勇敢之士、兵革之士、枯槁之士、法律之士、禮教之士、仁義之士、絜廉善士，又將士與民並稱〔註39〕，〈讓王〉提到葆力之士、有道之士、布衣之士，〈盜跖〉提到才士、學士、絕俗過世之士，〈說劍〉提到劍士、勇士、清廉士、賢良士、忠聖士、豪桀士，〈天下〉提到才士、救世之士。

《莊子》對士階層的注意，應該是因為處在禮壞樂崩之後的戰國時代，士階層在政壇活躍，只要學說能得到執政者的賞識，便可提升地位，甚至成為主導一國政治的人，如蘇秦、張儀等主張的合縱、連橫，先後影響了戰國七國的政治狀況。〈山木〉提到莊子回答魏王說：「士有道德不能行，憊也；衣弊履穿，貧也，非憊也，此所謂非遭時也。」此言莊子以士的身份面見魏王，申訴自己的主張，又，〈說劍〉也提到莊子為趙文王說劍，歷數了天子之劍、諸侯之劍、大夫之劍、庶人之劍，用恢宏的譬喻把各階級的理想描繪得令趙文王心動。這些都是反應當時士的政治活動。

〔註37〕 又見於〈至樂〉。

〔註38〕 又見於〈至樂〉。

〔註39〕 又見於〈則陽〉。

戰國的士可能從貴族最下層一躍而成為一國的主政者，因此士的內涵也
不再單純。〈讓王〉亦稱伯夷與叔齊為二士，〈天下〉便稱墨子為才士，由此
可見《莊子》裡的「士」是沒有權位而有道德者的稱呼。〈盜跖〉對士的描述
是「抱其天」，〈則陽〉對聖人的描述則是「以天為師」。士是沒有權位的有道
者，聖人是有道的執政者，〈胠篋〉云：「小人則以身殉利；士則以身殉名；
大夫則以身殉家；聖人則以身殉天下。」此指出小人、士、大夫、聖人，由
低而高的政治階級，聖人在大夫之上，應該是指一國之君。抱天的士與師天
的聖人透過對天道的追求，可以彌平差異。〈德充符〉仲尼解釋何謂才全而德
不形，哀公聽完的心得是：

> 始也吾以南面而君天下，執民之紀而憂其死，吾自以為至通矣。今
> 吾聞至人之言，恐吾无其實，輕用吾身而亡其國。吾與孔丘，非君
> 臣也，德友而已矣！

這裡用品德將君臣的階級彌平了。彌平階級的思想，通常只會出現在沒有權
力的臣下身上，就君上的立場來說，不可能希望有人與自己平等，或是擁有
支配自己的能力。這一方面反應了禮壞樂崩後階級變動的現實，另一方面表
現出人類開始排除一切外在的名利，進一步思想「人」本身的問題，這便是
道家秉要執本的目的，其所謂的本，便是指人本身。

反政治系統可能便因應這種對於個人本身生命的追求而產生的思想，人
一旦返回自身生命的追求，那麼貴賤階級的那套社會價值就不適用了。〈盜跖〉
提到子張與滿苟得的辯論，子張提出：

> 士誠貴也。故勢為天子，未必貴也；窮為匹夫，未必賤也。貴賤之
> 分，在行之美惡。

此言天子未必貴，匹夫未必賤，端看其品行的好壞。此說與上述〈德充符〉
的主張是一樣的，只是這裡特別舉出士這個階級。這種重視士階級的現象是
符合戰國時代的政壇狀況的，《黃帝四經》便有：「重士而輕縣國」之語。戰
國時代的士階級是具有知識但不具有貴族血緣的人，他們雖然有不下於貴族
的知識，但其地位的提升全仰賴貴族的提拔，故《莊子》中那些反政治傾向
的有道者應該多是屬於此階級，因為統治者沒有理由推翻他們自己地位的合
理性。這些士階本身不具有執政的資格，因此即便具有超卓的才智，還是只
能在那些昏庸的統治者手下求生活，在無法改變整個大環境的狀態下，提倡
避權隱逸，極端的反政治思想由此而生，〈讓王〉提到的許由、子州支父、子

州支伯、善卷、石戶之農，即是此種隱逸思想的代表，甚至還有北人無擇這種爲避權而自殺者。事實上，這些士階級的人根本無權可避，所以許由讓王等故事也只能是空談。

因爲對人的重視，故除了聖人等有政治權力的人之外，《莊子》常以品德來當作衡量人格的標準，〈德充符〉專述全德之人，這全德者都是一些有德而無位的人，如：孔子稱魯國的兀者王駘是聖人，說王駘：「不知耳目之所宜，而遊心乎德之和。」其他還有像兀申徒嘉、叔山無趾、醜人哀駘它、闉跂支離無脤等，不但沒有權位，甚至身體都有缺陷，此即所謂德不形。這一類的全德之人與政治並沒有直接相關。然而有一種所謂的德人例外，〈天地〉提到苑風問德人，諄芒回答：

> 德人者，居无思，行无慮，不藏是非美惡。四海之內共利之之謂悅，共給之之謂安。怊乎若嬰兒之失其母也，儻乎若行而失其道也。財用有餘，而不知其所自來；飲食取足，而不知其所從。此謂德人之容。

此言德人可使四海之人共利之、共給之，這種可以享有天下人民供養的德人，其身份絕對不是一般的平民或士階級，而是只有諸侯或天子才能有這種資格，可見這種德人與執政者的身份是重疊的，因此所謂的「居无思，行无慮，不藏是非美惡」，也就變成了執政者治國時的態度，意即要無思、無慮、無好、無惡，這也就是無爲的執政方式，是下一章將要談到的重點。

第三節　《黃帝四經》之執道的聖人

《老子》政治理論的執行者是得道的聖人，《莊子》政治理論的執行者在先聖後王系統亦是以聖人爲主，在反政治系統則有神人、至人、眞人等有德的超凡之人，而《黃帝四經》政治理論的執行者亦稱作聖人，不過其內涵與《老子》的得道之人略有不同，而成爲執道之人，偏重在執用的意涵上。

一、聖人與天道

《四經》提到的聖人主要是能察知天地之道理的人，〈經法·國次〉云：

> 天地無私，四時不息。天地位，聖人故載。過極失當，天將降殃。……
> 故唯聖人能盡天極，能用天當。

又云：

故聖人之伐殹（也），兼人之國，隋（墮）其城郭，焚（焚）其鐘鼓，

布其齎（資）財，散其子女，列（裂）其地土，以封賢者，是胃（謂）

天功。

此云天地無私，各當其位，聖人才能夠成就萬物，行事如果超過了天道的準
度，便會受到天降的災禍，只有聖人能夠掌握天道的準度，並依據此點提出
所謂天功，認爲聖人兼併別人的國家後，並不會佔爲己有，而是分散資財土
地給賢者。這是以標舉聖人的行事來告訴執政者，在征伐敵國之後不可貪圖
財貨，因爲天道給予執政者的權力與義務是有一定的限度，如果超過該得的
限度，便會有災禍，而聖人是知道此限度之人，故應該效法聖人。

又，〈十大經・觀〉云：

天道已既，地物乃備。散流相成，聖人之事。聖人不巧，時反是守。

優未愛民，與天同道。聖人正以待之，靜以須人。不達天刑，不襦

不傳。當天時，與之皆斷；當斷不斷，反受其亂。

此云天地既定，聖人順應天時而動，不設機心巧智，惠愛人民，以端正虛靜
的態度對待人、事。又，〈十大經・兵容〉云：

聖人之功，時爲之庸，因時秉〔宜，兵〕必有成功。聖人不達刑，

不襦傳。因天時，與之皆斷；當斷不斷，反受其亂。

此所述與〈觀〉有重複，指的是征伐他國時應當順應天時，刑法得當，不背
諾失信，應該當機立斷時，如果猶豫不決，錯過時機，就會反受其害。又，
〈稱〉云：

有義（儀）而義（儀）則不過，侍（恃）表而望則不惑，案法而治

則不亂。聖人不爲始，不剺（專）己，不豫謀，不爲得，不辭福，

因天之則。

又云：

知天之所始，察地之理，聖人糜論天地之紀，廣乎蜀（獨）見。

此云治理國家依照法度就不會混亂，聖人不先動，不固執己見，不豫先謀畫，
不特地去求得什麼，不刻意排拒福祥，一切順應天道。聖人知道天地的運行
律則，可以統攝天地的綱紀，而有獨特的見解。

　　上述所謂天極、天當、天功、天時，皆是指天地之道的法則，〈經法・論〉
便解釋了七種天道：

適者，天之度也。信者，天之期也。極而〔反〕者，天之生（性）

> 也。必者，天之命也。□□□□□□□□□者，天之所以爲物也命。
>
> 此之胃（謂）七法。

此云事物都有其恰當適度的限度，此即天之度；事物都有其確切的週期性，此即天之期；事物發展到極至必然走向反面，此即天之性；事物都有其必然性，此即天之命。這些從事物歸納出的法則，便是天道的法則，唯有聖人能盡天極、用天當、得天功、因天時，是因爲唯有聖人能夠察知天道的存在，〈道原〉云：

> 故唯聖人能察無刑（形），能聽無〔聲〕。知虛之實，後能大虛；乃通天地之精，通同而無間，周襲而不盈。服此道者，是胃（謂）能精。明者固能察極，知人之所不能知，服人之所不能得。是謂察稽知極。聖王用此，天下服。

此言聖人能察知無聲無形的天道，即《莊子・天運》所云：「聖也者，達於情而遂於命也，天機不張而五官皆備。」聖人通達於性命的實情，保持自然天機，故其五種感官皆比常人靈敏不同。因爲聖人的五感超越常人故能得知無聲無形之道，與〈道原〉所云只有聖人能知「道」同樣強調聖人具有非常人之能力，〈天運〉所偏重的是聖人保有自然的狀態，而〈道原〉則偏重聖人能使用此超凡之能。

二、聖人是執道者

《四經》把天道當作爲政治的工具，強調聖人對天道的掌握，故不言得道者或有德者，而稱之爲執道者，如〈經法・道法〉云：

> 道生法。法者，引得失以繩，而明曲直者殹（也）。故執道者，生法而弗敢犯殹（也），法立而弗敢廢〔也〕。故能自引以繩，然後見知天下而不惑矣。

又云：

> 見知之道，唯虛無有。虛無有，秋毫成之，必有刑（形）名，刑（形）名立，則黑白之分已。故執道者之觀於天下殹（也），無執殹（也），無處殹（也），無爲殹（也），無私殹（也）。

又云：

> 故唯執〔道〕者能上明於天之反，而中達君臣之半，富密察於萬物之所終始，而弗爲主。故能至素至精，悁（浩）彌無刑（形），然後

可以爲天下正。

〈道法〉云人類社會的法度是由道而生的，執道者依循天道制定各項法度，如果自己能端正守法，然後就能了解天下的大事而不被迷惑。此即〈道原〉所云聖王用此道而天下服，如此可以「上虛下靜而道得其正」，「分之以其分，而萬民不爭；授之以其名，而萬物自定。」因此〈道法〉又云：了解天下的道理，在於立定事物的形體與名稱，事物的形體與名稱一經立定，事物的道理就很明白了，執道者依此來治理天下，不固執己見、不居功、不妄爲、不自私。由此執道者上能了解天道終始反復的律則，中能了解君臣的界限，周密的詳察萬物終始的變化，卻不主宰他們，所以能達到最本質最細微廣浩無形的境界，然後可以成爲天下的楷模。又，〈經法・名理〉云：

> 天下有事，必審其名。……故執道者之觀於天下〔也〕，見正道循理，能與曲直，能與冬（終）始。故能循名廐（究）理。……故唯執道者能虛靜公正，乃見正道，乃得名理之誠。

此云天下之事必定要審核它的名稱，所以執道者循事物之名，究事物之理，因此可以虛靜公正。

又，〈經法・論約〉云：

> 故執道者之觀於天下也，必審觀事之所始起，審其刑（形）名。刑（形）名已定，逆順有立（位），死生有分，存亡興壞有處，然後參之於天地之恒道，乃定禍福死生存亡興壞之所在。是故萬舉不失理，論天下無遺策。故能立天子，置三公，而天下化之：之胃（謂）有道。

此云執道者觀察天下的事物時，必定詳細考察事物的形體與名稱的關係是否相符，再參照天地自然的規律，就可以確定禍福、生死、存亡、興衰的原因。其後引《老子》六十二章云：「故立天子，置三卿」，「三卿」通行本作「三公」正與《四經》相合。不過，《老子》提到立置天子三公，主要在說政治體治的本源是道，〈論約〉的目的卻是在彰顯執道者的能力，除了「萬舉不失理，論天下無遺策」，還能「立天子，置三公，而天下化之」。這種以執道聖人爲立置體制的觀點與《老子》不同，反而與《荀子》主張聖人制禮作樂的想法一致。

除了〈論約〉提到執道者可立置統治者之外，〈稱〉也提到聖人立天子、立聖王，其云：

> 聖人麋論天地之紀，廣乎獨見，……故立天子者，不使諸侯疑焉；
> 立正嫡者，不使庶孽疑焉；立正妻者，不使婢妾疑焉：疑則相傷，
> 雜則相方。

又云：

> 天制寒暑，地制高下，人制取予。取予當，立爲〔聖〕王；取予不
> 當，流之死亡。天有環刑，反受其殃。

依周代的實際制度來看，西周的最高執政者是天子，到了東周，周天子成了
名義上的共主，最高執政者是諸侯王，而《四經》提到天子與王都是由執道
者所立置，此執道者既非天子亦非諸侯王，更不可能是不識字的平民百姓，
那便只可能是大夫或士階級了。

三、聖人的位階

《四經》提到的統治階層有帝王，〈經法・論〉提到：「盡知情僞而不惑，
然後帝王之道成。」也提到王公〔註40〕，〈經法・四度〉云：「情僞有實，王公
執之以爲天下正。」〈十大經・雌雄節〉則提到大人〔註41〕，其云：「凡人好用
雄節，是謂妨生。大人則毀，小人則亡。以守不寧，以作事不成。」這裡的
大人與小人相對，仍指貴族統治階級。〈經法・六分〉則提到人主，其云：

> 觀國者觀主，觀家者觀父。能爲國則能爲主，能爲家則能爲父。……
> 主執度，臣循理者，其國朝（霸）昌。主得〔位〕臣楅（輻）屬者，
> 王。

此言主是執掌法度者，臣則依循法理而行，國家便能霸昌；如果主、臣各得
其位則可王。〈經法・論〉云：「人主者，天地之〔稽〕也，號令之所出也，〔爲
民〕之命也。」人主是發出政令者，而臣民是聽從命者。陳錫勇老師解《老
子》二十六章時指出：「大夫稱主」〔註42〕。《四經》中以主與臣民相對，可
見此時的執政者應該是大夫，而非諸侯。這應該是禮壞樂崩之後的政治實況，
正應了《論語・季氏》中孔子所說的三種階段，其云：

> 天下有道，則禮樂征伐自天子出；天下無道，則禮樂征伐自諸侯出。
> 自諸侯出，蓋十世希不失矣；自大夫出，五世希不失矣。陪臣執國

〔註40〕 《四經》不稱侯王。
〔註41〕 《四經》提到大人只此一次，其大人泛指統治階級而沒有品德內涵，與《莊
　　　　子》不同。
〔註42〕 陳錫勇：《老子釋義》，頁66。

> 命，三世希不失矣。天下有道，則政不在大夫。天下有道，則庶人
> 不議。

制度依序出自天子、諸侯、大夫、陪臣，正是禮壞樂崩每下愈況的表現。《論語》稱此種情形爲天下無道的狀態，而《四經》卻認爲因爲聖人執道，故能置立天子、聖王，可見《四經》的執道聖人與儒家的有道聖人在基本立場上就完全不相同。

　　從《四經》提到聖人時的上下文來看，聖人通常不是指人主、帝王、王公一類的統治者，而是指屬臣，如：〈道原〉便云聖王若能用聖人，則天下服。可見〈道原〉的作者並不把聖人當成是最高的執政者，因此在聖人是被聖王所用的人。《四經》其他篇章，也有同樣思維的說法，如〈經法·六分〉云：

> 知王術者，驅騁馳獵而不禽荒，飲食喜樂而不湎康，玩好嬛好而不
> 惑心，俱與天下用兵，費少而有功，戰勝而令行。故福生於內，則
> 國富而民昌。聖人其留，天下其與。不知王術者，驅騁馳獵則禽荒，
> 飲食喜樂則湎康，玩好嬛好則惑心，俱與天下用兵，費多而無功，
> 戰勝而令不行。故福失於內，財去而倉廩空虛，與天相逆，則國貧
> 而民荒。至聖之人弗留，天下弗與。

此云知王術則聖人留，不知王術則聖人不留。這裡的知王術者，是指最高的統治者，而聖人是統治者的下屬，因此才有留與不留之說。又，〈經法·四度〉云：

> 女樂玩好嬛材，亂之基也。守怨之本，養亂之基，雖有聖人，不能
> 爲謀。

此云女樂玩好是國家的亂源，如果統治者不能去除亂源，聖人也無法謀事。這裡的聖人很明顯是爲統治者出謀劃策之人，而非最高的統治者。又，〈十大經·前道〉云：

> 聖〔人〕舉事也，闔（合）於天地，順於民，羊（祥）于鬼神，使
> 民同利，萬夫賴之，所胃（謂）義也。身載於前，主上用之，長利
> 國家社稷，世利萬夫百生（姓）。天下名軒執□士於是虛。壹言而利
> 之者，士也；壹言而利國者，國士也。

此處直接指出主上用聖人，而把所用之人分成士與國士。這些都是把聖人當作是統治者的屬臣，若以現實的階級來稱呼則爲士，而較有才能的士則稱之

為國士。

這種將《老子》執政的聖人降為統治者的屬臣，比較符合戰國時代的政治事實。先秦各個討論政治思想的思想家都是輔政的臣子，因此所謂能得知天道的聖人指的是這些發展出思想系統的臣子，不可能指的是高高在上的諸侯，或是主政的上大夫。這正符合戰國時期士階級在政治場上的活躍，由此，《四經》便有提出重士思想者，如：〈經法・六分〉即云王術之一是「重士而師有道」，又云：

> 王天下者，輕縣國而重士，故國重而身安；賤財而貴有知，故功得
> 而財生；賤身而貴有道，故身貴而令行。

想要統治天下，人才是比國土還重要的資財，戰國時代追求富國強兵的諸侯王們無不致力於禮賢下士。〈稱〉便提出對待士的方法，其云：

> 帝者臣，名臣，其實師也；王者臣，名臣，其實友也；朝（霸）者
> 臣，名臣也，其實〔賓也；危者〕臣，名臣也，其實庸也；亡者臣，
> 名臣也，其實虜也。

這裡帝、王、霸、危、亡五種統治者有五種對待臣屬的方式，愈是有為的統治者對屬臣的態度愈尊敬，此與《老》、《莊》的不尚賢是背道而馳的，〈十大經・前道〉便云：

> 古之賢者，道是之行。知此道，地且天，鬼且人。以居軍強，以居
> 國其國昌。古之賢者，道是之行。

此言國有賢則國昌。這是把執道的聖人等同賢者看待，因此能用聖賢之主才是有為的帝王。這種思考模式正是《莊子》反政治系統所極力駁斥的。

另外，〈十大經・前道〉提到一次君子，云：「君子卑身以從道，智以辯之，強以行之，責道以并世，柔身以寺（侍）之時。王公若知之，國家之幸也。」《四經》提到君子一詞，只見於此處。從「卑身以從道」、「王公若知之」等語可知，君子是從道而沒有權位的人，此與《老》、《莊》對君子的用法剛好相反，而比較接近自《荀子》以下以至漢儒的用法。再從君子智辯、強行等語來看，君子從道的內涵與《老》、《莊》絕聖棄智的得道之人不同。《四經》從未提到有道者、有德者等詞，而以執道者稱之，可見《四經》中的從道、執道之人，對道的態度與《老》、《莊》將道作為生命本體的觀念不同，因此其政治理論的實行者雖然同樣稱之為聖人，但是聖人的內涵與行之於外的作為並不相同。

四、聖王黃帝之政

　　《四經》政治理論的執行者是執道的聖人，這個聖人大多沒有特定的對象，唯有〈十大經〉全篇記載黃帝與力黑、闔冉、果童、太山之稽、高陽等人對治國的討論。其中，黃帝是最高的統治者，力黑等人則是其屬臣，依照《四經》其他篇章的邏輯，力黑等人應該便是執道的聖人，而黃帝則是一個知王術的統治者典範。〈十大經・立命〉云：

> 昔者黃宗，質始好信，作自爲象，方四面，傅一心，四達自中，前
> 參後參，左參右參，踐立（位）履參，是以能爲天下宗。

此處敘述黃帝的神話，言其有四張臉，可以遍觀四面以助一心之明察，所以可以成爲天下的宗法的對象。又記錄黃帝即位時演說云：

> 吾受命於天，定立（位）於地，成名於人。唯余一人〔德〕乃肥（配）
> 天，乃立王、三公，立國置君、三卿。數日、曆（曆）月、計歲，
> 以當日月之行。允地廣裕，吾類天大明。吾畏天愛地親〔民〕……

此處黃帝自言受命於天，統一天下，之後立王、三公，分封國家，立國置君、三卿，又依日月運行的規律制定了曆法，又畏天愛地親民。在《老子》裡，置立天子、三公這些執政階級的是道，《四經》卻把這個至高無上的權力賦予了黃帝，這是將黃帝推崇到最高的政治地位，連王與君都是他立置的，政治體制的根源不再是虛無飄渺的道，而是一個實在的人類，原本至高無上的道淪爲人類的工具，這是《四經》與《老》、《莊》最根本的不同點。

　　若將〈十大經・立命〉與〈經法・論約〉和〈稱〉等篇提到對統治者的立置之文連結起來，〈立命〉云黃帝立王、三公，〈論約〉云執道者立天子、置三公，〈稱〉云聖人立天子。這樣看來，黃帝等同了執道者與聖人，但是〈十大經・前道〉卻又說聖人爲人主所用，如果是黃帝帝王的身份，便與〈前道〉所言矛盾了。

　　從《史記》的黃帝傳說來看，在黃帝的時代眞正的共主是炎帝，只是炎帝無力管束諸侯，蚩尤暴虐，黃帝不忍百姓受苦，攻打蚩尤，最後統一天下。〔註43〕如此說來，在尊崇黃帝一派的學說中，權位最高的統治者與實質的執政者可以不必是同一人，而眞正執政者是執道的聖人。對應到現實上，春秋時代的周天子只是名義上的共主，到了戰國時代的周天子更是形同弱小的諸侯，將此情況對應黃帝與炎帝身上，黃帝等同聖人的說法才可以說

〔註43〕司馬遷：《史記》卷一，〈五帝本紀第一〉。

得通。

　　從黃帝等同執道的聖人一點來看，可見《四經》的聖人雖然不是人主，但是其權力與才能都比人主強，所以聖人並非一般的臣子，而是執一國之政的大臣，故而其手下還有許多的小臣幫他做事，這也符合了戰國時代許多士階級，如：蘇秦、范雎等人，憑藉自己的才能而登上相位，主持一國之政的歷史事實。

　　〈十大經・觀〉敘述黃帝令力黑考察四國，其後力黑問黃帝如何約束人民的行為，黃帝回答：

> 群群□□□□□□為一囷。無晦無明，未有陰陽。陰陽未定，吾未有以名。今始判為兩，分為陰陽，離為四〔時〕，……下會於地，上會於天。得天之微，時若□□□□□□□□□□寺（恃）地氣之發也，乃夢（萌）者夢（萌）而茲（孳）者茲（孳），天因而成之。弗因則不成，〔弗〕養則不生。

此處黃帝解說天地生成萬物的過程，若與〈道原〉連結來看，黃帝正是懂得天地之道的聖人。其後又云：

> 天道已既，地物乃備。散流相成，聖人之事。聖人不巧，時反是守。
>
> 優未愛民，與天同道。聖人正以侍（待）之，靜以須人。

此言天地已經使萬物生長完備，至於安排萬物的秩序便是聖人之事。聖人不設機心巧智，靜待天道時運，優厚愛民，如天地之道一樣廣施恩澤。由此看來，黃帝應該是與天同道的聖人。

　　然而在〈十大經・五正〉記載黃帝與闔冉的對話裡，發現黃帝只是一個不恥下問的明君，而闔冉卻是指導黃帝行動的人，這樣有如帝王之師的謀臣，在《四經》的定義裡便是聖人，如果此一來，便與〈立命〉和〈觀〉所描述的黃帝定位不符合，其云：

> 黃帝問闔冉曰：吾欲布施五正，焉止焉始？對曰：始在於身，中有正度，後及外人。外內交綏（接），乃正於事之所成。黃帝曰：吾既正既靜，吾國家寙（愈）不定。若何？對曰：後中實而外正，何〔患〕不定？左執規，右執矩，何患天下？男女畢迵，何患於國？五正（政）既布，以司五明。左右執規，以寺（待）逆兵。黃帝曰：吾身未自知，若何？對曰：後身未自知，乃深伏於淵，以求內刑。內刑已得，後〔乃〕自知屈其身。黃帝曰：吾欲屈吾身，屈吾身若何？對曰：

道同者，其事同；道異者，其事異。今天下大爭，時至矣，後能愼
勿爭乎？黃帝曰：勿爭若何？對曰：怒者血氣也，爭者外脂膚也。
怒若不發，浸廩是爲癰疽。後能去四者，枯骨何能爭矣。黃帝於是
辭其國大夫，上於博望之山，談臥三年以自求也。單（戰）才（哉），
闔冉乃上起黃帝曰：可矣。夫作爭者凶，不爭〔者〕亦無成功。何
不可矣？黃帝於是出其鏘鉞，奮其戎兵，身提鼓鞄（枹），以禺（遇）
之（蚩）尤，因而禽（擒）之。帝箸之明（盟），明（盟）曰：反義
逆時，其刑視之（蚩）尤。反義伓（倍）宗，其法死亡以窮。

此言黃帝問：頒布政令治理國家，應該從哪裡開始？闔冉的答案是：先從自身開始做起，其次是依照公正的法度治國，最後才是施及他人。這種先求自身修養完善再施及百姓的說法，較接近儒家對執政者的要求。其後黃帝又進一問：該怎樣從自身做起？闔冉回答：如果還不能認識自己，可以先隱居起來，潛心挖掘自己的內心，等到心有所得時，便可以克制自己，便可以對道同者與道異者有適當的應對。這近於《老子》二十四章（通行本二十三章）所云：「故從事而德者同於德；失者同於失。同於德者，道亦得之；同於失者，道亦失之。」王弼注此云：「言隨其所行，故同而應之。」

　　如果黃帝與闔冉的問答只到這裡，便與《莊子》的先聖後王系統相近，但是其後闔冉又談到天下大爭的問答，便與主張無爲而治的《莊子》產生歧異。闔冉又對黃帝說：現今正是天下大爭之時，您能夠謹愼小心的不加入這場紛爭嗎？之後又接著說明，所謂的發怒爭鬥是血氣脂膚的作用，除非是去除血氣脂膚而成爲枯骨，才能達到不爭。故而其結論是：「作爭者凶，不爭者亦無成功。」結果黃帝便聽從闔冉的建議到博望山上隱居，三年之後，闔冉覺得可以了，便告訴黃帝可以出征了，最後終於擒得蚩尤。

　　〈五正〉敘述黃帝聽了闔冉的話之後，便告別國大夫，到博望山隱居，追求自己的內心修養。此與《莊子・在宥》提到黃帝去空同之山見廣成子，問至道之精的故事有相似處。〈在宥〉敘述黃帝問如何育養人民群生，廣成子認爲這不過是「物之殘」，便不欲回答。黃帝便：「捐天下，築特室，席白茅，閒居三月」。之後他領悟所謂至道乃是治身之道，再次求教，於是廣成子才告訴他治身之道要：「无視无聽，抱神以靜，形將自正。」此與〈五正〉闔冉所謂：「深伏於淵，以求內刑。內刑已得，後〔乃〕自知屈其身。」很相近。

　　〈在宥〉與〈五正〉的黃帝一開始都是問如何治國，而廣成子與閹冉的回答都要求黃帝要修養自身，而黃帝也都曾退隱思考修養自身的問題，雖然故事所要表達的主題不同，但是故事的結構與細節卻很相似。其中〈在宥〉的黃帝原先認為至道便是治國之道，這與《四經》的主張並無違背，而廣成子卻以至道為治身之道，便好像在駁斥黃老思想以治國為重的觀點，這是《莊子》與《四經》最根本的不同。

小　結

　　《老子》、《莊子》與《黃帝四經》三書政治理論的執行者都是聖人，但是三者的聖人內涵並不相同。《老子》的聖人是體道者，這也是對統治者的要求，故理想的統治者的行為要完全合乎道，因此有種種德行，如：不爭之德、為而不恃之德、無為之德，由這些德行延伸出的執政態度便是清靜無為而不擾民。《莊子》的聖人是有德者，其重點在修養自身，治國是餘事，故聖人主要的追求是以天為師，放任百姓維持天生的本性，生活在自然的狀態中，這是《莊子》的無為而治。《四經》的道不再是世界運行的本體，而是執政者的工具；執道的聖人也不再是最高的統治者，而淪為輔政的工具。《四經》所謂的聖人，在《莊子》的標準裡只能算是才智之士，《四經》這是反應了戰國時代士人輔政的現實狀態，故重士才能使國家富強。國家強盛，甚至一統天下是《四經》的終極追求。由此看來，《莊子》是比《四經》更正統的繼承了《老子》的政治觀點。

第四章　三書政治觀理論的執行方針

　　本體之道落實在政治上，可分成兩個層次，一是德，一是術。德是指得自於道是本性，術是指依此本性而規畫出的施政方針。上一章已討論執政主體與其相應的品格，屬於德的範圍，本章所要討論的則是屬於術的範圍，亦即《老子》、《莊子》、《黃帝四經》三書對政治採取的實際操作方法。

第一節　《老子》的「不言」無爲

　　《老子》的「道」落實在形下的四種作用：返與守柔弱、生畜與自然，兩兩成對，相爲表裡因果，延伸至政治的施政方針，表現在內政與外交上，便是無爲不擾民的政策與守弱不爭的外交態度，從守弱不爭的外交態度延申而出的便是守慈的用兵之道。其總原則便是六十章提出的「治大邦若烹小鮮」，欲侯王治國如煎魚，要小心翼翼而不多擾，即欲侯王執政秉持著無爲不輕發政令的不擾民態度。以下即就內政、外交與用兵三點來討論《老子》的施政方針。

一、無爲不擾民的內政

　　執政者的態度會直接反應在人民身上，五十八章云：「其政悶悶，其民淳淳。其政察察，其民缺缺。」即云若政事混沌無爲，則人民樸實；若政事苛察嚴細，則人民狡獪。五十七章又云：

> 夫天下多忌諱，而民彌畔。民多利器，而邦家滋昏。人多智而奇物滋起，法物滋彰，盜賊多有。是以聖人之言曰：「我無事而民自富，

　　我無爲而民自化，我好靜而民自正，我欲不欲而民自樸。

畔，分也。此指天下多禁令則人民愈有離異之心，人民多有武器則國家愈會產生混亂，人多巧智則奇邪之事就會滋生，刑法愈彰顯則盜賊就會增多，因此體道聖人認爲執政者應當無事、無爲、清靜則人民就會自然富足、自己化育、自行修正。總而言之，便是要執政者不輕下政令、不擾民，人民就會自己做該做的事，自給自足，其中還特別指出執政者當克制貪欲，人民才會樸實純厚。

　　想要不擾民，最直接的作法便是少發布政令，亦即無爲不言，五十六章云：

　　　知之者不言，言之者不知。塞其穴、閉其門，和其光、同其塵，挫其銳、解其紛，是謂玄同。故不可得而親，亦不可得而疏；不可得而利，亦不可得而害；不可得而貴，亦不可得而賤。故爲天下貴。

蔣錫昌解云：

　　　二章，「行不言之教」；五章，「多言數窮，不如守中」〔註1〕；四十三章：「不言之教，無爲之益，天下希及之」；是「言」乃政教號令，非言語之意也。「知者」，謂知道之君；「不言」，謂行不言之教，無爲之政也。王注，「因自然也」，知道之君，行不言之教，無爲之政，是因自然也。〔註2〕

此章云知道之君不輕發政令，行無爲之政，不擾民，使民自然而然的生活。二十四（通行本二十三）章亦云：「希言自然，飄風不終朝，暴雨不終日」，即謂政令如風雨，以政令勉強人民改變自然的行爲終不能維持長久，最好能夠少發布政令，讓人民自然地生活，這才是順應天地之道。君主「不言」，關閉欲望之門，不露鋒芒，含光內斂，混同塵世，消解紛擾，這便是「玄同」。如此人民沒有親疏、利害、貴賤的分別，這種純樸自然的渾沌之心才是天下最高貴的。

　　《老子》認爲治理以清靜無爲爲上，御下細察嚴苛、頻頒法令等等皆是擾民，無益於統治，侯王最實際的作爲便是少私寡欲，帶動臣民風氣，令全國臣民都過著純樸的生活，如此紛爭便可消弭，國家也就平治了，故十九章云：

〔註1〕「多言數窮」馬王堆帛書本作「多聞數窮」，蓋不在此例。
〔註2〕蔣錫昌：《老子校詁》，頁345。

「絕智棄辨，民利百倍；絕爲棄作，民復孝慈；絕巧棄利，盜賊無有。」此三言以爲文，不足，或令之：或呼屬。視素保樸，少私寡欲。

「絕智棄辨」帛書本、通行本作「絕聖棄智」，「絕爲棄作」帛書本、通行本作「絕仁棄義」。絕棄智、辨、爲、作與絕棄聖、智、仁、義兩者相較，絕棄聖、仁、義是強力的反儒，比三十八章將仁義視爲道的次等更極端，而且即便仁義是儒家所提倡，卻與下文的少私寡欲沒有背反，何必絕棄之？〔註3〕陳錫勇老師《老子釋義》對此的解釋是，那些提倡：絕棄巧智分辨，人民可以得到百倍的好處；絕棄刻意作爲，人民可以恢復孝慈的本性；絕棄好奇巧好利益的惡習，盜賊就自然會消失。這種種話語都只是文飾〔註4〕，不足用來治國，因此想讓人民的行止有所歸屬，侯王就要帶頭過著素樸而少私欲的生活。此即六十四章所云：「是以聖人欲不欲，不貴難得之貨；教不教，復眾人之所過。是以能輔萬物之自然，而不敢爲。」不欲、不教則可清靜素樸，這便是輔助萬物讓它們自己成就自己，而不是人爲的去改變它們，此即是無爲。老子的無爲，其目的便在於不擾民，使人民自行其是，自然自在的生活著。

從上述十九、五十七、五十八章的內容可知：老子認爲理想的國民是樸實純眞的人，因此執政者的工作就是盡力保持人民的樸實純眞，不使其變質，而人民既然質樸，當然便容易治理。這份對質樸的堅持，很容易被誤以爲是愚民政策，六十五章云：

古之爲道者，非以明民也，將以愚之也。夫民之難治也，以其智也。

故以智治邦，邦之賊也；以不智治邦，邦之德也。

此言人民之所以難以治理，是因爲他「智」，因此爲道者以「愚」之爲務。這裡愚與智相對，其實是質樸與狡詐相對，這與愚民政策其實有所不同。老子所謂的愚，並非是智力蠢笨，而是指性格質樸。從五十七、五十八章的言論

〔註3〕王威威云：「竹簡本中的智、辯、巧、利、僞、慮都不是哲學概念範疇，只是一種人的行爲內容，十分統一。而帛書本等版本保留巧和利，改智、辯、僞、慮爲聖、智、仁、義，此四者是儒家思想的重要概念，與巧和利不是同一層次，可確定爲後來改動，改動後有直指儒家思想進行批判的意味。」見《莊子學派的思想演變與百家爭鳴》（北京：人民出版社，2009年11月第1版），頁240。

〔註4〕陳錫勇：《老子釋義》，頁49～50。

可知，執政者的少私寡欲帶動臣民的樸實純眞，與其說是愚弄，不如說是價值觀的扭轉。君子之德風，小人之德草，風行草偃。楚王好細腰而有人餓死，上有所好，下必遵之，這是國家型態的必然法則，因此執政者的行爲觀念會影響下面的臣民，想要臣民質樸，執政就必須建立相對的質樸典範，這種典範的要求其實是另一種對執政者的牽制。

在執政者建立質樸典範之後，另一個重要的聲明是去除暴力壓迫、刑法殺罰，七十四（通行本七十二）章云：

> 民之不畏威，則大威將至矣。勿狹其所居；勿壓其所生。夫唯不壓
> 也，是以不厭。是以聖人自知而不自見也；自愛而不自貴也。

有些人主張君王應當彰顯他的威嚴，使人民懼怕他，殊不知，人民若對恐懼感到麻木，一旦不懼怕統治者的威嚴，那麼更可怕的禍患就來臨了。因此統治者不應脅迫威壓人民的生活，要使人民可以過著舒適的生活，如此人民便會愛戴統治者。因此，聖人自知自愛，不自我表揚、不自顯高貴，人民反而會替他表揚、以他爲貴。七十六（通行本七十四）章亦云：

> 若民恒且不畏死，奈何以殺懼之也？若民恒是死，爲者吾得而殺之，
> 夫孰敢矣。若民恒且必畏死，則恒有司殺者。夫代司殺者殺，是代
> 大匠斲也；夫代大匠斲者，則希不傷其手矣。

此言統治者如果嚴刑太過，守法是死，造反也是死，人民鋌而走險，悍不畏死，那麼刑法威殺不但無用，反而是致亂的根源。如果統治者無爲而治，人民過著安居樂業的生活，便會珍惜生命，恐懼死亡，此時將行爲奇邪的人施以殺刑，便能達到震懾人民的目的。然而這種對人民的刑戮其實是干犯了天道的常法，河上公注曰：「天道至明，司殺有常，猶春生夏長，秋收冬藏，斗杓運移，以節度行之。」〔註5〕萬物運行自有其生死法則，如今統治者以殺刑加諸於人民，好比不專業的普通人代替專業的木匠去砍木頭，鮮少有不砍傷自己的手的，這種危險是統治者所要警惕的。

執政者應當讓萬物自然運行，不要干涉太多，因此最好不要妄動殺機，但是要如何才能避免殺伐呢？最好的方式就是在禍亂未起之時便消滅它，六十四章云：

> 其安，易持也；其未兆，易謀也；其脆，易畔也；其幾，易散也。
> 爲之於其未有也，治之於其未亂也。合抱之木，生於毫末；九成之

〔註 5〕 王卡點校：《老子道德經河上公章句》，頁 286。

臺，作於纍土；百仞之高，始於足下。

治理事物，在安定的狀態下較容易持守。在事變還沒有徵兆之時，是較容易謀畫對策的；在事物還脆弱未成氣候之時，是較容易分裂的；在事發還在初始幾微之時，是較容易使其散逸無蹤的。合抱的大樹，是從細小的幼芽長成的；九層的高臺，是由一堆泥土積壘而成的；千里的遠行，是從腳下開始走出來的。凡事都是從小而大漸漸長成的，因此處理事情若能在細小時便注意其發展狀態，防患於細微之時，那麼便不需要大動干戈。此即六十三章所謂：「圖難乎其易也，為大乎其細也。天下之難作於易，天下之大作於細，是以聖人終不為大，故能成其大。」聖人往往在事情的徵兆一出，不等到事態擴大，便將事情處理完畢，因此看似總在處理一些雞毛蒜皮的小事，殊不知正因為處理好這些小事，才成就了他的大業。治亂有一個悖論，防患於未然者無名，而等患禍出現才消除患禍的則成為英雄，故《莊子》云：「聖人無名」。

　　統治者管理人民，欲使其不亂，只要能滿足人民的基本需求，使人民純樸天真，也就不難治理。人活著的基本需求便是食物，人民若能夠吃飽，也就不容易出亂子，反之，若令人民飢餓無食，那麼什麼禍亂都會出來了。其次是要使人民思想的純真無邪，若上位者只顧著追名逐利，人民起而效仿，以致於奸邪並起，人民皆重利輕死，國家就會陷入混亂。七十七（通行本七十五）章云：

　　人之飢也，以其取食稅之多也，是以飢。百姓之不治也，以其上又以為也，是以不治。民之輕死，以其求生之厚也，是以輕死。夫唯無以生為者，是賢於貴生。

此言人飢餒，是因為國家收取的糧食稅太多；百官無法好好的治理人民，是因為上位者做為太多、打擾太過；民不在意死亡，是因為他們追求厚生，致死不厭。民吃不飽，上位者只知道厚養其身，導致上下競相投入名利場，這都是貴生之過。若上位者能不貴生，過著儉約的生活，不苛待人民，上下皆過著純樸的生活，國家也就平治了。此即八十一章（通行本七十九章）所謂：「故有德司契，無德司徹。夫天道無親，恒與善人。」有德之君不以所執右契責於負債人，貸而不取；無德之君責取人民之稅金，不貸而取。天道不偏不倚，只降福給有德之人。又，七十九（通行本七十七）章云：「故天之道，損有餘而益不足；人之道，損不足而奉有餘。孰能有餘而有以取奉於天者乎？

唯有道者乎！」又，六十八章（通行本八十一章）：「聖人無積，既以為人，己愈有；既以予人，己愈多。故天之道，利而不害；人之道，為而不爭。」這都是在告訴戒統治者不應貪求財貨，應該藏富於民。

由此，若上下皆能過著純樸的生活，也就不會有奸邪之事產生，十二章亦云：

> 五色使人目盲，馳騁田獵使人心發狂，難得之貨使人行妨，五味使
> 人之口爽，五音使人之耳聾。是以聖人之治也，為腹而不為目，故
> 去彼取此。

此言繽紛的色彩，使人眼花撩亂看不清；縱情遊獵，使人心放蕩狂亂；珍稀貨物，使人行為偏差；珍饌美味，使人味覺麻木；紛雜的聲音，使人聽覺不敏。所以聖人治理百姓，主要使人民溫飽，而不追求聲色的愉悅。陳錫勇老師《老子釋義》指出：五色、五味、五音是禮文所備，此言聖人之治，應該減省禮文的繁縟。〔註6〕

追求聲色、珍稀貨物、遊樂嬉戲都會使人民走向巧智邪惡之路，這是國家紛亂的源頭，所以第三章亦云：

> 不尚賢，使民不爭。不貴難得之貨，使民不為盜。不見可欲，使民
> 不亂。是以聖人之治也，虛其心，實其腹，弱其志，強其骨。恒使
> 民無智無欲也，使夫智不敢、不為而已，則無不治矣。

此言不崇尚賢能，使人民不爭名；不珍愛難得的物品，使人民不竊盜；不炫耀可貪圖的事物，使人民不起亂心。所以聖人治理百姓要令人民心智無邪，無有飢餒之患，沒有競爭之心，身強體健。若能常使人民無知無欲，使智巧之人不敢妄為，那麼天下就沒有治不好的了。

二、守弱不爭的外交

侯王治國，內政以不擾民為主，外交的部分則應當自謙處下為本，六十一章云：

> 大邦者，下流也，天下之牝。天下之郊也，牝恒以靜勝牡。為其靜
> 也，故宜為下。大邦以下小邦，則取小邦；小邦以下大邦，則取於
> 大邦，故或下以取，或下而取。大邦者，不過欲兼畜人；小邦者，
> 不過欲入事人。夫皆得其所欲，則大者宜為下。

〔註 6〕 陳錫勇：《老子釋義》，頁36。

此言對待他國要像處在江河下游一般謙下，才能如江海納百川，又如富母性的牝一般柔靜又富包容心，才能勝過剛強的牡。若大國能謙下對待小國，則小國必然來歸附；若小國能謙下對待大國，則必受大國的接納。六十六章亦云：「江海所以為百谷王者，以其能為百谷下，是以能為百谷王。」江海之所以能容納百川，是因為善於謙卑為下，不與人爭勝，因為他不爭，故天下莫能與之爭。這種守柔卑下，以弱勝強的說法，容易引出陰謀論，三十六章云：

> 將欲翕之，必固張之；將欲弱之，必固強之；將欲去之，必固舉之；
> 將欲取之，必固予之；是謂微明。柔弱勝強。魚不可脫於淵，邦利
> 器不可以示人。

此言將欲翕之、弱之、去之、取之，必先張之、強之、舉之、予之，這種欲取先予之法，可以解釋成國君與臣下或大臣與大臣之間的權謀之術，但是用在國家對國家的鬥爭也適用，五十七章云：「以正之邦，以奇用兵」，在戰場上，示敵以弱，再乘隙取勝，這些都是為下思想的應用。《黃帝四經・稱》與此有相通的說法，其云：「諸陰者法地，地之德安徐正靜，柔節先定，善予不爭。此地之度而雌之節也。」雌節即是守柔不爭的態度，《四經》將《老子》的不爭轉化成不爭之爭，不爭成為爭的一種手段，是種陰謀。

「魚不可脫於淵」應該便是《韓非子・說林》所述齊人說服靖郭君不築薛城而引用的海大魚故事，大魚在海中魚網繩鉤皆無法得之，一旦離水而上陸，則螻蟻得意焉。此將魚脫於淵作為邦國將利器示人的比喻，從〈說林〉的故事來看，此處的利器應該指國家的權勢，此言不可將國家權勢展示於人前，其實是一種示弱的表現，所以才說「柔弱勝強」，這是另一種陰謀手法。

綜觀《老子》一書，三十六章的這種陰謀手法，應該不是《老子》思想的主流，其所謂的守弱不爭不應該是一種陰謀手法，而是一種謙虛的態度，所以才稱之為不爭之德。如：四十章（通行本四十一章）亦云：「尚德如谷」，二十八章云：「知其白，守其辱，為天下谷」，二十三章（通行本二十二章）云：「夫唯不爭，故莫能與之爭」，這都是要人們處下、處眾人之所惡的不利之處，都說不爭而能得勝，這與謙卑處下的觀念有很大的關係，而這種卑下不爭的態度正合於天道，七十章（通行本六十八章）云：

> 善為士者不武，善戰者不怒，善勝敵者不與，善用人者為之下。是

謂不爭之德，是謂用人，是謂配天，古之極也。

此言善爲將領者，不逞武勇；善於作戰者，不會被激怒；善勝敵者，不與人對敵；善用人者，待人處下，這種不爭之德正合於恆常不變的天道。

三、守慈的用兵之道

因爲《老子》以謙下不爭爲外交政策，對於用兵態度當然是採取消極的作法，三十一章云：

夫兵者，不祥之器也。物或惡之，故有道者不居。……故曰兵者不祥之器也。不得已而用之，銛䄂爲尚，弗美也；美之，是樂殺人。夫樂殺，不可以得志於天下矣。……故殺人眾，則以哀悲莅之；戰勝，則以喪禮居之。

此言刀兵是不祥之器，大軍之後，必有凶年，因此萬物惡之，有道者亦避而遠之，不得已而用之。如在不得已的情況下興兵，要淡然處之，不可以稱揚戰果。若稱揚戰果，是樂於殺人，如此則無法順利治理天下。戰事一起，無論勝敗都死傷慘重，故要以悲哀的心情來處理，以示殘殺百姓，不祥之甚。

又，三十章亦云：

以道佐人主者，不欲以兵強於天下。善者，果而已，不以取強。果而不驕，果而不矜，果而不得已居，是謂果而不強。

此言用道輔佐君主的人，不靠用兵稱強天下。善於用兵的人，功成便止，不以此逞強。成功之後，不驕矜、不誇耀、不依恃。凡是用兵而不知止，得到戰果還不知收斂，這是不知物極必反之道，必定會有危險。所以七十一（通行本六十九）章云：

用兵有言曰：「吾不敢爲主而爲客，吾不敢進寸而退尺。」是謂行無行；攘無臂；執無兵；扔無敵。

此言用兵當以應敵爲主，看對方的進犯情況而採取對策，這樣才能令對方不知自己的行動，無法防範應對，此即所謂行無行。這種以應敵爲主的消極態度，看似消極，其實是另一種積極的應對。七十八（通行本七十六）章即云：「兵強則不勝」。

六十九（通行本六十七）章云：

我恒有三寶，持而寶之。一曰慈，二曰儉，三曰不敢爲天下先。夫慈，故能勇；儉，故能廣；不敢爲天下先，故能爲成事長。今捨其

慈，且勇；捨其儉，且廣；捨其後，且先，則必死矣。夫慈，以戰
則勝，以守則固。天將建之，如以慈垣之。

蔣錫昌解釋云：

老子談戰，談用兵，其目的與方法不外「慈」之一字。人君用兵之
目的，在於愛民，在於維護和平，在於防禦他國之侵略；其方法在
以此愛民之心感化士兵，務使人人互有慈愛之心，入則守望相助，
出則疾病相扶，戰則危難相惜。夫能如此，則此兵不戰則已，戰則
無有不勝者矣。〔註7〕

此章所謂慈、儉、不敢為天下先都是執政者要遵守的法則：以慈愛治民，人
民必以敬愛回報，故戰爭時人人奮勇禦敵。以儉嗇治民，不強徵暴斂，才能
厚養人民，戰爭時有雄厚的民力在背後支持，必能致勝。執政者不敢為天下
先，亦即謙虛處下，表現在戰爭上便是上述的用兵不敢為主而為客，戰爭的
目的是防禦而非侵略，師出有名，理直氣壯，軍心士氣必定更高昂。反之，
若對人民無慈愛之心，又以侵略為務，必入死地。所以說，如果有上天希望
建立的國家，那必定是一個能夠慈愛安養人民的國家。五十九章即云：

治人事天莫若嗇，夫唯嗇，是以早服，早服是謂重積德。重積德則
無不克，無不克則莫知其極。莫知其極，可以有國。有國之母，可
以長久。

此謂治人事天莫若如農夫之愛惜穀物，有餘之時便早作準備積蓄儲糧，以防
不時之需。此用農夫之積蓄穀物比喻侯王應當積德，逮事之至，才能應變無
窮，無所不克，沒有人可以知道他力量的極至，這樣才算掌握治國之理則，
才能長久擁有國家。慈、儉、不敢為天下先三者正是積德的具體方針。

《老子》所謂的慈、儉、不敢為天下先，是守柔，卻不是懦弱，不敢也
需要勇氣，七十五（通行本七十三）章云：

勇於敢者則殺，勇於不敢者則活。此兩者或利或害，天之所惡，孰
知其故？

此言凡事有所為，有所不為，凡事勇敢爭前不見得是利，而不敢進取亦不見
得是害，天下萬事萬物的利與害不是平常人能夠預測的，不能只靠一己之知
來判斷吉凶。

由上論可知，《老子》執政理論的執行方針以「無為」為宗，如：「聖人

居無爲之事」（二章）、「不爲而已，則無不治矣。」（三章）、「不言之教、無爲之益，天下希能及之矣。」（四十三章）、「我無爲而民自化」（五十七章）、「聖人無爲故無敗」（六十四章）。無爲之治便是不頻發政令，目的是不擾民，故曰「不言之教」，推以外交，便是不爭；推以軍事，便是反戰。《莊子》雖亦有無爲之論，但與《老子》有所不同，將於下一節申論之。

第二節　《莊子》的「虛靜」無爲

　　《莊子》的政治理論的執行方針也講無爲，但是與《老子》所謂的無爲內涵有所不同。《老子》所謂無爲的重點在「不言」，落實在實際的行動指導上，指的是不頻發政令、不擾民、不爭；《莊子》的無爲主要在強調心志精神上的修養，即所謂虛靜恬淡寂漠無爲者。《莊子》依此心志精神修養爲基礎，發展在對現實政治事務處理上，可分成君的無爲與臣的無爲。

一、無爲的內涵

　　《莊子》所謂的無爲，可以〈天道〉爲代表，其提出「虛靜恬淡寂漠無爲」，其云：

> 夫虛靜恬淡寂漠无爲者，萬物之本也。明此以南鄉，堯之爲君也；明此以北面，舜之爲臣也。以此處上，帝王天子之德也；以此處下，玄聖素王之道也。以此退居而閒游江海，山林之士服；以此進爲而撫世，則功大名顯而天下一也。靜而聖，動而王，无爲也而尊，樸素而天下莫能與之爭美。

此言虛靜恬淡寂漠無爲是萬物的根源，也是君臣處事的基本原則，以此原則處事，不管是作爲有位有德的帝王，或是有德無位的聖人；不管是以此治理天下，或是退隱山林；不管動或靜，皆可進退自如。〈刻意〉有與此相乎應的說法，其云：

> 故曰：「夫恬淡寂漠虛无无爲，此天地之平而道德之質也。」故曰：「聖人休焉。」休則平易矣，平易則恬淡矣。平易恬淡，則憂患不能入，邪氣不能襲，故其德全而神不虧。……其神純粹，其魂不罷。虛无恬惔，乃合天德。

又云：

> 故曰：「純粹而不雜，靜一而不變，惔而无爲，動而以天行。」此養

神之道也。

此處的「恬淡寂漠虛无无爲」與〈天道〉的「虛靜恬淡寂漠无爲」稍有不同，前者以無來形容虛，後者以靜來形容虛。〈刻意〉進一步解釋聖人休息，故而平易而恬淡，如此便能憂患不入，邪氣不襲，便能全德而精神純粹。其後又云：精神清靜，專一不變，恬淡無爲，順天而動，此即爲保養精神的方法。這當中並沒有進一步解釋虛無的意思，反而與〈天道〉所云相通，〈天道〉云：「虛則靜，靜則動，動則得矣。靜則无爲，无爲也則任事者責矣。」這是指內心虛空安靜，如此便可無爲，以此治事，人們便能各盡其責。以此安靜虛空之精神去治理國家，便是理想的君王。〈天道〉對無爲的說明偏重的治人處事的方法，〈刻意〉著重的則是精神的修養方法。

　　另外，〈庚桑楚〉提到修養心志的方法時，亦提到靜、虛與無爲的關係，其云：「正則靜，靜則明，明則虛，虛則无爲而无不爲也。」意謂：心志平正安靜，便能明徹道理，便能內心虛空無爲，如此便能無不爲。所謂無不爲，理應包含萬物萬事無所不可爲，而政治也當在其中。

　　由上述可知，《莊子》的無爲主要是對心神修養的形容，如：〈刻意〉與〈庚桑楚〉所言，而〈天道〉除了對心志精神的描述之外，更提出了無爲在政治上的運用。

　　再看《莊子》其他提及無爲的地方，發現《莊子》常用無爲來描述道，如〈大宗師〉云：

　　　　夫道，有情有信，无爲无形。

此直云道無爲無形。又，〈則陽〉云：

　　　　萬物殊理，道不私，故无名。无名故无爲，无爲而无不爲。

此進一步形容道：無私、無名、無爲而無不爲。

　　又，〈至樂〉提到無爲可以定是非，其云：

　　　　天下是非果未可定也。雖然，无爲可以定是非。至樂活身，唯无爲
　　　　幾存。請嘗試言之：天无爲以之清，地无爲以之寧。故兩无爲相合，
　　　　萬物皆化生。芒乎芴乎，而无從出乎！芴乎芒乎，而无有象乎！萬
　　　　物職職，皆從无爲殖。故曰：「天地无爲也而无不爲也。」人也孰能
　　　　得无爲哉！

此所謂「天无爲以之清，地无爲以之寧。」從《老子》三十九章：「天得一以清，地得一以寧」轉化而來，一即道，如此可知〈至樂〉所謂無爲應是對道

的形容，故而根據天地無爲而化生萬物，以此提出無爲可以定是非。

另外，〈在宥〉提出道可分成：天道無爲與人道有爲，其云：

> 何謂道？有天道，有人道。无爲而尊者，天道也；有爲而累者，人
> 道也。

此處的道是理則義而非本體義，指天的理則與人的理則，故而有無爲與有爲
之分。然而《莊子》所謂的人道有爲，其實是抱持著無爲的心神修養去做事，
所以就其根本理路上，標榜的還是無爲，此將在下文「臣之無爲」的地方詳
細論述。

〈天道〉、〈刻意〉等篇提出虛靜、恬淡、寂漠、虛無等無爲的修養境界，
〈田子方〉則提出了任自然的修養方法，在老聃回答孔子的疑問時，老聃以
水爲喻，說明無爲自然，其云：

> 夫水之於汋也，无爲而才自然矣。至人之於德也，不修而物不能離
> 焉。

無爲如水之湧，自然而行，故至人之無爲不必刻意修行。此說與〈知北遊〉
所謂「至人无爲」相通。由此看來，無爲似乎不是透過修養功夫得到的，但
是〈在宥〉卻提出無爲的「心養」功夫。

〈在宥〉第四段提到雲將東遊而遇鴻蒙，雲將對人民的依順感到困擾，
於便對鴻蒙提問，鴻蒙給他的評語是：「治人之過也！」又進一步說明心養的
方法，其云：

> 汝徒處无爲，而物自化。墮爾形體，吐爾聰明，倫與物忘，大同乎
> 涬溟。解心釋神，莫然无魂。萬物云云，各復其根，各復其根而不
> 知。渾渾沌沌，終身不離。若彼知之，乃是離之。无問其名，无窺
> 其情，物固自生。

此言只要無爲，萬物便會自然化育。所謂無爲，便是忘掉形體，去掉聰明，
解放心神，如此便能使萬物自然生長。這種說法與〈大宗師〉所謂的坐忘相
同，其云：「墮肢體，黜聰明，離形去知，同於大通，此謂坐忘。」忘物、忘
己、忘人等無不忘是天人（〈庚桑楚〉）、聖人之德（〈德充符〉、〈刻意〉）。

上述幾章以無爲形容道，〈知北遊〉有駁論，其在泰清問道一段舉了幾位
虛構人物，其云：

> 於是泰清問乎无窮曰：「子知道乎？」无窮曰：「吾不知。」又問乎
> 无爲，无爲曰：「吾知道。」曰：「子之知道，亦有數乎？」曰：「有。」

曰：「其數若何？」无爲曰：「吾知道之可以貴，可以賤，可以約，可以散，此吾所以知道之數也。」泰清以之言也問乎无始，曰：「若是，則无窮之弗知與无爲之知，孰是而孰非乎？」无始曰：「不知深矣，知之淺矣；弗知內矣，知之外矣。」於是泰清中而歎曰：「弗知乃知乎，知乃不知乎！孰知不知之知？」无始曰：「道不可聞，聞而非也；道不可見，見而非也；道不可言，言而非也！知形形之不形乎！道不當名。」

此處泰清、无窮、无爲、无始這些虛構人物的名字都是有喻意的，分別代表了各種對道的領悟，其云无窮才是知道之深者，而无爲謹是知道之淺者。這段對話與〈知北遊〉首段提到知遇到无爲謂、狂屈、黃帝等人相似，只是〈知北遊〉中，知問道而不言者是无爲謂，而問道而言者是黃帝，並引《老子》五十六章：「知之者不言，言之者不知。」與四十三章：「不言之教、無爲之益」，而云：「夫知者不言，言者不知，故聖人行不言之教。」所以无窮與无爲謂不言才是眞知道者，而无爲與黃帝雖可言道，實則不知道。〈知北遊〉的知與泰清問道這兩段文字，雖然類似，但是有所衝突。知問道一段指出无爲謂是眞知道者，而泰清問道一段卻云无爲謹是知道之淺者，似在批評人多以無爲爲道，實則無爲非道也，因爲道不可言，言而非也。這是繼承《老子》第一章：「道，可道也，非恒道也。」堅持認爲凡事可言說的皆非道，沒有任何變通的說法，以無爲形容道者，仍是淺者。這樣一來就容易演變成極端的虛無主義，而如果放棄一切言語的說明，世界上根本就沒有任何辦法可以證明這無形不可名的道是否存在，這也是道家學說的弔詭處，因此《莊子》的其他地方大多還是認同以無爲來說明道的做法。

另外，還有以無爲解釋逍遙者，例如：〈逍遙遊〉云：「彷徨乎无爲其側，逍遙乎寢臥其下。」，〈大宗師〉云：「芒然彷徨乎塵垢之外，逍遙乎无爲之業。」〈天運〉云：「以遊逍遙之虛，食於苟簡之田，立於不貸之圃。逍遙，无爲也。」〈達生〉云：「芒然彷徨乎塵垢之外，逍遙乎无事之業，是謂爲而不恃，長而不宰。」莊萬壽《莊子學述》指出：大抵在西漢以前，逍遙一詞殆訓爲遊，而凡逍遙之字皆與無爲之義相涉。〔註8〕上述的逍遙指的是心境上的自由自在，基本上與政治無涉，猶如〈讓王〉所云：「日出而作，日入而息，逍遙於天地之間，而心意自得。吾何以天下爲哉！」逍遙的無爲強調心意自

〔註8〕 莊萬壽：《莊子學述》，《國文研究所集刊》第 14 期（1970 年），頁 50。

得，〈天道〉的無爲強調虛靜恬淡精神狀態，兩者稍有區別。

由上述對無爲的描述，可以看到《莊子》中至少存在三種對政治的態度〔註9〕：一、不否定政治，如：〈天道〉爲主的無爲，提出：君臣應以無爲的心神修養去行政事；二、否定政治，以〈在宥〉雲將東遊故事爲代表，鴻蒙否定治人，而提出心養功夫的無爲；三、不涉及政治，如：〈知北遊〉泰清問道，以無爲乃知道之淺者的極端虛無主義，另有一種以逍遙解釋無爲者。其中，除了第三種態度沒有提到政治思想，第一種是不否定政治體制的，屬於本論文所謂的先聖後王系統，第二種是否定政治行爲的，屬於本論文所謂的反政治系統。其中，先聖後王系統提出了君與臣皆以無爲的心神去處理政事，而反政治系統則是全盤否定治國的行爲，故其亦論君以無爲治國，然其無爲的意涵又與先聖後王系統略有不同，以下便先論君之無爲，再論臣之無爲。

二、君之無爲

《莊子》論述君王以無爲治國，可分成反政治系統與先聖後王系統。其中反政治系統的無爲是指否定一切治國的行爲，主要從保全人的自然本性切入，〈在宥〉可爲代表，此篇一開頭便云：「聞在宥天下，不聞治天下也。」第一段解釋在宥之意，云：

在之也者，恐天下之淫其性也；宥之也者，恐天下之遷其德也。天下不淫其性，不遷其德，有治天下者哉？

此言所謂的「在宥」，意即使天下自在任性，因此古代所謂的明王暴君皆不符合這個要求，其云：

昔堯之治天下也，使天下欣欣焉人樂其性，是不恬也；桀之治天下也，使天下瘁瘁焉人苦其性，是不愉也。夫不恬不愉。非德也；非德也而可長久者，天下无之。人大喜邪？毗於陽；大怒邪？毗於陰。陰陽並毗，四時不至，寒暑之和不成，其反傷人之形乎！使人喜怒失位，居處无常，思慮不自得，中道不成章。於是乎天下始喬詰卓鷙，而後有盜跖曾史之行。故舉天下以賞其善者不足，舉天下以罰

〔註9〕 林聰舜：〈莊子無爲政治思想的幾層意義〉與本論文的分類相似，其分成三類：一、徹底的無爲：徹底消除政治上的干涉，擺脫人類文明；二、不徹底的無爲：承認某種社會規範或政治秩序；三、精神境界的無爲：心齋。見《漢學研究》第 11 卷第 1 期（1993 年 6 月），頁 1～14。

其惡者不給。故天下之大不足以賞罰。自三代以下者，匈匈焉終以
賞罰爲事，彼何暇安其性命之情哉！

此言堯治理天下時，使人喜樂；桀治理天下時，使人憂患。然而不管是喜樂
或憂患都對人類本性的擾亂，因此都無法長久。然而眾人卻以喜樂和憂患
來定善惡賞罰，因此才有盜跖與曾、史之行，而三代以下亦以賞罰來治天
下，這樣根本無法使人民本性恢復安靜。因此其結論是：治理天下應當無
爲，其云：

故君子不得已而臨莅天下，莫若无爲。无爲也而後安其性命之情。
故貴以身於爲天下，則可以托天下；愛以身於爲天下，則可以寄天
下。故君子苟能无解其五藏，无擢其聰明，尸居而龍見，淵默而雷
聲，神動而天隨，從容无爲，而萬物炊累焉。吾又何暇治天下哉！

此言君子如果不得已非得治理，應當無爲而治。無爲的表現是：克制欲望，
不顯露聰明，安居不動，精神順合自然，如此君子便能從容無爲而天下萬物
卻能自生自長。劉笑敢將此段歸入黃老派，然而若將其與《黃帝四經》以形
名治國的思想作比較，會發現兩者雖然皆講無爲，然而其無爲的內涵並不相
同，黃老之治並不否定政治行爲，其無爲是訂定法律，垂拱而治，而〈在宥〉
同時否定了明王與暴君的存在，認爲天下並無須去治理，其無爲是指不治理、
不作爲。

〈在宥〉將堯與桀相提並論，並批評堯的做法也是不當的治理方法，而
〈天地〉伯成子高評論三代之政，此與同樣否定以賞罰治天下的做法，但是
對於堯的評價卻與此不同，其云：

昔堯治天下，不賞而民勸，不罰而民畏。今子（指禹）賞罰而民且
不仁，德自此衰，刑自此立，後世之亂自此始矣！

此言後代的亂世始於禹的以賞罰治天下，卻以堯爲不賞不罰的典範。堯的做
法近似無爲而治，而禹則是以法治天下，以儒家的兩代聖王分別代表不同的
政治態度，可見這位作者並非針對儒家而來，反而是藉由儒家的聖王來說理，
這是先聖後王系統常見的態度，與〈在宥〉極力攻擊儒墨的風格不同。

〈在宥〉第二段崔瞿提出：「不治天下，安藏人心？」這個問題，而老聃
的回答是「无攖人心」，其云：

昔者黃帝始以仁義攖人之心，堯舜於是乎股无胈，脛无毛，以養天
下之形。愁其五藏以爲仁義，矜其血氣以規法度。然猶有不勝也，

> 堯於是放讙兜於崇山，投三苗於三峗，流共工於幽都，此不勝天下
> 也。夫施及三王，而天下大駭矣。下有桀跖，上有曾史，而儒墨畢
> 起。於是乎喜怒相疑，愚知相欺，善否相非，誕信相譏，而天下衰
> 矣。

此言自黃帝開始有了擾亂人心之事，之後的堯舜也忙於以仁義法規治理天下，但是天下並沒有因此大治，反而有讙兜、三苗、共工等人的亂事，等到夏商周三代，天下更是大受驚擾，而有了桀、跖之惡與曾、史之善，儒、墨等學派之爭也蜂起，人們因此而相疑、相欺、相非、相譏，天下也就衰微了。最後老聃總結天下大亂的根源便在於擾亂人心，故其云：「絕聖棄知，而天下大治。」〔註10〕〈天運〉老聃告訴子貢的話與此相通，其云：

> 黃帝之治天下，使民心一，民有其親死不哭，而民不非也。堯之治
> 天下，使民心親。民有爲其親殺其殺，而民不非也。舜之治天下，
> 使民心競，民孕婦十月生子，子生五月而能言，不至乎孩而始誰，
> 則人始有夭矣。禹之治天下，使民心變，人有心而兵有順，殺盜非
> 殺，人自爲種而天下耳。是以天下大駭，儒墨皆起。其作始有倫，
> 而今乎婦，女何言哉！余語汝，三皇五帝之治天下，名曰治之，而
> 亂莫甚焉。

此言黃帝使民心同一，堯使民心親愛，舜使民心競爭，禹使民心生變，故而因此天下大爲驚恐，而有儒墨等學派的爭議，所以說三皇五帝的作爲，名爲治天下，其實是亂天下。〈則陽〉亦有關於時人對於人心的討論，其云：

> 長梧封人問子牢曰：「君爲政焉勿鹵莽，治民焉勿滅裂。昔予爲禾，
> 耕而鹵莽之，則其實亦鹵莽而報予；芸而滅裂之，其實亦滅裂而報
> 予。予來年變齊，深其耕而熟耰之，其禾繁以滋，予終年厭飧。」
> 莊子聞之曰：「今人之治其形，理其心，多有似封人之所謂。遁其天，
> 離其性，滅其情，亡其神，以眾爲。故鹵莽其性者，欲惡之孽，爲
> 性萑葦蒹葭，始萌以扶吾形，尋擢吾性。並潰漏發，不擇所出，漂
> 疽疥癰，內熱溲膏是也。」

此言長梧封人認爲從事政事應當如耕種一般，要深耕細作，而不能粗疏輕率。

〔註10〕 陳錫勇老師認爲《老子》十九章：「絕智棄辨，民利百倍。絕爲棄作，民復孝慈。」今通行本改爲「絕聖棄智」、「絕仁棄義」，概因《莊子》此文，而非《莊子》引用《老子》。

莊子批評說：當今的人對待自己的形體心神多如長梧封人一般，去其天性神情，那些粗率的對待本性的人，造成欲求和憎惡滋生。不管如何小心翼翼的去對待本性，其實都是「攖人心」，所以最好的方式是無爲。

〈在宥〉從黃帝改變人心說起，直到批評儒、墨顯學爲止，明白的指出絕聖棄智，這都是不尚智、不尚賢的主張，這是因爲尚智尚賢都是擾亂人心的根源，故〈庚桑楚〉云：

> 舉賢則民相軋，任知則民相盜。之數物者，不足以厚民。民之於利甚勤，子有殺父，臣有殺君；正晝爲盜，日中穴阫。吾語女，大亂之本，必生於堯舜之間，其末存乎千世之後。千世之後，其必有人與人相食者也。

指言因堯舜舉賢任智，因此大亂由此而生，〈徐无鬼〉齧缺遇到許由將逃堯，與此有類似的說法，其云：

> 夫堯，畜畜然仁，吾恐其爲天下笑。後世其人與人相食與！夫民，不難聚也，愛之則親，利之則至，譽之則勸，致其所惡則散。愛利出乎仁義，捐仁義者寡，利仁義者衆。夫仁義之行，唯且无誠，且假乎禽貪者器。是以一人之斷制利天下，譬之猶一覕也。夫堯知賢人之利天下也，而不知其賊天下也。夫唯外乎賢者知之矣。

此言人民容易受到愛、利、譽的引誘，堯行仁義，便是以仁義之利引誘人民，殊不知此所謂利，實是大害，導致後世之人爲爭仁義之名而幾近於相食。這種不尚智、不尚賢的說法是源於《老子》第三章：「不尚賢，使民不爭。」「恒使民無智無欲也，使夫智不敢、不爲而已，則無不治矣。」此種思考方式在批評統治者的各種作爲皆是使民心遠離純樸本性，故爲政應當無爲，即是不治天下，則天下治矣。

〈在宥〉第三段透謵黃帝與廣成子的問答，說明至道之精在於治身，而不在治國，提到神守乃能長生，亦是以精神的修養爲主的論題，正與第一段所謂君子修養精神，隨天而動，從容無爲，便無需治理天下的說法相合。

〈在宥〉第五段是總結所謂治國的錯誤，其云：

> 而欲爲人之國者，此攬乎三王之利，而不見其患者也。……悲夫，有土者之不知也！夫有土者，有大物也。有大物者，不可以物物；而不物，故能物物。明乎物物者之非物也，豈獨治天下百姓而已哉！

此言想要治理國家的人，只見到三代治國的好處，而沒有看到它們治國的壞處，這便是諸侯們的盲點。「有大物者，不可以物物」，郭象注云：「不爲物用，斯不物矣，不物，故物天下之物，使各自得也。」〔註11〕諸侯治理封地人民最好的方式便是不去主宰他們，使各自得，即〈讓王〉所云：「唯无以天下爲者，可以託天下也。」此即是無爲之爲，即可無爲而無不爲。

　　〈在宥〉諸段透過批評三皇五帝之治，申明不攖人心的重要，由此而推出不治之治的主張，這是反政治系統的政治觀。反政治系統認爲不管是明王，還是暴君；不管是用心治理，還是粗心大意，凡是治理的行爲皆是對民心的擾亂，君子如果不得已而治理天下，應當無爲，而其所謂的無爲是解五藏、拙聰明、不爲物累。反政治系統這種對君子的形容，很容易與先聖後王系統混淆，〈天道〉所謂虛靜恬淡寂漠無爲，這種對君臣心神修養要求，似與〈在宥〉所謂的君子無爲相通，而〈庚桑楚〉對聖人之道的形容亦與此有相通處，其云：

　　　　出爲无爲，則爲出於无爲矣！欲靜則平氣，欲神則順心，有爲也欲
　　　　當，則緣於不得已，不得已之類，聖人之道。

此解釋所謂無爲之爲，即平氣則形靜，順心則神定，凡爲皆緣於不得已。這便是〈天地〉所言：「无爲爲之之謂天，无爲言之之謂德」，〈天道〉亦云：「天德而出寧，日月照而四時行，若晝夜之有經，雲行而雨施矣！」如天地日月一般，逕自運行，平等對待萬物，任萬物自生自長，便是最好的治理方法。這種緣於不得已而爲之的無爲，偏重統治者的心性修養，看似與〈在宥〉相似，然而兩者的基本立場並不相同。反政治系統的〈在宥〉完全否定治理的行爲，故同時否定明王與暴君，而先聖後王系統並不否定治理的行爲，只是要求以修養心神爲本，而治理爲末，故而其肯定明王的存在。

　　先聖後王系統的代表〈應帝王〉，便提出所謂「明王之治」，其云：

　　　　明王之治，功蓋天下而似不自己，化貸萬物而民弗恃；有莫擧名，
　　　　使物自喜；立乎不測，而遊於无有者也。

此言明王治理天下時，功德廣被天下卻似與不出自於己，教化施於萬物而人民卻不會依賴他，使萬物自得其所卻無所稱道，自己則自由自在的處在深不可測虛靜之地。「化貸萬物而民弗恃」與《老子》的「爲而不恃」相通。「立乎不測，而遊於无有者」與〈大宗師〉所云：「聖人將遊於物之所不得遯而皆

_____

〔註11〕郭慶藩：《莊子集釋》，頁394。

存」相通。

〈應帝王〉又提出「遊心」之說，其云：

> 汝遊心於淡，合氣於漠，順物自然，而无容私焉，而天下治矣。

此言任心志處於恬淡的狀態，使形氣處於寂寞的狀態，順著萬物自然的本性而無私心，那麼天下就大治了。郭象注「遊心於淡」云：「其任性而無所飾焉則淡矣」〔註12〕，將遊心作任性解，此與不攪人心的態度可以相通。此處又指出治天下當「無容私」，類似的說法又見於〈則陽〉，其云：

> 四時殊氣，天不賜，故歲成；五官殊職，君不私，故國治；文武大
> 人不賜，故德備；萬物殊理，道不私，故无名。无名故无爲，无爲
> 而无不爲。

此言所謂的無爲，在天與文武大人的表現是不賜，在君與道的表現是不私，如果天、君、文武大人、道皆能無爲，則可歲成、國治、德備、無名無爲而無所不爲。此處的大人與〈徐无鬼〉澤及天下、生無爵、名不立的大人不同，應是上位者的泛稱，這裡所謂的文武大人可以理解成文臣與武將。《黃帝四經》亦提到所謂文武，〈君正〉云：「因天之生也以養生，胃（謂）之文；因天之殺也以伐死，胃（謂）之武。」文是掌生養，武是掌刑殺。此處的「萬物殊理」，與《黃帝四經》名理的觀念亦可通。可見〈則陽〉這一段話與《黃帝四經》的關係很密切。這裡「君不私，故國治」的說法與《老子》對聖人的描述相似，第七章即云：「是以聖人退其身而身先，外其身而身存。不以其無私歟？故能成其私。」因此如果不能做到無爲無私是沒資格成爲君主的，〈天地〉提到堯想請齧缺爲天子，許由的回答：

> 齧缺之爲人也，聰明睿知，給數以敏，其性過人，而又乃以人受天。
> 彼審乎禁過，而不知過之所由生。與之配天乎？彼且乘人而无天。
> 方且本身而異形，方且尊知而火馳，方且爲緒使，方且爲物絯，方
> 且四顧而物應，方且應眾宜，方且與物化而未始有恆。夫何足以配
> 天乎？雖然，有族，有祖，可以爲眾父，而不可以爲眾父父。

此言齧缺的爲人，聰明睿智，機敏敏捷，天賦過人，又用人爲來改變天然，他精於禁止過失，卻不知過失產生的根源。如果讓他做天子，他必定會依憑人爲而摒棄天然，以自己爲標準來區分人我，會崇尚巧智而謀急用，會被瑣事所役使，會被外物所拘束，會忙於應接四方事務，會事事求合宜，會受外

〔註12〕 郭慶藩：《莊子集釋》，頁 294。

物影響而沒有定則。這樣的人如何做天子呢？但是，有人群就要有首領，他可以做一方的官長，卻無法做一國的君主。

由上述可見，〈應帝王〉並不否定治理國家的行為，還提出了遊心與無私的治理方針，與〈在宥〉的反政治系統在基本態度便有不同。

先聖後王系統在要求君主的心神的修養，但是也不否定治國的餘事，所以也提出了一些施政方針，如：〈天地〉苑風與諄芒問答，提到所謂的「聖治」，其云：

> 官施而不失其宜，拔舉而不失其能，畢見其情事而行其所為，行言
> 自為而天下化。手撓顧指，四方之民莫不俱至，此之謂聖治。

此言設官施教能合宜，拔舉人才可以適能，明察事情而行所當為，言行自然可以化育天下，揮手舉目，四方之民沒有不歸附的，這就叫聖治。這裡的「官施而不失其宜，拔舉而不失其能」，明顯與反政治系統的不尚賢主張相悖，已有了宜與不宜、賢與不賢的分別心。同樣的分別心也出現在〈徐无鬼〉，黃帝問牧馬小童為天下，小童答云：

> 夫為天下者，亦奚以異乎牧馬者哉！亦去其害馬者而已矣！

這裡提到為天下要去其害馬，然而若就反政治系統的標準而言，所謂利與害皆是尚賢的分別心，所以只要任其自然即可，無所謂害不害，也就無需除害了，故而這種不特別推崇不尚賢主張的，當屬先聖後王系統。

〈天地〉又提到所謂「大聖之治天下」，其云：

> 蔣閭葂見季徹曰：「魯君謂葂也曰：『請受教。』辭，不獲命。既已
> 告矣，未知中否。請嘗薦之。吾謂魯君曰：『必服恭儉，拔出公忠之
> 屬而无阿私，民孰敢不輯！』」季徹局局然笑曰：「若夫子之言，於
> 帝王之德，猶螳蜋之怒臂以當車軼，則必不勝任矣！且若是，則其
> 自為處危，其觀臺多物，將往投迹者眾。」蔣閭葂覰覰然驚曰：「葂
> 也汒若於夫子之所言矣！雖然，願先生之言其風也。」季徹曰：「大
> 聖之治天下也，搖蕩民心，使之成教易俗，舉滅其賊心而皆進其獨
> 志。若性之自為，而民不知其所由然。……」

此言蔣閭葂勸魯侯，為政要恭敬節儉，選拔公正忠貞的人而沒有偏私。季徹聽了便笑他說：如果像他所說的這樣，那就像螳臂擋車一樣，朝廷將從此多事，魯侯將無法勝任。蔣閭葂請季徹說明一下，季徹解釋：聖人治理天下，教化人民，移風易俗，消除賊害的心念而增進心志專一，就好像本性便是如

此，人民卻不知道爲什麼會這樣。這裡「搖蕩民心」與〈在宥〉的不攖民心正好相悖，而「成教易俗」則是儒家的主張，但是其所求卻是合於自然之德，則是道家的理想境界，這種調和儒道的思想，是先聖後王系統主張。

另外，〈徐无鬼〉還提出了選擇大臣方法，其中一段提到管仲病了，桓公問他繼任人選的問答，首先提出鮑叔牙，管仲答云：

> 不可。其爲人絜廉善士也，其於不己若者不比之，又一聞人之過，
> 終身不忘。使之治國，上且鉤乎君，下且逆乎民。其得罪於君也，
> 將弗久矣！

此言鮑叔牙是一個廉潔的人，對於不如自己的人就不親近，一聽到別人的過錯，便終身不忘，如果讓他來治國，對上會約束國君，對下會違逆民意，不久就會獲罪於君了。最後管仲推薦了隰朋，其云：

> 其爲人也，上忘而下不畔，愧不若黃帝，而哀不己若者。以德分人，
> 謂之聖；以財分人，謂之賢。以賢臨人，未有得人者也；以賢下人，
> 未有不得人者也。其於國有不聞也，其於家有不見也。勿已，則隰
> 朋可。

此言隰朋不自矜才能，在上的人能與之相忘而處之安然，在下的人也不會叛離他，對自己要求很高，卻同情不如自己的人。用德感化人的叫聖，以才能分辨人的職務的叫賢。如果憑藉自己的賢名來傲視別人，沒有能得人心的；如果以謙虛的對待別人，沒有不得人心的。隰朋對國事不干預，對家事不苛察，如果不得已，只有他可以勝任國事。管仲這些分析很明顯就是在因才任事，雖然有否定依憑賢名來傲視他人的態度，但是這個論述的基本思考其實也是尙賢的，以隰朋與鮑叔牙相比，管仲認爲隰朋較優秀。

在先聖後王系統中，不管是任性的遊或是恬靜的無爲，都是對主體內心境界的要求，其理想的執政者便是要抱持這種內心境界去執政的君子、聖人，〈應帝王〉提到狂接輿與肩吾對君王態度的對話，其云：

> 狂接輿曰：「日中始何以語女？」肩吾曰：「告我君人者，以己出經
> 式義度人，孰敢不聽而化諸！」狂接輿曰：「是欺德也。其於治天下
> 也，猶涉海鑿河而使蚉負山也。夫聖人之治也，治外乎？正而後行，
> 確乎能其事者而已矣。」

此言所謂的君王並非以法度來使人聽命的人，而是必須先治內才能治外，先端正自己的內心，才能對外有所行動。然而當時符合這種內心境界的君王實

際上是不存在的，〈則陽〉柏矩將古之君與今之君相比，其云：

> 古之君人者，以得爲在民，以失爲在己；以正爲在民，以枉爲在己。
> 故一形有失其形者，退而自責。今則不然，匿爲物而愚不識，大爲
> 難而罪不敢，重爲任而罰不勝，遠其塗而誅不至。民知力竭，則以
> 僞繼之。日出多僞，士民安取不僞。夫力不足則僞，知不足則欺，
> 財不足則盜。盜竊之行，於誰責而可乎？

此言古代的君王，把所得歸功於人民，把所失歸咎於自己，現在的君王則不
然，隱匿眞相卻歸咎於人民愚蠢，製造困難卻歸罪於人民不敢做事，加重事
務卻懲罰不能勝任的人民，延長路程卻誅死趕不到的人民，人民能力不足以
應付君王的要求，於是只能作僞欺人，甚至去作強盜。

〈天地〉亦言：「君原於德而成於天。故曰：『玄古之君天下，无爲也，
天德而已矣。』」又云：「古之畜天下者，无欲而天下足，无爲而萬物化，淵
靜而百姓定。」遠古之君无爲而萬物化，現今之君則不然，〈人間世〉對衛君
的評語是：「其年壯，其行獨。輕用其國，而不見其過；輕用民死，死者以國
量乎澤若蕉，民其无如矣。」〈則陽〉王果批評楚王云：「夫楚王之爲人也，
形尊而嚴。其於罪也，无赦如虎。非夫佞人正德，其孰能橈焉！」像楚王這
種對罪人絕不赦免的嚴厲之君，只有奸佞之人或是正德之人才能打動他，一
般人根本無法應付。

因爲現今之君大多是這一類以不顧人民生死、嚴法執政之主，因此身爲
臣子必需面對更多的困難，〈山木〉便提到莊子穿著破衣破鞋去見魏王，魏王
問他何以如此困頓，莊子答云：

> 貧也，非憊也。士有道德不能行，憊也；衣弊履穿，貧也，非憊也，
> 此所謂非遭時也。王獨不見夫騰猿乎？其得柟梓豫章也，攬蔓其枝，
> 而王長其間，雖羿、蓬蒙不能眄睨也。及其得柘棘枳枸之間也，危
> 行側視，振動悼慄，此筋骨非有加急而不柔也，處勢不便，未足以
> 逞其能也。今處昏上亂相之間，而欲无憊，奚可得邪？此比干之見
> 剖心徵也夫！

莊子自言因不逢時而只能貧困度日，他以猿猴和比干爲例，說明現今處在君
主昏庸大臣作亂的時代，想要不困頓，又怎麼可能呢？因此爲臣者在面對這
些昏庸的國君時，亦需要有相對的心神修養，此即所謂臣之无爲。

三、臣之無為

　　《老子》的無為是針對治國的君主而發的，但《莊子》卻為臣子的立場提出許多建議，告訴臣子如何侍奉國君。〈人間世〉提到衛君行為專斷，不恤人民的生命，顏回想前往衛國勸諫衛君，仲尼認為他此去必死無疑，理由是：

> 德蕩乎名，知出乎爭。名也者，相軋也；知也者，爭之器也。二者凶器，非所以盡行也。且德厚信矼，未達人氣；名聞不爭，未達人心。而強以仁義繩墨之言術暴人之前者，是以人惡有其美也，命之曰菑人。菑人者，人必反菑之，若殆為人菑夫！

此言德因好名而失真，智因好爭而外露，假若你純厚不爭的品行無法令人了解接受，卻強以仁義規範的言論來勸諫別人，別人只會以為你是在申明自己的正確而害人入罪，那麼別人恐怕就會反過來害你，因此你必定會被人所害。所以仲尼告訴顏回要心齋，其云：

> 若一志，无聽之以耳，而聽之以心，无聽之以心，而聽之以氣。聽止於耳，心止於符。氣也者，虛而待物者也。唯道集虛。虛者，心齋也。……若能入遊其樊，而无感其名，入則鳴，不入則止。无門无毒。一宅而寓於不得已，則幾矣。……夫徇耳目內通，而外於心知，鬼神將來舍，而況人乎！是萬物之化也，禹、舜之所紐也，伏戲、几蘧之所行終，而況散焉者乎！

這裡指出面對暴虐之君要達到心齋的境界才能保全自身。所謂心齋便是心志專一，用心氣而不用五官去感受外物，若能達到如道般空明的境界，如此便能悠遊於樊籬之內而不被名位所動。面對君王，能說的便說，不能說的便不說，不要固閉，也不要暴躁，心志專一，不得已才有作為。如果可以使耳目感官內通而排除心機，那麼連鬼神都會來依附，何況是人呢！這便是禹、舜處世的關鍵，伏義、几蘧行為的準備。此即〈天地〉所云：「通於一而萬事畢，无心得而鬼神服。」

　　此所言的心齋與〈天道〉所言的虛靜恬淡寂寞無為的精神狀態可以相通，〈天道〉言無為是為君為臣的態度，而此仲尼告戒顏回對待衛君的態度是先修己再度人，而且不可勉強而為，可以說便說，不可以說便罷，這是為臣的無為，與上述君之無為正好是兩個不同的面向。君之無為是憑藉心神的修養，無私的對待人民；臣之無為是憑藉心神的修養，掌握對待君王的方法，

以此保全自身。

〈人間世〉又提到葉公子高對於楚王令他出使齊國的使命感到憂鬱煩躁，因而問仲尼面對這樣使命將如何自處，仲尼答云：

> 天下有大戒二：其一，命也；其一，義也。子之愛親，命也，不可解於心；臣之事君，義也，無適而非君也，無所逃於天地之間，是之謂大戒。是以夫事其親者，不擇地而安之，孝之至也；夫事其君者，不擇事而安之，忠之盛也。自事其心者，哀樂不易施乎前，知其不可奈何而安之若命，德之至也。爲人臣子者，固有所不得已。
> 行事之情而忘其身，何暇至於悦生而惡死！

此言對君王應當抱持的態度。命與義是世間的兩大法則。命是天性，如子女愛父母，是無法解釋的；義是社會規範，如臣下事君上，是不得不做的。臣下事奉君上，不論什麼事都要安然處之，這便是盡忠的極點了。若能修養內心，不受哀樂等情緒的影響，把無可奈何之事當作命中注定而安然處之，這便是有德之人了。身爲人臣的，當然有不得不做的事，如果做事時能夠忘了自身的利害，又哪裡會有貪生怕死的念頭呢？

接著仲尼還繼續談論外交時需注意的言行，云：

> 凡交，近則必相靡以信，遠則必忠之以言。言必或傳之。夫傳兩喜兩怒之言，天下之難者也。夫兩喜必多溢美之言，兩怒必多溢惡之言。凡溢之類妄，妄則其信之也莫，莫則傳言者殃。故法言曰：「傳其常情，无傳其溢言，則幾乎全。」……故法言曰：「无遷令，无勸成，過度，益也。」遷令、勸成，殆事。美成在久，惡成不及改，可不慎與！且夫乘物以遊心，託不得已以養中，至矣！何作爲報也？
> 莫若爲致命，此其難者。

此言凡兩國的來往，鄰近的國家靠的是信用，遠途的國家就必須依靠語言，而語言就必須有使臣去傳達。身爲人臣，傳達兩國國君的喜怒的言詞是最難辦的，因爲言語之中常常會添加過多的情緒，如此言語便會失真，言語一失真就無法取信對方，那麼傳話的臣子就要遭殃了。所以古語告訴我們：傳話要平實，不要加油添醋，這樣才能保全自己。又說：不要自以爲是的改變所受的使命，不要強求事情的成功，否則只會壞事。如果能順著事物的自然的本性去做，涵養自己的內心，凡事不得已而順勢而爲，這就是最好的了。何必刻意想著如何回報使命呢？能如實的傳達君命就已經很不容易了。

　　《莊子》一書對於政治事務的執行，通常是籠統的說虛靜無爲，這裡卻具體的提出如何做好外交的工作，還指出君臣之分是一項不得不然的社會規範。《莊子》之中雖然有許多反政治傾向的言論，但是不管再如何反對政治，對於當時的世界而言，政治組織的存在是事實，沒有人能取消國家的存在，〈天地〉即云：

> 以道觀言，而天下之君正；以道觀分，而君臣之義明；以道觀能，
>
> 而天下之官治；以道汎觀，而萬物之應備。

此言從道的角度來看待言論，天下的君就正名了；用道的角度來看待分位，君臣的大義就明確了；用道的角度來看待才能，天下的官員都能盡職了；用道的角度來看待一切，萬物的對應都齊備了。這裡也是先肯定了君臣的位分，才進一步接著說：「古之畜天下者，无欲而天下足，无爲而萬物化，淵靜而百姓定。」君臣的無爲而治是建立在政治制度上的，如果沒有政治制度，也就無需治理，也就無需強調無爲了。所以對處在政治組織之下的臣民而言，如何面對君主的要求是一大問題，〈人間世〉便是對這個問題的回答。

　　〈人間世〉又提到顏闔將要去教導衛靈公太子，而太子卻是個天性惡劣又自以爲是的人，便去問蘧伯玉的意見，蘧伯玉答云：

> 戒之，慎之，正女身也哉！形莫若就，心莫若和。雖然，之二者有
>
> 患。就不欲入，和不欲出。形就而入，且爲顛爲滅，爲崩爲蹶。心
>
> 和而出，且爲聲爲名，爲妖爲孽。彼且爲嬰兒，亦與之爲嬰兒；彼
>
> 且爲无町畦，亦與之爲无町畦；彼且爲无崖，亦與之爲无崖。達之，
>
> 入於无疵。

此言欲教人，首先要端正自身。面對太子，表面上可以遷就他，內心卻要存著調和教導之意，但是要注意遷就他時不可以讓自己跟者陷入，否則就會跟他一同毀滅。還要注意教導的意思不要顯露，否則他會以爲你是爲了爭聲名，把你看作異類。不管他的本性是像嬰兒一般天眞瀾漫，或是行動放肆沒有界限，還是個性散漫無拘束，只要順著他的本性去誘導，讓他走入無過失的正途。蘧伯玉在這裡強調的是要順者太子的本性去引導他，類似的主張也出現在〈徐无鬼〉。

　　〈徐无鬼〉第一章先提到徐无鬼因女商的推薦去見魏武侯，一開始，徐无鬼跟武侯提了一下摒棄嗜欲的修養方法，結果武侯毫無感覺的沈默以對，

等到徐无鬼跟他說起相狗相馬的技巧，武侯便高興得哈哈大笑。女商問徐无鬼原因，徐无鬼答云：

> 子不聞夫越之流人乎？去國數日，見其所知而喜；去國旬月，見所嘗見於國中者喜；及期年也，見似人者而喜矣。不亦去人滋久，思人滋深乎？夫逃虛空者，藜藿柱乎鼪鼬之逕，踉位其空，聞人足音跫然而喜矣，又況乎昆弟親戚之謦欬其側者乎！

此言對君王進言應當依其所好而言之，就好像是被流放到越國的人，離開國家越久，對故鄉的思念就越深，一見到鄉里的人就高興起來了；又好像是流落到空谷的人，長久居住在沒有人煙的地方，一聽到人的腳步聲就高興起來了。由此，第二章提到徐无鬼再去見魏武侯時，徐无鬼再跟武侯提到保養形神之事，武侯雖然不太有興趣，但不再沈默以對。另外，〈說劍〉還提到莊子遊說趙文王，也是以趙文王喜愛劍術來說服趙文王，其中莊子提到了三種劍：天子劍「包以四夷，裹以四時⋯⋯制以五行，論以刑德，開以陰陽，持以春夏，行以秋冬。⋯⋯匡諸侯，天下服矣。」諸侯劍「上法圓天，以順三光；下法方地，以順四時；中和民意，以安四鄉。⋯⋯四封之內，無不賓服而聽從君命者矣。」庶人劍「无異於鬥雞，一旦命已絕矣，无所用於國事。」這裡將庶人之上的貴族分成了天子與諸侯兩種等級，又稱趙文王有天子之位而好庶人之劍，這不知是後來抄寫錯誤，或是作者對天子與諸侯這兩個身份的認定與一般的看法不同。總之，〈說劍〉提到的莊子以劍說趙文王，也是投其所好的一種遊說模式。

〈徐无鬼〉接者提到魏武侯問徐无鬼愛民偃兵的為政之道，徐无鬼則提出：「愛民，害民之始也；為義偃兵，造兵之本也。」，其云：

> 愛民，害民之始也；為義偃兵，造兵之本也。君自此為之，則殆不成。凡成美，惡器也。君雖為仁義，幾且偽哉！形固造形，成固有伐，變固外戰。君亦必无盛鶴列於麗譙之間，无徒驥於錙壇之宮，无藏逆於得，无以巧勝人，无以謀勝人，无以戰勝人。夫殺人之士民，兼人之土地，以養吾私與吾神者，其戰不知孰善？勝之惡乎在？君若勿已矣！脩胸中之誠，以應天地之情而勿攖。夫民死已脫矣，君將惡乎用夫偃兵哉！

此言愛民是害民的開始，為了正義而制止戰爭是興兵的本源。凡能成就美名的，實是作惡的工具。你自以為愛民偃兵是仁義之舉，其實卻是近於作偽啊！

一種情勢的形成必然會產生另一種相對立的情勢，兩種對立的情勢形成後必然會各自誇耀，情勢進一步變化就會引起戰爭。所以為君者不該陳兵宮苑，不該悖理貪求，不該以智巧謀略戰爭去勝人，以屠殺他國的人民，併吞他國的土地，來滿足自己的私慾，這樣的戰爭有什麼好處？不如脩養心志，以誠意來順應天地自然而不攪擾他物。如此人民都能免於死亡的威脅，哪裡還用得著偃兵止戰的議論呢？這裡反對愛民、為義偃兵，其實也是不尚賢、不擾民的思考，即〈天地〉所說的：「治，亂之率也，北面之禍也，南面之賊也。」這裡所謂的「修胸中之誠，以應天地之情而勿攖。」其實還是修養虛靜無為的精神而不擾民。

　　臣子除了向國君進言、處理外交事務、教導太子，有的人還必須替國君向人民斂賦，〈山木〉言北宮奢替衛靈公斂賦以鑄鐘，照理說，這種多出的費用對人民而言是一種負擔，應該不容易辦，但北宮奢三個月就把鐘鑄好了。王子慶忌問他方法，他答說：只是專心的鑄鐘，沒有其他的方法，其云：

> 奢聞之：「既彫既琢，復歸於朴。」侗乎其无識，儻乎其怠疑。萃乎芒乎，其送往而迎來。來者勿禁，往者勿止。從其強梁，隨其曲傅，因其自窮。故朝夕賦斂而毫毛不挫，而況有大塗者乎！

此言北宮奢一副無知無識無心的樣子，並不急於求成，任由大家往來，不管是否願意順從，皆任由他們自便。如此雖然早晚都在斂賦，但人民卻不受損傷，更何況是以大道化民的人呢！這裡的「侗乎其无識，儻乎其怠疑。萃乎芒乎，其送往而迎來。」指的是一種放任不強求的處事的方法，文中雖沒有明言這是無為，然而與漢人所謂的無為而治是與此相通的。《史記》記載曹參代蕭何為相國，每日只是飲酒而不做事，太史公對他的評語云：

> 參為漢相國，清靜極言合道，然百姓離秦之酷，後參與休息無為，故天下俱稱其美矣。〔註13〕

此言曹參清靜無為，在酷秦之後能與百姓休息，故天下稱善。而北宮奢放任人民自由納賦，使民而無傷，其前提也是「既彫既琢，復歸於朴。」若只是毫無目的的放任還是不行的，而是要在彫琢、嚴酷之後，那麼復樸與休息才能得到效果。這是後來一味要求無為而治者所忽略之處。

　　除了對應君上與政事的處事方法，《莊子》還提到了臣子為政的心態問

〔註13〕　司馬遷：《史記》卷五十四〈曹相國世家〉，頁810。

題，〈田子方〉提到孫叔敖三爲令尹，又三次被罷，在這反復之間，孫叔敖既不驕傲也不憂慮，肩吾問他是怎麼想的，孫叔敖答云：

> 吾以其來不可卻也，其去不可止也。吾以爲得失之非我也，而无憂色而已矣。我何以過人哉！且不知其在彼乎？其在我乎？其在彼邪？亡乎我。在我邪？亡乎彼。方將躊躇，方將四顧，何暇至乎人貴人賤哉！

孫叔敖自言：祿位的來去是我所不能掌控的，所以得失並不在我身上，我又何必憂慮？而且真正可貴的，是令尹之位，還是我這個人本身呢？如果可貴的是令尹之立，那麼與我何干；如果可貴的是我本身，那麼做不做令尹又有什麼關係呢？我只是心滿意足的生活著，哪裡去管人間的貴賤呢？孔子聽了孫叔敖的話，便云：

> 古之真人，知者不得説，美人不得濫，盜人不得劫，伏戲黃帝不得友。死生亦大矣，而无變乎己，況爵祿乎！

此言古時候的真人，聰明美色名位利祿都不放在心上，智者、美人、盜人、伏戲黃帝都不能影響他，就連生死都不放在心上，更何況是區區區的爵祿呢？孔子在〈山木〉也提到人不受利祿的困難，其云：

> 始用四達，爵祿並至而不窮，物之所利，乃非己也，吾命其在外者也。

此言即便初次被任用便無往而不利，爵位利祿齊來而不窮盡，但是這些外在的利益並不是我本有的，只是我的機遇讓我得到這些外物罷了。

〈田子方〉的孔子對於孫叔敖不將爵祿放在心上的品德感到佩服，而〈漁父〉的孔子卻被漁父批評他是無其位卻憂其事，其云：

> 天子、諸侯、大夫、庶人，此四者自正，治之美也；四者離位，而亂莫大焉。官治其職，人憂其事，乃无所陵。故田荒室露，衣食不足，徵賦不屬，妻妾不和，長少无序，庶人之憂也；能不勝任，官事不治，行不清白，群下荒怠，功美不有，爵祿不持，大夫之憂也；廷无忠臣，國家昏亂，工技不巧，貢職不美，春秋後倫，不順天子，諸侯之憂也；陰陽不和，寒暑不時，以傷庶物，諸侯暴亂，擅相攘伐，以殘民人，禮樂不節，財用窮匱，人倫不飭，百姓淫亂，天子有司之憂也。

這裡歷數了天子、諸侯、大夫、庶人各階級應該做的事，孔子週遊列國時的

身份只能算是庶人，卻對天子、諸侯、大夫等職位的內容提出諸多看法，這其實是多餘的。〈漁父〉既肯定了社會各階層的存在，但是又否定了知識份子關心政事的態度，這種獨善其身的隱者心態，是反政治系統。

〈田子方〉與〈漁父〉這種對於同一人物卻有不同的看法，反映出兩者出自不同的思想系統，類似的情況也見於上述〈在宥〉與〈天地〉對堯的評價有所不同。從上述種種跡像看來，反對儒墨、反對孔子、堯、舜等思想是屬於反政治系統；包容儒、法思想是屬於先聖後王系統。

爵位名利，世人往往陷於其中而不可自拔，殊不知爵祿是外在的，與自身無關，若過於沈溺爵祿的追求，將有意想不到的患禍，〈讓王〉提到列子的故事正好可以印證，其云：

> 子列子窮，容貌有飢色。客有言之於鄭子陽者，曰：「列禦寇，蓋有道之士也，居君之國而窮，君无乃爲不好士乎？」鄭子陽即令官遺之粟。子列子見使者，再拜而辭。使者去，子列子入，其妻望之而拊心，曰：「妾聞爲有道者之妻子，皆得佚樂。今有飢色，君過而遺先生食，先生不受，豈不命邪？」子列子笑謂之曰：「君非自知我也，以人之言而遺我粟，至其罪我也，又且以人之言，此吾所以不受也。」其卒，民果作難而殺子陽。

此言列子窮困，子陽爲了表示禮賢下士，便派人送粟米給他，列子卻拒絕了。列子妻子質問他，列子回答：子陽並不是因爲了解我，只是聽了別人的話才送來粟，將來他也可能因爲別人的話而怪罪，因此不能接受子陽的禮遇。後來，子陽果然被作亂的人民殺死了。列子除了沒有被利祿沖昏了頭，還進一步分析了上位者的狀況，知道子陽並不是一個有德而值得投效的人，所以不接受他的禮遇，也免於被牽累的禍患。這裡雖然同樣點出了利祿的是外在的賦予，別人可以賞識你，也可以怪罪你，所以不可被外物蒙蔽，但這裡列子的分析已遠離了心齋的境界，而有了分別心，會去分辨上位者的賢與不肖來決定是否與之接近，此與孫叔敖面對不同的境遇皆能安然自適的層次相比，已是低了一層。

上述先聖後王系統以無爲爲宗的執政方法，君之無爲是以虛靜恬淡的心神狀態去執政，而臣下的無爲是抱持心齋的狀態去執行君主派下的任務，雖然對君與臣同樣都有心志精神層面的要求，但是在實際的施政上，對於君主的要求只有舉拔賢能一項，但是在臣子方面，便有進言、外交、教導、斂

賦、為官心態等實例說明。這樣的現象正符合了〈天道〉所謂的上無為而下有為，其云：

> 夫帝王之德，以天地為宗，以道德為主，以无為為常。无為也，則用天下而有餘；有為也，則為天下用而不足。故古之人貴夫无為也。上无為也，下亦无為也，是下與上同德。下與上同德則不臣。下有為也，上亦有為也，是上與下同道。上與下同道則不主。上必无為而用天下，下必有為為天下用。此不易之道也。故古之王天下者，知雖落天地，不自慮也；辯雖彫萬物，不自說也；能雖窮海內，不自為也。……此乘天地，馳萬物，而用人群之道也。

此言帝王效法天地，所以無私心；以道德為主，所以為而不恃；以無為為常則。以虛靜無為的態度去治理天下便能輕鬆而有餘力，但若以有為的態度去治理天下只會忙碌而無力應付。所以古人以無為為貴，所以只有君上才能無為，如果臣下也無為，那麼便是將臣下與君上等同，那就是背離了臣子的職守。而如果君上跟臣下同樣有為，那便是以君上的身份去做臣下的事，那就不合君上的名位了。所以古時的帝王即便智慧包羅天地，辯才能說明萬物，才能冠於海內，但自己決不會親自去做事，這便是運用天地，驅策萬物，利用人群的道理。所以《莊子》所謂的臣無為，其實還是有為，只是要用心齋、無心等態度去為，這便《黃帝四經》聖人執道以侍人主的觀點有相通處。

〈天道〉在說明君有為而臣無為的道理之後，接著又提出本末的分別，其云：

> 本在於上，末在於下；要在於主，詳在於臣。三軍五兵之運，德在末也；賞罰利害，五刑之辟，教之末也；禮法度數，形名比詳，治之末也；鐘鼓之音，羽旄之容，樂之末也；哭泣衰絰，隆殺之服，哀之末也。……末學者，古人有之，而非所以先也。……是故古之明大道者，先明天，而道德次之；道德已明，而仁義次之；仁義已明，而分守次之；分守已明，而形名次之；形名已明，而因任次之；因任已明，而原省次之；原省已明，而是非次之；是非已明，而賞罰次之；賞罰已明，而愚知處宜，貴賤履位，仁賢不肖襲情。必分其能，必由其名。以此事上，以此畜下，以此治物，以此修身，知謀不用，必歸其天。此之謂大平，治之至也。

此言君上是本，臣下是末。君上只要掌握大要，而臣下要處理細節，比如：軍事的運用是道德的末節、刑罰的手段是教化的末節、禮法形名等制度是治國的末節、演奏與舞蹈是音樂的末節、哭號喪服是哀悼的末節。這些末節自古已有，但是不能當作本先，所以明白大道的人，首先要了解天道，其次才有道德的修養，其次才有仁義之行，其次才分定百官職守，其次才能釐定名實是否相符，其次才能因才授任，其次才能進行省察，其次才能判定是非，其次才能施行賞罰。這樣一來，愚智、貴賤、仁賢不肖等人的處置就合宜了。大臣按照這個原則來事奉君上、治理下民、處理事物、修養自身，而不運用智謀，歸於自然，這樣就能天下太平了。這裡提到了軍事、刑罰、禮法、形名等治國方式，很明顯與不擾民、不尚賢的無為不同，雖然這裡特地強調這些都是末節，是臣下才做的事，但是很明顯是先聖後王系統的論調，〈在宥〉也提到類似的看法，其云：

> 故聖人觀於天而不助，成於德而不累，出於道而不謀，會於仁而不特，薄於義而不積，應於禮而不諱，接於事而不辭，齊於法而不亂，恃於民而不輕，因於物而不去。物者莫足為也，而不可不為。

此言聖人觀天、成德、出道、會仁、薄義、應禮、接事、齊法、恃民、因物。這個聖人很明顯是融合了儒、道、法等家的內涵，只是他知道應該無為，但卻又有不可不為的不得已。

上述為臣的作為是以無為的心修養為基礎，故云：「以天地為宗，以道德為主，以无為為常。」、「行言自為而天下化」、「若性之自為，而民不知其所由然。」、「其於國有不聞也，其於家有不見也。」這是先聖後王系統的本色。

反政治系統則認為政治組統與爵位等身外之物不過是過眼雲煙，而人在這天地之間不過如滄海之栗，〈則陽〉敘述魏王罃因田侯牟背約而生氣，戴晉人說了一個蝸牛觸角上的國家在打仗的寓言，說明對於遊心於無窮世界的人而言，這些國與國之間的爭鬥就好像看見微生物在打架一樣無謂，所以執著於這些身外之物只是不知世界的廣大，防礙自己追求生命自由，所以最好把這些身外之物去除掉，因此最理想的生活方式便是拋開一切隱居去。〈山木〉提到市南宜僚去見魯侯，魯侯面有憂色。市南宜僚問其緣故，魯侯云：

> 吾學先王之道，脩先君之業，吾敬鬼尊賢，親而行之，无須臾離居。
> 然不免於患，吾是以憂。

魯侯自言雖然學了先王之道，敬鬼尊賢，卻仍然難免禍患。市南宜僚提出的解決方法是叫他放棄王位，其云：

> 夫豐狐文豹，棲於山林，伏於巖穴，靜也；夜行晝居，戒也；雖飢渴隱約，猶旦胥疏於江湖之上而求食焉，定也。然且不免於罔羅機辟之患，是何罪之有哉？其皮爲之災也。今魯國獨非君之皮邪？吾願君刳形去皮，洒心去欲，而遊於无人之野。

此言狐狸豹子都是因爲牠們漂亮的外皮而遭到禍患，如今魯國便如魯侯之皮，所以想要除患的最好方法便是去除魯侯的皮，抛開王位，洗去內心的欲望，遨遊在沒有人的山野。此言爲王位是禍患的源頭，所以應該抛去王位隱居，如此一來，那麼便天下無王了，這樣的沒有君王治理的世界，正是反政治系統的理想世界，明顯與先聖後王系統的明王之治與大聖之治的理想境界不同，這是下一章所要探討的主題。

第三節　《黃帝四經》的「形名」無爲

《黃帝四經》政治理論的執行方針也講無爲，但是它的無爲與《老子》的「不言」無爲、《莊子》的「虛靜」無爲不同，是以形名方法爲基礎的無爲，《四經》稱之爲王術。〈經法·六分〉云：「不知王述（術），不王天下。」《四經》的政治觀首重王術，王者如果能知王術，即便遊獵玩樂亦可以治理好國家。《四經》的王術可以分幾個層次說明，其中最基本的王術是形名，其次便是形德相養；前者是治國的根本，後者除了是治國的原則態度，更是兼併敵國之後的必要手段。

一、形名之治

形名是治國的根本，因爲它也是天地生成萬物的根本，〈十大經·成法〉黃帝問力黑是否有成法可以正民，力黑云：

> 昔天地既成，正若有名，合若有刑（形），〔乃〕以守一名。上捈（淦）之天，下施之四海。吾聞天下成法，故曰不多，一言而止。循名復一，民無亂紀。

此言從前在天地形成時，萬物通過正名來符合它的形質，所以使名實相符便是執守道，可以上通天道，下施四海。天下的成法不需多言，只要一句話便可概括，便是：循求事物的形名而總歸於道。〈經法·道法〉亦同樣提到事物

第四章　三書政治觀理論的執行方針

的形成與形名的關係，其對：

> 禍福同道，莫知其所從生。見知之道，唯虛無有。虛無有，秋毫成
> 之，必有刑（形）名，刑（形）名立，則黑白之分已。故執道者之
> 觀於天下毆（也），無執毆（也），無處毆（也），無爲毆（也），無
> 私毆（也）。是故天下有事，無不自爲形名聲號矣。刑（形）名已立，
> 聲號已建，則無所逃跡匿正矣。

此言禍福同出一門，不知它們是如何產生的，想要了解它們產生的原因，只
有掌握道。掌握了道，便連極細微的東西都能掌握其形名，形名一旦確立，
是非的分別就清楚了。掌握道的人以此來看待天下，便能無執、無處、無爲、
無私。這裡指出了《四經》中的無爲是以掌握形名爲前提的，所以天下出現
問題時，只要依照循名責實的原則去處理，是非確定，所有的事情便都可以
判定清楚。〈經法・名理〉對於形名有與此類似的說法，其云：

> 天下有事，必審其名。名□□，循名廄（究）理之所之，是必爲福，
> 非必爲材（災）。是非有分，以法斷之：虛靜謹聽，以法爲符。審察
> 名理冬（終）始，是胃（謂）廄（究）理。唯公無私，見知不惑，
> 乃知奮起。故執道者之觀於天下〔也〕，見正道循理，能與曲直，能
> 與冬（終）始。故能循名廄（究）理。刑（形）名出聲，聲實調和。
> 禍材（災）廢立，如景（影）之隋（隨）刑（形），如向（響）之隋
> （隨）聲，如衡之不臧（藏）重與輕。故唯執道者能虛靜公正，乃
> 見〔正道〕，乃得名理之誠。

此言問題發生的時候，必定要審核它的名，再循著它的名去歸納出其中的理
則，符合理則的就給予賞賜，不符合理則的就給予處罰。是非依照這個理則
分辨清楚了，再依法律裁決，在裁決時要虛靜謹愼，依照法律處理。審察名
稱理則的始終時，只有公正無私的人才能不被外在的感官迷惑，才能奮發自
強。所以掌握道的人治理天下時，要依循著正確的方法，才能分清是非，把
握事情的始末。所以能夠審察名稱理則時，事物的形名就可以說出口，而說
出口的事物一定要與事實相符，刑罰廢立的裁決才能夠像影隨著形、響隨著
聲，才能夠像秤一樣正確的衡量出輕重。只有掌握道的人才能做到用虛靜公
正的態度下判斷，這樣才能把握住名理的實質。

〈經法・論〉點出：能掌握名實相應的理則便能成就帝王之道，其云：

> 帝王者，執此道也。是以守天地之極，與天俱見，盡施於四極之中，

－167－

執六枋（柄）〔註14〕以令天下，審三名以爲萬事〔稽〕，察逆順以觀

於朝（霸）王危亡之理，知虛實動靜之所爲，達於名實〔相〕應，

盡知請（情）僞而不惑，然後帝王之道成。

此言帝王如果能掌握道，握天地運行的規律，動靜進退皆能取法天道，並將此規律廣施天下，把握住六種治理天下的方法，審察三種名實關係來作爲所有事情的準則，觀察背反或順從天道與成王成霸或危險滅亡之間的道理，知道虛實動靜等做爲，使政治組織的運作達到名實相應，而統治者可以明確的分辨是非眞僞，那麼便是掌握了帝王執政的方法。〈經法・四度〉有云：「名功相抱，是故長久。名功不相抱，名進實退，是謂失道，其卒必有〔身〕咎。」這裡指出治國時，必須名實相符才能長久，若是名實不相符，就叫失道，最後必定導致自身的損害。

由上述可知，形名在《四經》的政治思想中佔有極重的份量，〈論〉提出了三種治理天下時可能產生的形名狀況，其云：

三名：一曰正名立而偃，二曰倚名法（廢）而亂，三曰強主威（滅）

而無名：三名察則事有應矣。

此言三種決定國家治亂的名實關係：一曰正名，名實相符，國家便能安定。二曰倚名，名實不相符，就會造成法度荒廢，國家混亂。三曰無名，無視形名，即便君主很強勢，國家也會滅亡。其中的倚名，即〈四度〉所云：「聲溢於實，是謂滅名。」此所謂的無名，與《老》、《莊》所謂的無名不同。《老》、《莊》講無名，是在描述一種無法用語言文字去形容的狀態，而〈論〉的無名，是無視形名，亦即君主剛愎自用，不願受任何法度約束，那麼國家也就只能依他個人的意志運轉，結果就是滅亡，所以其下又云：

名實相應則定，名實不相應則靜（爭）。勿（物）自正也，名自命

也，事自定也。三名察則盡知情僞而〔不〕惑矣。有國將昌，當罪

先亡。

此言國政法度，如果名實相應國家就會安定，如果名實不相應就會出現紛爭。如果能順應萬物自然的狀態去命名，事物自然就會安定。君王如果能明察正名、倚名、無名這種形名的情況，就可以分辨事物的眞實與虛僞而不被迷惑，這樣的國家就會昌盛，而那些不懂正名的國家就會滅亡。

─────────────

〔註14〕此處的六柄指的是：觀照、論辨、時動、專斷、應變、教化等六種統治方法，與《韓非子》所謂的刑德二柄並不相同。

　　執政者如果掌握了形名，便是掌握了治理天下的方法，所以〈道法〉又云：

> 天地有恆常，萬民有恆事，貴賤有恆立（位），畜臣有恆道，使民有
> 恆度。天地之恆常，四時、晦明、生殺、輮（柔）剛。萬民之恆事，
> 男農、女工。貴賤之恆立（位），賢不宵（肖）不相放。畜臣之恆道，
> 任能毋過其所長。使民之恆度，去私而立公。

此言天地、萬民、貴賤、畜臣、使民都有一恆常不變的道理。四季更迭、晝
夜交替、榮枯變化、柔剛轉化，這是天地恆常不變的規律；男耕女織，這是
百姓恆常不變的工作；有才德與無才德的人不能處於相同的地位，這是貴賤
恆常不變的分別；選任官吏的職務要與其能力符合，這是任用臣下恆常不變
的方法；去私心而行公道，這是治理人民恆常不變的法度。此即〈經法・四
度〉所云：「君臣不失其立（位），士不失其處，任能毋過其所長，去私而立
公，人之稽也。美亞（惡）有名，逆順有刑（形），請（情）僞有實，王公執
〔之〕以爲天下正。」這裡指出天下萬事萬物皆有一恆常不變的規律，而治
理天下所依循的規律便是形名，執政者如果可以掌握形名，便能順利的治理
天下。所以〈道法〉又接著說：

> 變恆過度，以奇相禦。正奇有立（位），而名〔形〕弗去。凡事無小
> 大，物自爲舍。逆順死生，物自爲名。名刑（形）已定，物自爲正。
> 故唯執〔道〕者能上明於天之反，而中達君臣之半，富密察於萬物
> 之所終始，而弗爲主。故能至素至精，恬（浩）彌無刑（形），然後
> 可以爲天下正。

此言如果有事情超出常規，就要採取非常的手段來加以控制，處置事情的方
法有常法有非常法，但是都要依據形名來決定。事物不管大小都有它自己的
相應的形名，只要能確立其形名，就可以做出正確的處理。所以只有掌握道
的人才能明白自然運行的規律，才能了解君道與臣道的區別，才能詳細考察
萬物的生與死，卻不去主宰它們，所以才能成爲天下的典範。

　　〈道法〉云形名立，執道者才能無執、無處、無爲、無私，這是將形名
的確立當作無執、無爲的前提，此與《莊子・天道》的順序有極大的不同。〈天
道〉排列的順序是先明天，道德次之，仁義次之，分守次之而形名次之，因
任次之，原省次之，是非次之，賞罰次之，愚知處宜，貴賤履位，仁賢不肖
襲情。其下又云：

> 形名者，古人有之，而非所以先也。古之語大道者，五變而形名可
> 舉，九變而賞罰可言也。驟而語形名，不知其本也；驟而語賞罰，
> 不知其始也。倒道而言，迕道而說者，人之所治也，安能治人！驟
> 而語形名賞罰，此有知治之具，非知治之道。可用於天下，不足以
> 用天下。此之謂辯士，一曲之人也。禮法數度，形名比詳，古人有
> 之。此下之所以事上，非上之所以畜下也。

此言形名自古已有，但是不將它當作是本先。古代講大道的人，要歷經五個
層次的轉變才提出形名，歷經九個層次的轉變才說到賞罰。突然就講形名，
是不知道它的根本；突然就講賞罰，是不知道它的源頭。這種人只知道治國
的工具，而不知道治國的道理，叫作辯士，只能被人統治，而不能統治人。
講究禮儀、法律、術數、制度，對事物的形名加以詳加比較考察的事，古人
就有了，但這是臣下用來侍奉君上的做法，而不是君上用來治理臣下的做
法。〈天道〉認為遵天道無為才是根本，形名只是末節，而〈道法〉卻認為要
先有形名，才能無執無為，這兩者的先後順序，正是《莊子》與《四經》
的不同，所以如果只因為〈天道〉也提到形名，而把兩者歸入同一派，是不
妥的。

〈名理〉在形名之後，還提到了法的問題。其云：

> 天下有事，必審其名。名□□，循名廄（究）理之所之，是必為福，
> 非必為材（災）。是非有分，以法斷之；虛靜謹聽，以法為符。

此處提到事情的發生，要先審核名，再規納出理則，之後才是以法去決斷。
這是將〈經法・道法〉所說的「道生法」，作了進一步的說法，〈道法〉云：

> 道生法。法者，引得失以繩，而明曲直者殹（也）。故執道者，生法
> 而弗敢犯殹（也），法立而弗敢廢〔也。故〕能自引以繩，然後見知
> 天下而不惑矣。

此直言道生法。法是得失曲直的標準，所以掌握道的人立定法律便要維護法
律的威嚴，使人不敢犯法，使法律不會廢弛，所以立法者如果能夠帶頭依
循法律的規範，便可以不被外物所迷惑，可以正確的判斷天下的事。〈君正〉
亦云：「法度者，正之至也。而以法度治者，不可亂也。而生法度者，不可
亂也。精公無私而賞罰信，所以治也。」法度是最公正的。以執法的人不可
以亂用法令，定立法度的人也不可以亂法。法度之所以能夠用來治理國家，
在於它公正無私且賞罰能落實。所以君王必須公正執法，才能維護法度的

尊嚴。

　　〈道法〉一開頭便講道生法，卻沒有說明道如何生法，而〈名理〉是進一步說明道如何生法。在道與法中間還有名與理兩個步驟，如此一來，道、名、理、法四者就成爲一條環環相扣的結構鏈，執政者若能夠掌握其中的方法，便能夠輕鬆的立定法律，治理國家。

　　〈名理〉又云：「虛靜謹聽，以法爲符。」「唯公無私，見知不惑」，這是進一步指出要能夠正確的判斷形名，必須要有虛靜公正的態度。〈道法〉即云：

> 公者明，至明者有功。至正者靜，至靜者聖。無私者知（智），至知（智）者爲天下稽。稱以權衡，參以天當，天下有事，必有巧驗。事如直木，多如倉粟。斗石已具，尺寸已陳，則無所逃其神。故曰：「度量已具，則治而制之矣」。絕而復屬，亡而復存，孰知其神。死而復生，以禍爲福，孰知其極。反索之無形，故知禍福之所從生。應化之道，平衡而止。輕重不稱，是胃（謂）失道。

此言公正無私的人才能看清楚事情變化的規律。最公正的人才能清靜，最清靜的人才可成爲能聽清楚最細微的聲音的聖人。無私的人才是智者，才能成爲天下的榜樣，可以參照天道的規律來審度是非，那麼當天下有事發生時，才能夠得到有效的驗證。天下事多如倉中粟米，如果能把制度定立好，那麼再微妙的變化也無法逃出他的掌握。所以說：如果制度已經定立好了，治國就可以依制度而行。這樣可以讓即將滅亡的國家存續下去，轉禍爲福，誰能知道其中的究竟呢？如果懂得從天道中追索答案，便能知道禍福的本源，便能隨物變化，掌握適度的平衡。而如果無法掌握平衡而失去輕重，便叫失道。

　　〈道法〉所謂的「公者明」即《老子》十六章所云：「知常明也……知常容，容乃公，公乃王，王乃天，天乃道。」只是《老子》的邏輯順序與〈道法〉不同，他認爲要知道常則才叫明，才能容、公、王、天、道，而《四經》卻是認爲要公正才能明，才能掌握自然的規律，〈經法・四度〉即云：「明則得天」。〈道法〉所謂的「至正者靜，至靜者聖」即從《老子》五十七章：「以正之邦」、「我無爲而民自化，我好靜而民自正，我欲不欲而民自樸。」化出，《老子》的好靜上與無爲連言，下與無事並稱，是將無爲、好靜、無事視作同一層級的狀態，好靜只是無爲的另一種樣貌。又《莊子》〈天道〉亦云：「靜而聖」、〈庚桑楚〉亦云：「正則靜，靜則明」，這兩處靜之下皆與無爲連文，

只是〈天道〉之靜與動一樣都是得道無為者的一種態度,〈庚桑楚〉之靜是無為的修養基礎,要先正而靜,靜而明,明而虛,虛進而無為。〈天道〉與《老子》的層級相類,而〈庚桑楚〉的進程與〈道法〉相似。由此可知《四經》雖常承續《老子》之說,但其轉化之後的概念系統並不與《老子》相同,而《莊子》的系統之中,有近《老子》者,有近《四經》者。

二、王天下的條件

《四經》治國以形名為根本,而以王天下為目標,故而其講到國家的等級,首推王,其次是霸,其餘皆是危亡之國,〈六分〉云:

> 王天下者,輕縣國而重士,故國重而身安;賤財而貴有知,故功得而財生;賤身而貴有道,故身貴而令行。〔故王〕天下〔者〕天下則之。朝(霸)王積甲士而征不備(服),誅禁當罪而不私其利,故令天下而莫敢不聽。自此以下,兵單(戰)力掙(爭),危亡無日,而莫知其所從來。

此言王霸之道。能夠成為王而統治天下的人,要重視士人的歸附而輕視一縣一國的得失,重視知識而輕視財貨,重視有道之人而輕視自身,如此才能成為天下的典範。能夠成為霸主的人,要能蓄積兵力征討不服從命令的國家,譴責禁止理當治罪的人而不圖謀私利,所以各國諸侯不敢不聽號令。霸主以下的國家只能憑武力爭戰,危亡之日不遠了,卻不知道為什麼。〈六分〉有另一段同樣解釋所謂王霸之道,正好可以與此說明互補,其云:

> 主執度,臣循理者,其國朝(霸)昌。主得〔位〕,臣福(輻)屬者,王。

此言如果君主秉執法度,大臣遵循事理,這樣的國家就能稱霸昌盛。如果君主能夠重士,使大臣歸聚在自己的周圍,就能夠稱王而統治天下。

〈六分〉提出了執政者的最高的目標是王天下,其云:

> 主上執六分以生殺,以賞〔罰〕,以必伐。天下大(太)平,正以明德,參之於天地,而兼復(覆)載而無私也,故王天〔下〕。

所謂的六分,就是指六種危害國家的狀況與六種對國家有利的狀況,稱之為六逆與六順。此言主上如果可以掌握六種順逆的分際,以此執行生殺賞罰或攻伐等事,使天下平治,申明公正的德行,效法天地的規律,無私的遍顧臣民,這樣就能稱王而統治天下。〈六分〉總結王天下之說,其云:

> 王天下者之道，有天焉，有地焉，又〔有〕人焉，參（三）者參用
> 之，〔然後〕而有天下矣。爲人主，南面而立。臣肅敬，不敢敝（蔽）
> 其主。下比順，不敢敝（蔽）其上。萬民和輯而樂爲其主上用，地
> 廣人眾兵強，天下無適（敵）。

此言想要稱王而統治天下，必須參合天時、地利、人事三方面的因素，然後
才能擁有天下。此即〈十大經・前道〉所云：「故王者不以幸治國，治國固有
前道：上知天時，下知地利，中知人事。」當君王南面而治時，臣屬恭敬而
不敢欺瞞主上，下民和順而不敢欺瞞上位者，萬民和樂甘心爲君王效力，如
此便能地域廣闊，人口繁衍，兵力強盛，天下無敵。

〈論〉也提到王天下的條件，與〈六分〉稍有不同，其云：

> 六枋（柄）：一曰觀，二曰論，三曰僮（動），四曰榑，五曰變，六
> 曰化。觀則知死生之國，論則知存亡興壞之所在，動則能破強興弱，
> 榑則不失諱（韙）非之〔分〕，變則伐死養生，化則能明德徐（除）
> 害。六枋（柄）備則王矣。

六柄指的是六種統治方法：一曰觀照，此能知一國生死存亡的徵兆。二曰論
辨，此能知一國興亡存廢的原因所在。三曰時動，此能打敗強國，振興弱國。
四曰專斷，此能明辨是非的分際。五曰應變，此能伐除腐死而養育新生。六
曰教化，此能申明美德，除去邪惡。如果君主可以掌握這六種統治方法，就
可以稱王統治天下。〈六分〉所說的王天下之道主要在強調君臣民關係的正
確，而〈論〉所說的方法則是細察事情優劣的法則，兩者雖不相同，但也沒
有抵觸。

三、征伐之法

〈六分〉爲執政者畫出一幅天下無敵的願景，王天下是身爲君主的最高
目標，其次便是稱霸天下，使諸國聽話。然而想要達成王霸的目標，除了要
掌握六分、六柄等內政方針，更重要的是要征服其他國家，或是使其聽命行
事，或是滅其國、併其地。因此征伐其他諸侯國首要的方法是判斷該國是否
可滅，〈論〉即云：

> 動靜不時，種樹失地之宜，〔則天〕也之道逆矣。臣不親其主，下不
> 親其上，百族不親其事，則內理逆矣。逆之所在，胃（謂）之死國，
> 〔死國〕伐之。反此之謂順，〔順〕之所在，謂之生國，生國養之。

逆順有理，則請（情）偽密矣。實者視（示）〔人〕虛，不足者視（示）

人有餘。

此言使人民征戰，務農違背了天時，種植作物又不能因地制宜，這是違背了
自然的規律。大臣不親附君王，下屬不親附上級，各種行業的人不專心於自
己的工作，這是違背了社會的規律。這種違背自然與社會規律的國家就叫死
國，死國便可以去討伐。與死國相反的就叫生國，生國就要扶植。違背規律
與順應規律是有理可循的，這樣該國國力的虛實就很清楚了。在征伐時，國
力實者，示人以虛；兵力不足者，示人以有餘。除了死國，還有所謂的頹國、
危國、亡國，〈六分〉云：

凡觀國，有六逆：其子父，其臣主，雖強大不王。其謀臣在外立（位）
者，其國不安，其主不晉（悟），則社稷殘。其主失立（位）則國無
本，臣不失處則下有根，〔國〕憂而存；主失立（位）則國芒（荒），
臣失處則令不行，此之胃（謂）頹國。〔主暴則生殺不當，臣亂則賢
不肖并立，此謂危國。〕主兩則失其明，男女掙（爭）威，國有亂
兵，此胃（謂）亡國。

此言有六種背逆的情況會危害國家：一是兒子有了君父的權威，這是以臣代
君，這種國家即便強大也無法王天下。二是謀臣有外志而不忠於本國，國家
就不會安定，君主如果不能意識到這一點，國家將會受到損害。三是君主失
位，不能行使權力，國家沒有根本，而此時若大臣還能克盡職守，這樣國家
就還有存在的基礎。四是君主失位，大臣也不盡職，這樣的國家就叫頹國。
五是君主暴虐，生殺無度，賢與不賢無別，這樣的國家就叫危國。六是君主
與后妃同時掌權，兩主政令不一，臣民無所適從，加之兩主爭權，導致國家
戰亂，這樣的國家就叫亡國。與此類似的說法，有〈亡論〉的六危，除此之
外，〈亡論〉還提到三不辜、三壅、三凶等危亡之國的狀況，還有廢令、昧利、
襦傳、達刑、爲亂首、爲怨媒等禁忌，其云：

六危：一曰適（嫡）子父，二曰大臣主，三曰謀臣〔外〕其志，四
曰聽諸侯之廢置，五曰左右比周以壅塞，六曰父兄黨以𠁣。〔六〕危
不朕（勝），禍及於身。〔三〕不辜：一曰妄殺賢，二曰殺服民，三
曰刑無罪：此三不辜。三壅：内立（位）朕（勝）胃（謂）之塞，
外立（位）朕（勝）胃（謂）之𠁣；外内皆朕（勝）則君孤直（特）。
以此有國，守不固，單（戰）不克。此胃（謂）一雍（壅）。從中令

> 外〔謂之〕惑，從外令中謂之〔賊〕。外內遂諍（爭），則危都國：
> 此謂二雍（壅）。一人擅主，命曰蔽光。從中外周，此胃（謂）重雍
> （壅）。外內爲一，國乃更。此謂三雍（壅）。三凶：一曰好凶器，
> 二曰行逆德，三曰縱心欲：此胃（謂）三〔凶〕。〔昧〕天〔下之〕
> 利，受天下之患；抹（昧）一國之利者，受一國之禍。約而背之，
> 胃（謂）之襦傳。伐當罪，見利而反，胃（謂）之達刑。上殺父兄，
> 下走子弟，胃（謂）之亂首。外約不信，胃（謂）之怨媒。

所謂六危是指：一是太子行使君父的權力，二是大臣行使君王的權力，三是謀臣懷有外心，四是官員的任命需聽憑諸侯的意思，五是群臣勾結蒙蔽君主，六是皇親國親結黨違抗君主。所謂三不辜是指：一是隨意殺害賢人，二是殺害歸降的人民，三是對無罪的人施以刑罰。所謂三壅是指：一是指后妃與外臣的權力大過君王，君王就會被孤立；二是指后妃假借中央的名義命令地方，外臣憑藉地方的勢力挾制中央，兩者相爭就會危害國家；三是當后妃與外臣聯合起來，國家就要更換君王了。所謂三凶是指：一是喜好戰爭，二是施政違背天道，三是無視法紀，爲所欲爲。另外還有：貪圖財利就叫昧利；違背盟約就叫襦傳；討伐有罪的國家時，見到財利就退出，這叫達刑；殺害父兄，迫害兄弟，這叫爲亂首；與人訂立盟約卻不守信，這叫爲怨媒。如果犯了以上的過失，就會導致國家滅亡，而去征伐犯了這些過失的國家是無罪的。

〈亡論〉開篇便說：「凡犯禁絕理，天誅必至。」國家凡是做了禁忌或違反天理的事，上天誅罰馬上就會降臨。其云：

> 興兵失理，所伐不當，天降二殃。逆節不成，是胃（謂）得天；逆
> 節果成，天將不盈其命而重其刑。贏極必靜，動舉必正。贏極而不
> 靜，是胃（謂）失天；動舉而不正，〔是〕胃（謂）後命。大殺服民，
> 僇（戮）降人，刑無罪，過（禍）皆反自及也。所伐當罪，其福五
> 之；所伐不當，其禍十之。

此言興兵征伐如果不合天道人理，上天就會降下災禍。行爲如果不違反天道，就會得到上天的幫助；行爲如果違反天道，上天將會降下懲罰，國命也就不長了。事物發展到極點就要安靜下來，行動要適度，如果事物發展到極點卻不安靜下來，就會失去天助，行動不適度就是不合天命。如果殺戮歸降的人民，懲罰沒罪的人，這些都會爲自己招來禍害。征伐的國家如果有罪，就會

得到五倍的祥福；征伐的國家如果無罪，就會得到十倍的禍害。

上述的各種亂國，皆是幫助欲征伐者判定敵國是否適合征伐的各種現象，但國君也要警惕的觀察自己的國家是否有這些亂徵，如果自己國家已出現亂徵，卻還只想著要去征伐他國，那麼有滅亡危險的便是自己的國家。〈名理〉云：

> 亂積於內而稱失於外者伐，亡刑成於內而舉失於外者滅，逆則上洫
> （溢）而不知止者亡。國舉襲虛，其事若不成，是胃（謂）得天；
> 其若果成，身必無名。重逆〔以荒〕，守道是行，國危有央（殃）。
> 兩逆相功（攻），交相為央（殃），國皆危亡。

此言國內已聚積動亂卻又在外交上失策，國家會有殺伐的災禍；國內出現敗亡的跡象卻又對外舉動失當，國家會走向滅亡；違逆天道，上位者又驕傲自滿卻不知適可而止，國家必定會亡國。舉一國之兵去攻襲弱小的國家，如果沒成功，那是得到上天的照顧，沒有得到以強欺弱的惡名；如果成功了，必定會身敗名裂。違背天道，卻又守此逆道而行，國家必定有危險災禍。如果兩國違背天道的國家相攻伐，就會交相取禍，兩國皆會有滅亡的危險。所以〈四度〉說征伐必需依循天道人理，其云：

> 執道循理，必從本始，順為經紀。禁伐當罪，必中天理。怀（倍）
> 約則窘（窘），達刑則傷。怀（倍）逆合當，為若又（有）事，雖無
> 成功，亦無天央（殃）。

此言執守天道，依循人理，必定從根本做起，順應天道人理來管理國家。討伐有罪的國家，必需符合天道人理。如果背棄盟約就會進退失據，如果征伐時見利忘義就會受到損傷。只有行為合乎天道人理，那麼當戰事發生時，即便不能取得戰功，上天也不會降下災禍。因此在征伐時，判斷該國的行為不符合天道之後，便可以順著他的惡行去討伐他。

〈十大經·正亂〉便是在討論如何戰勝不合天道的蚩尤，太山之稽云：

> 吾將遂是其逆而僇（戮）其身，更置六直而合以信。事成勿發，胥
> 備自生。我將觀其往事之卒而朵焉，寺（待）其來〔事〕之遂刑（形）
> 而私（和）焉。壹朵壹禾（和），此天地之奇也。以其民作而自戲也，
> 吾或使之自靡也。

此言我將順著他所做的悖逆之行來殺死他，重新設置正直而符合信義的官吏。在事成之前不要被發現，不久之後，等到一切準備就緒，他就會自取滅

亡。我將考察他往日的行事，等著配合他的行事來採取行動。要讓他的人民自己起來抗爭，我將使他自取敗亡。這種使敵人的惡行達到極端之後再去殺了他，是取用了《老子》三十六章：「將欲取之，必固予之。」這種先予後取的行爲是源自於物極必反的觀念，〈四度〉即云：「當者有〔數〕，極而反，盛而衰：天地之道也，人之李（理）也。」天道人理總是有一定的度數，如果行事超過這個極限，便會由盛而衰，因此征伐行動時必需掌握這個度，也就是掌握敵國超越這個度的時機，〈稱〉即云：

> 時若可行，亟應勿言；〔時〕若未可，涂其門，毋見其端。天制寒暑，地制高下，人制取予。取予當，立爲〔聖〕王；取予不當，流之死亡。天有環刑，反受其央（殃）。世恆不可擇（釋）法而用我，用我不可，是以生禍。有國存，天下弗能亡也；有國將亡，天下弗能存也。

此言時機如果到了，要立刻做出行動，不要說出來。時機如果還沒到，就收斂行動，不要被發現端倪。天制定了寒暑之別，地制定高下之差，而人掌握了奪取和給予的分寸。如果取予得當，就可被立爲聖王；如果取予不得當，就會流亡身死。

　　天道循環運行，如果刑罰不當，終究會反饋自身。世上的道理不允許捨棄法度而用一己之私，如果偏執一己之私，就會有禍患。當一個國家還具備存在的條件時，是無法滅亡它的；當一個國家具備了滅亡的條件時，是無法存續它的。所以掌握了予奪與存滅的時機是征伐用兵的基本工作，〈十大經・兵容〉即云：

> 兵不刑天，兵不可動；不法地，兵不可措；刑法不人，兵不可成。參□□□□□□□□□□之，天地刑之，聖人因而成之。聖人之功，時爲之庸，因時秉〔宜，兵〕必有成功。聖人不達刑，不襦傳。因天時，與之皆斷；當斷不斷，反受其亂。天固有奪有予，有祥〔福至者也而〕弗受，反隋（隨）以殃。三遂絕從，兵無成功。

用兵：不取法天道、不懂天時，就不可興兵；不懂地利，就不會指揮作戰；不懂人事，就不會有兵功。聖人用兵參合天時地利，因此才能成功。聖人之所以成功，是因爲懂得順時而動，他不見利忘義，不背信，順應天時，當機立斷。如果無法當機立斷，反而會有禍亂。天道本來就有剝奪有賜予，當祥福降臨卻不能順受，反而會有災殃。如果不能順應天時、地利、人和，就不

會有兵功。這便是《老子》第八章所說的「動善時」。

《四經》除了申明國家興盛危亡的道理，還說明了在征伐有罪之國後，應該如何進行統治，〈國次〉云：

> 國失其次，則社稷大匡。奪而無予，國不遂亡。不盡天極，衰者復昌。誅禁不當，反受其央（殃）。禁伐當罪當亡，必虛（墟）其國，兼之而勿擅，是胃（謂）天功。天地無私，四時不息。天地立（位），聖人故載。過極失〔當〕，天將降央（殃）。人強朕（勝）天，慎辟（避）勿當。天反朕（勝）人，因與俱行。先屈後信（伸），必盡天極，而毋擅天功。

此言國家失去秩序就會引起社會恐慌，所以征服了他國之後，首先要安定民心，如果是征服其國卻不給予照顧，那麼被征服的國家就會起而反抗，無法徹底滅亡該國。如果征伐他國不能達到天道限定的極限，那麼被征服的國家就會再度昌盛起來。討伐禁暴如果不在乎天道，反而會受到災殃。如果征伐有罪當罰的國家，必定先徹底滅亡該國，兼併得來的土地不能獨佔，要分封給其他人，這就叫天功。天地無有私心，四季運轉不停。天地各當其位，所以聖人可以成就萬物。如果超過天道的限度，上天就會降下災禍。當人力因素勝過自然時，要謹慎的避開這個極限；當自然力量超過人力時，就要順應自然。先屈是為了後伸，要達到天道的限度，不要獨佔天功。這與《管子·牧民》所云：「知予之為取者，政之寶也。」相通。

〈國次〉又接著云：

> 兼人之國，修其國郭，處其郎（廊）廟，聽其鐘鼓，利其齎（資）財，妻其子女，是胃（謂）〔重〕逆以芒（荒），國危破亡。故唯聖人能盡天極，能用天當。天地之道，不過三功。功成而不止，身危又（有）殃。故聖人之伐殹（也），兼人之國，隋（墮）其城郭，棼（焚）其鐘鼓，布其齎（資）財，散其子女，列（裂）其地土，以封賢者。是胃（謂）天功。功成不廢，後不奉（逢）央（殃）。

此言兼併他國之後，如果修建其首都的城郭，占居其宮室，享有其鐘鼓聲樂，貪取其財貨，霸占其妻妾子女，這種違逆天道的做法會導致國家敗亡。只有聖人可以掌握天道的限度，能夠正確的順應天道。自然的規律不過，三時成功，一時刑殺，如果成功而不知適可而止，就會有災殃。所以聖人征伐兼併他國之後，會拆毀其城郭，焚毀其鐘鼓聲樂，分享其財貨，遣散其妻妾

子女，將其土地分封給賢能的人，這就叫天功。這樣功業成就才不會廢棄，以後才不會有災禍。〈國次〉最後總結云：「毋陽竊，毋陰竊，毋土敝，毋故執（執），毋黨別。」與〈十大經・觀〉：「使民毋人執，舉事毋陽察，力地無陰敝。」合起來看，意指征伐舉事時不可用正面生養的角度去看事情，而在務農耕作時則不可用負面刑殺的角度去處理，不可以過度使用地力，馭下則不能固執己見而有所偏愛，不使下屬結黨營私。如果犯了這五點，就會導致秩序混亂，自身將會有危險，這就叫過極失當。

〈國次〉所說的只有攻下敵國時一開始的處置方法，〈君正〉則有一系列的七年政策，務必使被兼併的國家可以順利融入本國，爲君主所用，其云：

> 一年從其俗，二年用其德，三年而民有得，四年而發號令，〔五年而以刑正，六年而〕民畏敬，七年而可以正（征）。一年從其俗，則知民則。二年用〔其德〕，民則力。三年無賦斂，則民有得。四年發號令，則民畏敬。五年以刑正，則民不幸。六年〔民畏敬，則知刑罰。〕七年而可以正（征），則朕（勝）強適（敵）。

此言兼併的第一年要順從當地的習俗，就可以知道當地人民的行事規則，第二年要提拔當地有德行的人，百姓就會努力向上爭取，第三年免去賦稅征斂，使人民有穩定的收入，第四年發號施令，百姓就懂得敬畏，第五年用刑法來規範百姓，百姓就不心存僥倖，第六年百姓有了敬畏心就不敢觸犯法令，第七年指揮百姓出征便可以戰勝強大的敵國。其下解釋何以如此的原理，其云：

> 若號令發，必廏而上九，壹道同心，〔上〕下不赾，民無它志，然後可以守單（戰）矣。號令發必行，俗也。男女勸勉，愛也。動之靜之，民無不聽，時也。受賞無德，受罪無怨，當也。貴賤有別，賢不宵（肖）衰也。衣備（服）不相繪（逾），貴賤等也。國無盜賊，詐偽不生，民無邪心，衣食足而刑伐（罰）必也。

此言君主傳下號令，百姓必定結集而上合君意，上下同心，民無異心，這樣就可以出兵防守或出征了。這是因爲百姓已經習慣了服從命令。百姓男女互相勉力，是因爲君主施愛的緣故。不管是征戰或務農，百姓沒有不聽命的，這是因爲君主遵循天時的緣故。人民受賞而不感恩戴德，受罰而不含怨，這是因爲君主賞罰得當的緣故。貴與賤有了區別，賢與不肖就會分出等級。衣服的規格不能僭越，貴與賤的等級就清楚了。這樣國家就會沒有盜賊，奸詐

虛偽的事就不會產生，百姓沒有邪念，百姓衣食富足，並且刑罰律令得已嚴格執行，這便是最理想的國家狀況。

四、刑德相養

《四經》以王天下為目標，因此認同征伐他國的行為，並且教導征伐者如何統治被兼併的地區，而其所教導的方式便是所謂的刑德相養——以百姓的民生富足作為基礎，再對統治地區發號施令、嚴格執行形名律法，〈君正〉有云：

> 人之本在地，地之本在宜，宜之生在時，時之用在民，民之用在力，力之用在節。知地宜，須時而樹，節民力以使，則財生，賦斂有度則民富，民富則有佅（恥），有佅（恥）則號令成俗而刑伐（罰）不犯，號令成俗而刑伐（罰）不犯則守固單（戰）朕（勝）之道也。

此言人類生活的根本在土地，而使用土地的根本在於因地制宜，因地制宜的根本在順應季節的生長，而季節的順應與否在於君主如何役使百姓，百姓的作用在他們的勞力，而勞力的使用關鍵在於要適度有節制。如果君主知道因地制宜，合乎農時而耕種，役使百姓有節度，就能有效的生產財貨，再加上征收賦稅有節度，百姓就能富足，百姓富足便懂得廉恥，百姓懂得廉恥便會習慣聽從命令而不敢觸獨法律，這就是防守堅固、伐國則勝的道理所在。

又云：

> 〔省〕苛事，節賦斂，毋奪民時，治之安。無父之行，不得子之用；無母之德，不能盡民之力。父母之行備，則天地之德也。三者備，則事得矣。能收天下豪桀（杰）票（驃）雄，則守禦之備具矣。審於行文武之道，則天下賓矣。

此言省去繁瑣的政事，有節度的征收賦稅，不要占用百姓務農的時間，國家才能安定。君主如果沒有像父母一樣的威嚴與慈愛，就不能使百姓像子女一樣盡力聽命。要君主具備了像父母一樣的威嚴與慈愛，是效法天道。如果能做到這些，就可以招收天下的雄健豪傑，那麼防守的準備就有了。能懂得審慎的施行文武之道，天下就會歸順賓服。

〈四度〉還提到：「用二文一武者王」，何謂文？何謂武？其云：

> 因天時，伐天毀，謂之武。

又云：

> 動靜參於天地胃（謂）之文，誅〔禁〕時當胃（謂）之武。靜則安，
> 正〔則〕治，文則明，武則強。安〔則〕得本，治則得人，明則得
> 天，強則威行。參於天地，闔（合）於民心。文武并立，命之曰上
> 同。

此言耕戰合乎天地的規律就叫文，誅伐禁暴合乎天道人理就叫武。君臣當
位叫靜，賢不肖當位叫正，再加上文治清明，武功強盛，行事合乎天地之
道，合乎民心所向，君王就會被人民愛戴，這叫上同。〈君正〉亦說文武，
其云：

> 天有死生之時，國有死生之正（政）。因天之生也以養生，胃（謂）
> 之文；因天之殺也以伐死，胃（謂）之武；〔文〕武并行，則天下從
> 矣。

此言自然有生長凋謝的季節，國家也如自然一樣有養生肅殺的政策，效法自
然生養的天道來養育萬民就叫文，效法自然肅殺的天道來懲奸除惡就叫武，
文武並行就能使天下服從。

　　治國以形名法律爲本，而在施行形名法律的同時要照顧好百姓的生活，
形名法律與慈愛百姓這兩種行爲缺一不可，這便是刑德相養。〈十大經・姓
爭〉高陽問力黑何以解決陰謀紛爭，力黑云：

> 天地已成，黔首乃生。勝（姓）生已定，敵者生爭，不諶不定。凡
> 諶之極，在刑與德。刑德皇皇，日月相望，以明其當。望失其當，
> 環視其央（殃）。天德皇皇，非刑不行；繆（穆）繆（穆）天刑，非
> 德必頃（傾）。刑德相養，逆順若成。刑晦而德明，刑陰而德陽，刑
> 微而德章（彰）。其明者以爲法，而微道是行。

此言天地已經形成，人民隨之產生。氏族部落已經形成，敵對的部落就會產
生爭鬥，不戡亂就不能安定。戡亂的準則便是刑德並行。刑罰與德撫的彰顯
就像日與月一樣互相配合，如果配合失當，反而會有災殃。天道的德撫如果
沒有刑罰的配合就無法施行，肅殺的刑罰如果沒有德撫就會傾毀，刑罰與德
撫互相配合，逆順也就因此而定。刑罰屬陰，是晦暗的、隱微的；德撫屬陽，
是明亮的、彰顯的。所以彰明的德撫可以成爲法度，但是隱微的刑罰也同樣
要施行。〈十大經・觀〉有與此相似的話，其云：「春夏爲德，秋冬爲刑。先
德後刑以養生。姓生已定，而適（敵）者生爭，不諶不定。凡諶之極，在刑
與德。刑德皇皇，日月相望，以明其當，而盈〔絀〕無匡。」

〈爭姓〉中高陽問力黑，在〈觀〉變成力黑問黃帝，而且指出四時當中的春夏是德撫的季節，而秋冬則是刑罰的季節，所以要先德撫、後刑罰來養育生命。類似的觀念亦見於〈十大經・果童〉，黃帝問輔臣要如何教化人民，果童答云：

> 不險則不可平，不諶則不可正。觀天於上，視地於下，而稽之男女。
> 夫天有〔恆〕幹，地有恒常。合〔此幹〕常，是以有晦有明，有陰
> 有陽。夫地有山有澤，有黑有白，有美有亞（惡）。地俗德以靜，而
> 天正名以作。靜作相養，德虐相成。兩若有名，相與則成。陰陽備
> 物，化變乃生。有〔任一則〕重，任百而輕。人有其中，物又（有）
> 其刑（形），因之若成。

此言如果地勢不險峻就無法夷平它，如果國家不亂就沒有端正之事。天地有恆常不變的法則，晦明、陰陽、山澤、黑白、美惡等對立本來就存在，所以大地安靜的養育萬物，上天運作不止的正定形名，安靜的養育之德與運作的刑虐相輔相成，兩者雖然各自有各自的名，卻是互相依存而成。人各有其才，物各有其形，如果能順因萬物的才與形來對待，便能成功。如此便能使險峻夷平，亂事端正，貴賤等級就能正定，貧富就能有等差。這是脫胎自《老子》第二章：「有無之相生也，難易之相成也，長短之相形也，高下之相盈也，音聲相和也，先後之相隨也。」《老子》舉出這些相對的比較是在說明比較的無益，而《四經》利用這些相對的現象卻是在說明比較的絕對，說明定立形名的必要。〈爭姓〉所謂的「刑德相養」，在〈果童〉則稱爲「靜作相養，德虐相成」。

《四經》的執政方法以形名爲本，而以統一天下爲理想目標，並申明治國應當刑德相養，刑德缺一不可，若是偏廢其中一樣，都將導致國家的混亂衰敗，成爲下一個被敵國征伐的目標。《韓非子》雖然也講刑德，然而其對刑德的看法與《四經》並不全然相同，《韓非子・二柄》云：「明主之所道制其臣者，二柄而已矣。二柄者，刑德也。」〔註15〕韓非所謂的刑德，是指明主控制臣子的兩種權柄，並非指號令與慈愛百姓。

韓非的用語或有與《四經》相同，然其內涵並不相同，不可混爲一談，〈二柄〉亦提到所謂的刑名，其云：「人主將欲禁奸，則審合刑名者，言異事也。爲人臣者陳而言，君以其言授之事，專以其事責其功。功當其事，事當其

〔註15〕王先慎：《韓非子集解》卷二，頁82。

言，則賞；功不當其事，事不當其言，則罰。」〔註 16〕韓非言形名專指管理
臣下是否言事相符，而《四經》卻以形名爲萬物形成之根本。由此可知，黃
老思想與法家思想還是有很大的差別。而究其根本，《四經》以形名爲治，是
爲了使國君無執、無處、無爲、無私，而這正符合了《老子》第五章所云：「聖
人不仁，以百姓爲芻狗。」《莊子‧秋水》所云：「嚴乎若國之有君，其无私
德」。

小　結

　　《老子》、《莊子》與《黃帝四經》三書政治理論的執行方針都稱無爲，《老
子》的不言無爲是少頒政令、不擾民等政策，而《莊子》的無爲可分成兩種
系統：一是追求本性的自然狀態，反對一切人爲的制度的反政治系統；一是
保持虛靜恬淡寂漠無爲的精神，以此執行政務，如道一般任萬物之自然的君、
臣無爲。《四經》的無爲是指君主能善用形名，秉法執度，故能無爲無私。《莊
子》與《四經》的無爲同樣都出自《老子》，也同樣都講形名，《莊子》認爲
遵循天道無爲才是根本，形名只是末節，而《四經》卻認爲要先有形名，才
能無執無爲，這兩者的先後順序，正是《莊子》與《四經》的不同，由此而
發展出的理想世界亦有所不同，這是下一章所要探討的主題。

〔註 16〕　王先慎：《韓非子集解》卷二，頁 84～85。

第五章　三書政治觀理論的理想

　　《老子》、《莊子》與《黃帝四經》三者同樣以道爲政治觀理論的根源，然而他們所謂道的內涵並不全然相同；三者同樣以無爲作爲施政方針，然而他們所謂無爲的內涵亦不相同，由此而導出的政治理論的理想目標亦有所不同。《老子》政治理論的理想目標可分成小邦寡民與太上境界兩類，《莊子》政治理論的理想目標則可分成至德之世與明王之治兩類，《黃帝四經》政治理論的理想目標則可分成天下無敵與太上無刑兩類。

第一節　《老子》的小邦寡民與太上境界

　　《老子》政治理論以不言無爲作爲方針，故主張不發政令、不擾民，其目標在達到一個統治者對人民的影響減到最小的理想世界，而這種世界可以分成二類來論述，一是無政府狀態的小邦寡民世界，二是統治者不干涉人民的太上境界。

一、小國邦民的理想世界

　　《老子》對於理想世界的具體描繪在六十七章（通行本八十章）：

> 小邦寡民，使十百人之器勿用，使民重死而遠徙。有舟車無所乘之；有甲兵無所陳之，使民復結繩而用之。甘其食，美其服，樂其俗，安其居，鄰邦相望，雞犬之聲相聞，民至老死不相往來。

此言最理想的國家狀態是小邦寡民。因爲人民很少，生活簡單，所以不需要有抵上百十個人工的器械。使人民重視生命而避免遷移，如此一來，車子與

舟一類的交通工具也都不需要了，也不會想要去侵略他國，天下太平，所以兵甲之類的器具也都用不上了。人民少，內政則少問題；不與外國交流，外交則少紛爭，因此文字記錄也不需要了，只用結繩記事就足夠了。如此和平安樂的世界，人民吃什麼都香，不求美味；穿什麼都美，不求華服；安於自己的居處，不求華廈；對於自己的日常生活樂在其中，不求奢華刺激。鄰國之間，各個自給自足，雖近到可聽見彼此雞狗的鳴叫聲，人民卻不覺得有互相往來的必要。

　　《老子》所描繪的世界，與其說是小國家，不如說是村落。在現實中，村落是人類群居的最小單位，古代農村百姓自給自足，大多目不識丁，許多人一輩子離家最遠的距離就是村外的田地山野，雖然沒有華美的食衣住行等器物，但是只要能吃飽穿暖就感到幸福。《老子》的理想世界唯一與現實不同的是，村的單位之上沒有鄉鎮、州縣、國家，亦即它沒有比村還要大的政治組織。

　　六十七章（通行本八十章）的描述根本是認為人民的生活中無需有國家政府的存在，無需國家政府當然也就無需天子、侯王、大臣等統治人民的人。其敘述皆是從否定出發，否定器物的使用，否定遷徙，否定舟車、甲兵、文字，否定國家之間的外交，而最根本就是否定國家與政治組織。否定的理論必定由現實的存在出發，故此章所否定的便是當時存在的狀況：君王對擴大國家的野心，人民對器物發展的追求、對生命與遷徙的輕視，舟車、甲兵、文字的過度使用，國家之間的交流與紛爭，等等情況正是春秋戰國時期，由貴族統治的半奴隸制度過渡到人民土地私有制度的時代。

　　《老子》六十七章（通行本八十章）對理想世界的描述其實與六十二章所言道立天子、三卿有矛盾，六十二章的說法並沒有強力否定政治組統，而此章則很明顯對現存的政治組統持否定的態度，再加上此章所述的少內政、無外交，那又何需執政的聖人？《莊子》的至德之世多引用此章，可能是受此章影響，也可能是此章晚出的證明。

二、統治者的太上境界

　　六十七章（通行本八十章）雖然基本上否定了政府組織的存在必要，但是現實中不可能完全取消已經存在的政府機制，因此只能退一步要求君主要無為，要使百姓感覺不到他的存在，十七章云：

太上，下知有之；其次，親譽之；其次，畏之；其下，侮之。信不
足，安有不信。猶乎，其貴言也。成事遂功，而百姓曰我自然也。

最好的執政者是百官只知道有他的存在，而感覺不到他的作爲；次一等的執政者是百官感受到他的仁義而想親近他、讚譽他；再次一等的執政者是百官害怕刑法的威嚴而敬畏他；最下等執政者是行事沒有法度，使百官輕侮他，這是因爲執政者的誠信不促，於是百官無法信任他。最好的執政者是不輕易發佈政令，事情完成了，百官皆說是我自己做好的。正如擊壤歌所云：「日出而作，日入而息，鑿井而飲，耕田而食，帝力於我何有哉？」〔註1〕究其根本，這其實也是對君權的消解。

五十八章云：「其政悶悶，其民淳淳。其政察察，其民獩獩。」云若政事混沌無爲，則人民樸實；若政事苛察嚴細，則人民狡獪。要求執政者清靜無爲，其實便是消解執政者的存在感。五十七章云：「我欲不欲而民自樸。」人民的許多苦難其實是來自於上位者的欲望：好名、好利、好美食、好華服、好美色、好華廈等等都是無法填滿的欲望，而負責提供這些的是全國人民，如果放任上位者的欲望發展下去，人民的苦難就永無終結之時，因此要求上位者要克制欲望。

五十三章云：

使我挈有知，行於大道，唯迤是畏。大道甚夷，民甚好徑；朝甚除，
田甚蕪，倉甚虛。服文采，帶利劍，厭飲食，資貨有餘，是謂盜竽。
非道也哉！

此言假使我以巧智行走在大道上，唯恐會走入邪路。大道很平坦，但人偏喜歡走不平正的邪徑。朝政腐敗，田地荒蕪，倉廩空虛，卻還穿著華麗的服飾，配帶著鋒利的寶劍，飽食精美的食物，擁有足的財富。這種靡爛的風氣一開，上有所好，下必和之，這不是執政的正道。這裡指出欲望是最可怕的糖衣毒藥。欲望使人發展聰明才智，使生活過得更便利，看似好處多多，其實只是

〔註1〕　漢・王充《論衡・藝增》曰：「大哉！堯之爲君也。蕩蕩乎民无能名焉。」《論語・泰伯第八》：子曰：「大哉堯之爲君也，巍巍乎，唯天爲大，唯堯則之，蕩蕩乎，民無能名焉。巍巍乎，其有成功也，煥乎，其有文章。」傳曰：「有年五十擊壤於路者，觀者曰：『大哉！堯德乎！』擊壤者曰：『吾日出而作，日入而息，鑿井而飲，耕田而食，堯何等力！』此言蕩蕩無能名之效也。言蕩蕩，可也；乃欲言民無能名，增之也。四海之大，萬民之眾，無能名堯之德者，殆不實也。晉・皇甫謐《帝王世紀》：「帝堯之世，天下大和，百姓無事，有八十老人擊壤于道，作擊壤歌曰：……」。

使人們的心智趨向巧詐腐敗，讓社會更紛亂。所以最好的方便是克制欲望，過著純樸簡單的生活，人們天眞無邪，沒有紛爭，這才是最理想的生活方式。四十六章亦云：「罪莫厚乎甚欲；咎莫憯乎欲得；禍莫大乎不知足。故知足之爲足，此恒足矣。」如果放任欲望無限制的發展，貪得無厭的結果必定招致禍患，上位者若不知足則禍延百姓，百姓若不知足則易產生紛爭，若上下皆能知足則不會對生活有什麼不滿，自會認爲平凡的生活就是富足。

　　《老子》書中的理想境界，除了對於民生物質方面的描繪，還包含思想道德觀念的分辨，十八章云：

> 故大道廢，安有仁義。……〔註2〕六親不和，安有孝慈。邦家昏亂，
> 安有貞臣。

蘇轍解釋云：

> 大道之隆也，仁義行於其中而民不知。大道廢，而後仁義見矣。……
> 六親方和，孰非孝慈？國家方治，孰非忠臣？堯非不孝也，而獨稱
> 舜，無瞽瞍也。伊尹周公，非不忠也，而獨稱龍逢、比干，無桀紂
> 也。涸澤之魚，相呴以沫，相濡以濕，不如相忘於江湖。

此言大道正行時，仁義已在其中，人們不知何謂仁義，失道之後才感覺到仁義的存在。六親和樂，孝慈已在其中，人們不知何謂孝慈，失和之後才感覺得孝慈的存在。國家平治時，忠臣已在其中，人們不知何謂忠奸，世亂乃凸顯忠臣的存在。仁義、孝慈、忠臣等符合一般人對道德理想的觀念，相對於完整的理想，其實只是一偏。所以《老子》的理想世界中，人們是無需有仁義、孝慈、忠臣等觀念，因爲當人們過著天眞純樸的生活時，這些品格就在其中了。四十八章即云：

> 爲學者日益，爲道者日損，損之又損，以至於無爲，無爲而無不爲。
>
> 取天下也，恒無事；及其有事也，不足以取天下。

此言一般的學習是日益增加知識，爲道者卻日漸減少巧智，最後到了無爲的程度，如此便能行事有度不妄爲。君王欲取天下，當以無爲爲事，若以有爲爲事，則不足以取天下，故六十四章云：「爲之者敗之，執之者失之，聖人無爲故無敗；無執故無失。」

　　所以在《老子》的政治理想裡，最理想的國君是隱形的執政者，最理想的百姓是保有自然本性的人民，而《莊子》與《黃帝四經》恰恰分別從百姓

〔註2〕　此刪節處乃「智慧出，案有大僞。」六字，馬王堆本有，郭店本無。

與國君兩方面著手努力，《莊子》追求人的自然生命狀態，《四經》追求法治以求消解國君的人治，兩者的著重點不同，終究走上不同的道路。

第二節　《莊子》的至德之世與明王之治

　　《莊子》的施政方針可以分成二類：一是不尚賢、不攖民心的反政治系統，二是以虛靜恬淡寂漠無為的心志精神去管理百姓的先聖後王系統。由此，其所發展出的政治理想亦可分成二類：一是任民自然的至德之世，二是行言自為而天下化的明王之治。

一、反政治的至德之世

　　《莊子》書中反政治系統的理想世界，最代表性的便是至德之世，〈馬蹄〉云：

> 彼民有常性，織而衣，耕而食，是謂同德。一而不黨，命曰天放。故至德之世，其行填填，其視顛顛。當是時也，山无蹊隧，澤无舟梁；萬物群生，連屬其鄉；禽獸成群，草木遂長。是故禽獸可係羈而游，鳥鵲之巢可攀援而窺。夫至德之世，同與禽獸居，族與萬物並，惡乎知君子小人哉！同乎无知，其德不離；同乎无欲，是謂素樸。

此云人民天生具有恆常不變的本性，自己織衣來穿，自己耕種糧食來吃，自己自足，不偏不黨，這就天放。善於治理天下的人便讓人民順著他的自然本性生活，所以在至德之世時，人民的行動舒緩自得，視物專注，沒有多餘的奇巧心思，所以山中沒有路徑，水上沒有舟船，萬物的生存環境並沒有明顯的界限，人民的生活周遭都是飛禽走獸眾多、草木生長茂盛，但人民並不害怕，和平與它們共存，甚至可與禽獸嬉戲。此時的人民哪裡知道什麼叫君子、什麼叫小人，只是無知無欲的生活著，這就叫素樸。其下又云：

> 夫赫胥氏之時，民居不知所為，行不知所之，含哺而熙，鼓腹而遊，民能以此矣。及至聖人，屈折禮樂以匡天下之形，縣跂仁義以慰天下之心，而民乃始踶跂好知，爭歸於利，不可止也。此亦聖人之過也。

此言赫胥氏之時的人民，無知無慮，安居而無所為，游行而無所往，整天吃飽了便是嬉戲遨遊。等到聖人以仁義禮樂來規範天下，人民才開始用智爭利，

這都是聖人的過錯。這裡所描述的「至德之世」、「赫胥氏之時」，與《老子》「小邦寡民」的描述並不相同，這裡主要在強人民純樸的那種「遊」的自在：與禽獸遊、鼓腹而遊。

〈胠篋〉也同樣提到至德之世，而〈馬蹄〉提到的赫胥氏也包含在其中，其云：

> 子獨不知至德之世乎？昔者容成氏、大庭氏、伯皇氏、中央氏、栗陸氏、驪畜氏、軒轅氏、赫胥氏、尊盧氏、祝融氏、伏犧氏、神農氏，當是時也，民結繩而用之，甘其食，美其服，樂其俗，安其居，鄰國相望，雞狗之音相聞，民至老死而不相往來。若此之時，則至治已。今遂至使民延頸舉踵曰：「某所有賢者，贏糧而趣之。」則內棄其親，而外去其主之事，足跡接乎諸侯之境，車軌結乎千里之外。則是上好知之過也。

這裡的至德之世有具體的對象：容成氏、大庭氏、伯皇氏、中央氏、栗陸氏、驪畜氏、軒轅氏、赫胥氏、尊盧氏、祝融氏、伏犧氏、神農氏，這些時代裡的人民生活簡單，只需結繩記事，他們吃什麼都覺得好吃，穿什麼都覺得美，風俗很合意，居處很安逸，與鄰國近到彼此可以望見，互相可以聽到雞狗的鳴叫聲，卻不覺得有往來的必要，這才是最理想的平治狀態。到了後來標舉賢智，一聽說哪裡有賢者便背著糧食跟隨他，於是人民拋棄雙親去侍俸各國的君主，足跡遍布各諸侯國，車軌直達千里之外，這都是上位者標舉賢智的過錯。這裡直接引用《老子》六十七章（通行本八十章）對「小邦寡民」的描述，同篇還引了三十六章、十九章、四十五章，其云：

> 故曰：「魚不可脫於淵，國之利器不可以示人。」彼聖人者，天下之利器也，非所以明天下也。故絕聖棄知，大盜乃止；擿玉毀珠，小盜不起；焚符破璽，而民朴鄙；掊斗折衡，而民不爭；殫殘天下之聖法，而民始可與論議；擢亂六律，鑠絕竽瑟，塞瞽曠之耳，而天下始人含其聰矣；滅文章，散五采，膠離朱之目，而天下始人含其明矣；毀絕鉤繩而棄規矩，攦工倕之指，而天下始人有其巧矣。故曰：「大巧若拙」。削曾、史之行，鉗楊、墨之口，攘棄仁義，而天下之德始玄同矣。

此言聖人是利器，不可以明示天下。所以如果絕棄聖智、仁義，不標舉曾、史之行，不聽楊、墨之言，毀去珠玉、璽符這些標示人民等級事物，拋棄斗

衡、聖法、六律、文章、五彩、鉤繩、規矩這些規範人民的東西，那麼天下
人的德行才能與大道一致。此言聖人是利器，與《黃帝四經》把聖人作爲人
主執政的工具，與此有相通處，但此處主要在標榜不尙賢，而《四經》卻是
鼓勵尙賢的。〈胠篋〉雖與〈馬蹄〉同樣提到至德之世，但是〈胠篋〉對《老
子》的繼承色彩濃厚，而〈馬蹄〉則著重在遊的狀態，這是《老子》未曾提
到的。

〈天地〉也提到至德之世，其云：

> 至德之世，不尙賢，不使能。上如標枝，民如野鹿。端正而不知以
> 爲義，相愛而不知以爲仁，實而不知以爲忠，當而不知以爲信，蠢
> 動而相使，不以爲賜。是故行而無跡，事而無傳。

此言至德之世不崇尙賢能，君上如同樹端的高枝自生自長，人民如同在地上
自由奔跑的野鹿。人們行爲端正，卻不知什麼叫義；相親相愛，卻不知什麼
叫仁；率性誠實，卻不知什麼叫忠；任眞當理，卻不知什麼叫信；自動互助，
卻不認爲這是恩賜。人們自認所作所爲皆是自然如此，所以沒有什麼需要特
別記錄流傳的事。此言仁義已包含在自然人性之中，無須特別標榜，這是否
定儒家的仁義說。

另外，還有所謂的建德之國，其描述與至德之世類似，〈山木〉提到市南
宜僚見魯侯，建議魯侯忘己身形，拋棄國君之位，息智去欲，自由自在的遊
行於無人之野。這裡的無人之野，便是建德之國。其云：

> 南越有邑焉，名爲建德之國。其民愚而朴，少私而寡欲，知作而不
> 知藏，與而不求其報。不知義之所適，不知禮之所將。猖狂妄行，
> 乃蹈乎大方。其生可樂，其死可葬。

此言南越有一個建德之國，那裡的人民單純質樸，鮮少有私心和欲望，只知
道耕作而不知道儲藏，幫助別人卻不求回報，不道什麼叫義、什麼叫禮，任
意而行，卻合乎大道，活著時便快樂地生活，死了便安葬。

由此看來，〈馬蹄〉、〈胠篋〉、〈天地〉所謂的至德之世與〈山木〉所謂的
建德之國，其的共同特色是不尙賢能，不標舉仁義，總地來看，還是承自《老
子》三章：「不上賢，使民不爭。」由此可以推知，這一系統的政治觀認爲天
下平治的最理想的狀態是不爭之世，而要能夠不爭，便是要人們不能有分別
心，無賢不肖、無君子小人等分別，不知謂仁、義、禮、智，而這種無分別
心的狀態便是人的本性，故〈駢拇〉云：

自虞氏招仁義以撓天下也，天下莫不奔命於仁義。是非以仁義易其
性與？故嘗試論之：自三代以下者，天下莫不以物易其性矣！小人
則以身殉利；士則以身殉名；大夫則以身殉家；聖人則以身殉天下。
故此數子者，事業不同，名聲異號，其於傷性以身為殉，一也。

〈駢拇〉以為自有虞氏開始標舉仁義，使人們拋棄自然本性去追求仁義，直
至三代以下皆如此，所謂的君子不過是汲汲營營於仁義者，所謂小人不過是
汲汲營營於利益者，兩者的名號雖然不同，但是傷殘本性的結果卻是一樣的。
此即〈庚桑楚〉所云：「舉賢則民相軋，任知則民相盜。」庚桑楚還預言：「大
亂之本，必生於堯舜之間，其末存乎千世之後。千世之後，其必有人與人相
食者也。」天下之亂所以生於堯舜之間，正因為其舉賢任知，由此以下，至
千世之後，人的競爭心必定更加激烈，甚至會有人吃人的情況出現。

　　提到虞舜標舉仁義的說法，亦見於〈應帝王〉蒲衣子跟齧缺提到理想的
政治狀態，其云：

有虞氏不及泰氏。有虞氏其猶藏仁以要人，亦得人矣，而未始出於
非人。泰氏，其臥徐徐，其覺于于；一以己為馬，一以己為牛；其
知情信，其德甚真，而未始入於非人。

此言儒家所標榜的虞舜尚且以仁邀結人心，雖然也能得人心〔註3〕，但是還沒
超脫物累，不如泰氏，他睡時安閒舒適，醒時無知無識的樣子，忘物忘我，
任人叫自己是馬是牛，真知無虛，真德無偽，不受外物牽累。泰氏是無為而
治的典範，忘物忘我，近似於《老子》十七章的「太上，下知有之。」而有
虞氏標舉仁義，因此有賢不肖之分，近似於「其次，親譽之。」只能算是「學
道不勸」的聖人。

　　〈天地〉門無鬼與赤張滿稽也談到虞舜之治，其云：

門无鬼曰：「天下均治，而有虞氏治之邪？其亂而後治之與？」赤張
滿稽曰：「天下均治之為願，而何計以有虞氏為！有虞氏之藥瘍
也，禿而施髢，病而求醫。孝子操藥以脩慈父，其色燋然，聖人羞
之。」

此言虞舜治理天下，是在天下病了之後才以藥去醫治，卻不能從根本上使天
下免於有病。這裡的病便是人民失去純樸本性，而藥便是仁義。這也是承襲
《老子》十八章：「大道廢，安有仁義。」與三十八章：「失道而後德，失德

〔註3〕〈田子方〉云：「有虞氏死生不入於心，故足以動人。」

而後仁，失仁而後義，失義而後禮。」所以〈天地〉又云：

> 堯治天下，伯成子高立爲諸侯。堯授舜，舜授禹，伯成子高辭爲諸
> 侯而耕。禹往見之，則耕在野。禹趨就下風，立而問焉，曰：「昔堯
> 治天下，吾子立爲諸侯。堯授舜，舜授予，而吾子辭爲諸侯而耕。
> 敢問，其故何也？」子高曰：「昔堯治天下，不賞而民勸，不罰而民
> 畏。今子賞罰而民且不仁，德自此衰，刑自此立，後世之亂自此始
> 矣！夫子闔行邪？无落吾事！」俋俋乎耕而不顧。〔註4〕

此言禹治天下，伯成子高辭去諸侯之立而回去耕田，禹前去問子高辭職的理
由，子高的理由是從前堯治天下時，不施行賞罰，但人民卻自動守規矩，現在
禹以賞罰治國，人民卻不仁而德衰，後世將從此陷入求賞避罰的混亂中。

〈應帝王〉與〈駢拇〉說虞舜標舉仁義，其實是在批評儒家；〈天地〉在
這裡沒有指出堯舜主張，只說禹行賞罰，其實是在批評法家。這樣透過否定
虞舜以至三代的尚仁尚賢之治，由此嚮往自在無爲的至德之世，便形成一種
每下愈況的歷史觀。〈繕性〉便提出「世喪道矣」，其云：

> 古之人，在混芒之中，與一世而得澹漠焉。當是時也，陰陽和靜，
> 鬼神不擾，四時得節，萬物不傷，群生不夭，人雖有知，无所用之，
> 此之謂至一。當是時也，莫之爲而常自然。逮德下衰，及燧人、伏
> 義始爲天下，是故順而不一。德又下衰，及神農、黃帝始爲天下，
> 是故安而不順。德又下衰，及唐、虞始爲天下，興治化之流，澆淳
> 散朴，離道以善，險德以行，然後去性而從於心。心與心識，知而
> 不足以定天下，然後附之以文，益之以博。文滅質，博溺心，然後
> 民始惑亂，无以反其性情而復其初。由是觀之，世喪道矣，道喪世
> 矣，世與道交相喪也。

此言古時候的人生存在混沌芒昧之中，舉世之人皆恬淡寂寞無爲，這時候陰
陽之氣調和，鬼神與人類相安無事，四季的氣候都有節度，萬物皆不會受到
傷害而夭折，人們雖然有智慧，卻無處可用，這種狀態就叫至一。此時的人
們皆順應自然而不必特別去做什麼，所以也沒有一個明確的統治者。這與〈馬
蹄〉所謂的「天放」狀態相似。等到人們的德性日漸衰落，燧人、伏羲開始
治理天下時，只能順應民心，卻不能讓萬物回到混而爲一的狀態。由此人們

〔註4〕 〈天運〉提到子貢云：「堯授舜，舜授禹，禹用力而湯用兵，文王順紂而不敢
　　　　逆，武王逆紂而不肯順，故曰不同。」

的德性繼續衰落，到了神農、黃帝開始治理天下時，只能安定天下，卻不能順應民心。到了堯、舜開始治理天下時，大興教化，於是人們離自然純樸的狀態就更遠了，開始追求所謂的善，捨棄了自然的本性開始追求所謂心識。後來發現所謂的心識不能安定天下，於是又往外追求附加的文飾，廣博的增加見聞，然後人們開始感到疑惑混亂，沒辦法再回復本初的自然本性。由此可知，世俗之人慢慢地喪失與生具來的大道本真，因此大道也漸漸遠離世俗之人，於是世俗之人與大道的距離便愈來愈遠了。

　　〈繕性〉從古述至燧人、伏羲，接至神農、黃帝，再至唐堯、虞舜，相較於〈胠篋〉只分成至德之世與現在、〈應帝王〉只列出泰氏與虞舜、〈天地〉只說明堯與禹，這種歷史分級分得更詳細，且列出了階段性的演變，雖然同樣將堯、舜的教化當作是悖反大道的重要里程碑，但是世俗道德的衰落並不始於堯、舜，而是遠從燧人、伏羲便開始了。類似的歷史分級又見於〈盜跖〉，盜跖對孔子說：

> 古者禽獸多而人少，於是民皆巢居以避之，晝拾橡栗，暮栖木上，故命之曰有巢氏之民。古者民不知衣服，夏多積薪，冬則煬之，故命之曰知生之民。神農之世，臥則居居，起則于于。民知其母，不知其父，與麋鹿共處，耕而食，織而衣，无有相害之心，此至德之隆也。然而黃帝不能致德，與蚩尤戰於涿鹿之野，流血百里。堯舜作，立群臣，湯放其主，武王殺紂。自是之後，以強陵弱，以眾暴寡。湯武以來，皆亂人之徒也。

此言古時候禽獸多而人類少，於是人民在樹上築巢屋來躲避禽獸，所以稱之為有巢氏時代的人民。古時候的人民不知道穿衣服，只能在夏天多積聚木柴，等到冬天便燒柴禦寒，所以稱之為只知道生存的人民。神農氏統治時代，人民睡臥時恬然安靜，醒時自得自適，只知道有母親而不知道有父親，與麋鹿生活在一起，靠耕種供給食物，靠織布供給衣裳，沒有任何相害的心思，此時是道德極盛的時代。但是到了黃帝統治時代，他不能達到這種德行，與蚩尤在涿鹿打仗，死去人民的血流滿大地。到了堯、舜統治天下時，設立群臣，後來的商湯卻流放了他的君主，再之後的武王更進一步殺了他的君主紂。從此之後，便是以強者欺凌弱者、以人多欺負人少的事跡。從商湯、武王開始，統治者都成了禍害百姓的人。

　　關於神農氏時代的統治，又見於〈讓王〉，伯夷叔齊描述執道者統治的理

想世界時，云：

> 昔者神農之有天下也，時祀盡敬，而不祈喜；其於人也，忠信盡治，
> 而无求焉。樂與政爲政，樂與治爲治，不以人之壞自成也，不以人
> 之卑自高也，不以遭時自利也。今周見殷之亂而遽爲政，上謀而下
> 行貨，阻兵而保威，割牲而盟以爲信，揚行以說眾，殺伐以要利。
> 是推亂以易暴也。

此言從前神農氏治理天下時，四時的祭祀極盡誠敬，卻不祈求自己喜愛的東
西；對於百姓，以忠信的態度去治理，卻對他們無所求。樂於從政治理百姓
的就讓他治理，不以別人的失敗來凸顯自己的成功，不以別人的卑下來凸顯
自己的高尚，不因適逢時機來圖求自己的利益。現今周見到殷的情況混亂便
來奪取政權，對上運用謀略，對下賂以財貨，依仗兵力來維持威勢，殺犧牲
立盟約來取得信用，宣揚自己的行爲來說服民眾，藉著殺伐來取得利益，這
是推崇周的亂政來替代殷的暴政罷了。

〈盜跖〉與〈讓王〉都提到神農氏統治的時代是一個很美好的時代，然
而從近古的商湯、周武開始，統治者不但不能幫助百姓，反而成了禍害百姓
的人。這很明顯是反對當時政治制度的一系的語氣，如此一來，每況愈下的
歷史觀便成了反政治一系的理論依據，而遠古時代的生活狀態便成了這一系
的理想世界藍圖。

另一個類似的歷史分級又見於〈天運〉，老聃對子貢說：

> 黃帝之治天下，使民心一，民有其親死不哭，而民不非也。堯之治
> 天下，使民心親。民有爲其親殺其殺，而民不非也。舜之治天下，
> 使民心競，民孕婦十月生子，子生五月而能言，不至乎孩而始誰，
> 則人始有夭矣。禹之治天下，使民心變，人有心而兵有順，殺盜非
> 殺人，自爲種而天下耳。是以天下大駭，儒墨皆起。……三皇五帝
> 之治天下，名曰治之，而亂莫甚焉。

此言黃帝治天下時，使民心純樸專一；堯治天下時，使民心相親愛；舜治天
下時，使民心有競爭之意；禹治天下時，使民心機變百出，人民開始追求心
識的機變，認爲可以用戰爭去取得對方的順從，認爲殺盜賊不算是殺人，由
此發展至全天下，因此天下大爲驚恐，儒、墨的學說隨之興起。所以說三皇
五帝治理天下之時，名爲治理，實際上卻沒有人比他們更能禍亂天下了。這
裡分成黃帝、堯、舜、舜四個演變階段，並且很明顯的將矛頭直指儒、墨學

說，將三皇五帝都當作是禍亂人類的罪人。此時每況愈下的歷史觀則成爲批判儒、墨學說的理論依據。

二、先聖後王的明王之治

《莊子》對理想世界的描繪主要出自反政治系統的至德之世，較接近《老子》六十七章（通行本八十章）的小邦寡民，而先聖後王系統較少具體描述，只有〈應帝王〉提到明王之治與〈天地〉提到聖治。

〈應帝王〉云：

> 明王之治，功蓋天下而似不自己，化貸萬物而民弗恃；有莫舉名，
> 使物自喜；立乎不測，而遊於无有者也。

此言明王治理天下時，功德廣被天下卻似與不出自於已，教化施於萬物而人民卻不會依賴他，使萬物自得其所卻無所稱道，自己則自由自在的處在深不可測虛靜之地。這比較接近《老子》十七章的太上境界。

〈天地〉云：

> 苑風曰：「夫子无意於橫目之民乎？願聞聖治。」諄芒曰：「聖治
> 乎？官施而不失其宜，拔舉而不失其能，畢見其情事而行其所爲，
> 行言自爲而天下化。手撓顧指，四方之民莫不俱至，此之謂聖治。」
> 「願聞德人。」曰：「德人者，居无思，行无慮，不藏是非美惡。四
> 海之內共利之之謂悅，共給之之謂安。怊乎若嬰兒之失其母也，儻
> 乎若行而失其道也。財用有餘，而不知其所自來；飲食取足，而不
> 知其所從。此謂德人之容。」「願聞神人。」曰：「上神乘光，與形
> 滅亡，是謂照曠。致命盡情，天地樂而萬事銷亡，萬物復情，此之
> 謂混溟。」

在此敘述「聖治」、「德人」、「神人」三境界表示三種政治狀態：聖治是施官合宜，舉拔賢能，可以看清楚臣下的作爲，行止順應自然而使天下受其教化，令四方之民皆來歸順。這比較接近儒家治國的方法。德人是統治者無思無慮，沒人任何治理的作爲，只是安然接受人民供養，讓人民自給自足。神人則銷去外在形體的拘束，與天地合一，任萬物自生自長，回到混沌不明的狀態。這是將先聖後王系統的聖人與反政治系統的至人、神人歸納成三種狀態，而儒家所崇尚的聖人之治處在最下等，而與《老子》十七章所云：「太上，下知有之；其次，親譽之；其次，畏之；其次，侮之。」略有不同，是《莊子》

對《老子》的轉化。

　　比較《莊子》書中，反政治系統與先聖後王系對理想境界的描述分量，先聖後王的理想境界只有兩段敘述，而反政治系統的相關敘述卻有十幾段，可見《莊子》一書的政治觀傾向反政治系統的現象。

第三節　《黃帝四經》的天下無敵與太上無刑

　　《黃帝四經》的施政方針雖然也說無為，卻是以形名為主，與《老子》的「不言」無為、《莊子》的「虛靜」無為不同，所以其政治理論的理想目標亦與《老》、《莊》十分不同。《四經》努力想達成的是塑造一個天下無敵王國，而其理想的國家狀態是太上無刑。

一、天下無敵之國

　　〈經法‧六分〉云：

> 為人主，南面而立。臣肅敬，不敢敝（蔽）其主。下比順，不敢敝（蔽）其上。萬民和輯而樂為其主上用，地廣人眾兵強，天下無適（敵）。

此言最理想的政治狀態是，人主端坐北方之立，向南端視群臣，而群臣面對其主的態度嚴肅恭敬，不敢蒙蔽其主。下位者和順而不敢蒙蔽上位者。這樣一來，政治體制能順利運轉，百姓便能和睦而且樂於為主上效力，便可以開拓土地，使人口增多，兵力也能增強，最後則可無敵於天下。

　　從〈六分〉可以看出《四經》關心的對象是統治階層的關係是否上下分明、上行下效，而不注重平民百姓的生活過得如何，百姓只要保持在態度和順且能為上位者所用的狀態即可。這是《四經》與《老》、《莊》最基本的立場不同，前者關注的是政治組統的運作，後兩者關注的是統治者是否能使人民生活安樂。《老子》六十七章（通行本八十章）云：「甘其食，美其服，樂其俗，安其居」，《莊子‧馬蹄》云：「民居不知所為，行不知所之，含哺而熙，鼓腹而遊」，這些都是對人民生活狀態的描述，而統治者的適不適任，端看人民的生活是否符合這些理想的狀態。反觀《四經》，〈十大經‧觀〉提到黃帝命令力黑到週國民間視察，結果力黑回報後的反應是：

> 天地已成而民生，逆順無紀，德瘧（虐）無刑，靜作無時，先後無名。今吾欲得逆順之〔紀，德虐之刑，靜作之時〕以為天下正，靜

作之時，因而勒之，爲之若何？

此言天地生成，人類誕生，但是是非善惡沒有標準，獎賞與懲罰沒有定則，人民的作息沒有規律，貴賤尊卑沒有確定的名分。現在我想將是與非、善與惡、獎賞與懲罰、作與息、貴與賤、尊與卑這些分別都確定下來，作爲天下的法式，以此來規範人民的行爲。力黑問黃帝這樣做如何？結果，黃帝認同他的作法，並進一步提出先德後刑。

所謂先德後刑便是〈君正〉所說的政令符合民意，其云：

號令發必行，俗也。男女勸勉，愛也。動之靜之，民無不聽，時也。
受賞無德，受罪無怨，當也。貴賤有別，賢不宵（肖）衰也。衣備
（服）不相繪（逾），貴賤等也。國無盜賊，詐僞不生，民無邪心，
衣食足而刑伐（罰）必也。

這提到讓人民養成服從號令的習慣，施愛人民，役使人民合乎天時，適當的施行賞罰，區別貴與賤、賢與不肖等身分等級，這樣便能使國家沒有盜賊，狡詐虛僞的事無法發生，人民沒有邪惡的心思，這是因爲百姓豐衣足食而且刑罰律令堅定的持行。這把國家的安定建立在百姓衣食足和政府刑罰必兩個要點上，前者便是德，後者便是刑。《四經》所謂施德百姓，目的要百姓服從號令，進而達到兵強國強，進而無敵於天下。

又，〈十大經・順道〉提到黃帝與力黑討論大庭氏的統治方法，其云：

黃帝問力黑曰：大莛（庭）氏之有天下也，不辨陰陽，不數日月，
不志四時，而天開以時，地成以財。其爲之若何？力黑曰：大莛（庭）
之有天下也，安徐正靜，柔節先定。晃濕共（恭）僉（儉），卑約主
柔，常後而不失〈先〉。膿（體）正信以仁，茲（慈）惠以愛人，端
正勇，弗敢以先人。中請不剝，執一毋求。刑於女節，所生乃柔。
□□□正德，好德不爭。立於不敢，行於不能。單（戰）視（示）
不敢，明執不能。守弱節而堅之，胥雄節之窮而因之。若此者其民
勞不〔侵〕，幾（饑）不飴（息），死不宛（怨）。

此言大庭氏治理天下時，不分辨陰陽，不計數年月時日，不記得四季的節序，然而天還是依時運行，地還是按時長養生物。他是怎麼做到的？大黑的答案是：大庭氏治理天下時，態度安定、徐緩、端正、靜默，用柔和態度來正定天下。他的態度委婉和順、恭敬儉約，常常守柔退後而不爭先，用信賞罰的方式來愛人施惠，端正勇敢卻不與人爭先，中心安靜執守大道而不往外追求。

取法雌節守柔，所以不爭，表現不勇敢與沒有能力的樣子。戰爭時如果表現出不勇敢與沒能力的樣子，態度柔弱卻立場堅定，等到對方剛勇之氣窮盡便可以乘勢去攻擊他。如果能做到這樣的話，手下的臣民雖然勞累飢餓卻不會怠慢，即便犧牲生命也不會有怨恨。

〈順道〉的大庭氏與《莊子·胠篋》所述不同，〈胠篋〉的大庭氏是至德之世的代表，其不尚賢、不攖民心，使民以自然本性快樂的生活著。〈順道〉的大庭氏在力黑的解讀之後，成為表裡不一的君主，他外表柔弱不爭，實際上卻是以這種柔弱無能的表象來蒙騙對手，等待對手懈怠之後，再予以有力的反擊。

〈順道〉除了對大庭氏的解讀與《莊子》不同，也將《老子》重新詮釋，其謂的「晃濕共（恭）僉（儉），卑約主柔，常後而不失〈先〉。……單（戰）視（示）不敢，明執不能。守弱節而堅之，胥雄節之窮而因之。」便是出自《老子》六十九章（通行本六十七章）所云：「一曰慈，二曰儉，三曰不敢為天下先。夫慈，故能勇；儉，故能廣；不敢為天下先，故能為成器長。今捨其慈，且勇；捨其儉，且廣；捨其後，且先，則必死矣。夫慈，以戰則勝，以守則固。天將建之，如以慈垣之。」

〈順道〉又賦予仁和勇不同於儒家的定義，儒家的仁是不忍之仁，勇是自反而縮，雖千萬人吾往矣的勇氣，這裡卻說用信賞罰的方式來施仁，用後退的方式來表示勇。最後，這些種種手段都不是為了讓人民過上好日子，而是為了讓人民勞不僈、饑不怠、死不怨。這與《莊子》的不擾亂人民本性和《老子》的不干涉人民生活的主張完全不同。

《四經》將王天下的列為最高目標，其次便是稱霸天下，其餘的便是所謂的頹國、危國、亡國，言些雖然稱之為國，卻是不入流的。〈經法·六分〉云：

> 凡觀國，有大〈六〉順：主不失其立（位）則國〔有本，臣〕失其處則下無根，國憂而存。主惠臣忠者，其國安。主主臣臣，上下不赾者，其國強。主執度，臣循理者，其國朝（霸）昌。主得〔位〕臣福（輻）屬者，王。六順六逆〔乃〕存亡〔興壞〕之分也。主上執六分以生殺，以賞〔罰〕，以必伐。天下大（太）平，正以明德，參之於天地，而兼復（覆）載而無私也，故王天〔下〕。

此言國家有幾種順利發展的跡象：一、君主不失去權位，那麼國家便有存在

的根本，那麼即便臣子不能盡職，國家也可以憂患中存在；二、君主慈惠愛下，臣子忠心事上，國家便能安定；三、君主與臣子皆各盡其職，君臣上下一心，國家便能強盛；四、君主執守法度，臣子遵循事理，國家便能昌盛稱而稱霸天下；五、君主居得其位，臣子擁戴君主，國家便能稱王天下。如果君主可以掌握國家興亡的分際，以此道來施行生殺、賞罰、爭戰，天下就可以太平，君主就可以彰顯公正的德行，效法天地的公平無私，這樣就可以稱王天下。這裡指出國家的存在是建立在君主能夠當位的基礎上，然而國家的衰弱或強盛卻是決定於臣子跟君主的關係：臣子不盡職，國家便危險；反之，臣子擁戴君王，國家便可稱王天下。這當中沒有百姓的地位。其下又進一步論述云：

> 王天下者，輕縣國而重士，故國重而身安；賤財而貴有知，故功得而財生；賤身而貴有道，故身貴而令行。〔故王〕天下〔者〕天下則之。朝（霸）主積甲士而征不備（服），誅禁當罪而不私其利，故令天下而莫敢不聽。自此以下，兵單（戰）力挣（爭），危亡無日，而莫知其所從來。夫言朝（霸）王，其〔無私也〕，唯王者能兼復（覆）載天下，物曲成焉。

此言王天下的關鍵在於君主能夠重士、貴有知、貴有道，此即〈稱〉所云：「帝者臣，名臣，其實師也；王者臣，名臣，其實友也；朝（霸）者臣，名臣也，實〔賓也；危者〕臣，名臣也，其實庸也；亡者臣，名臣也，其實虜也。」君王對賢能的大臣愈敬重，國家便愈強盛，這與《老》、《莊》的不尚賢完全是背道而馳了。而其次所謂的霸主是依靠武力的征伐來使其他國家臣服，只要征伐的是理當治罪的國家，而不是為了自己的私利，就沒有國家敢違抗他的命令。除此之外，那些只知道打仗爭鬥的國家，危亡的日子也就不遠了。

所謂的稱王稱霸，重點就在於無私的治理天下，所以萬物各有所成。《老子》也講無私，但是《老子》的無私指的是君主在治國時，不應為了私欲而向臣下百姓需索無度，《四經》卻將無私轉成了征伐當罪的無私利，無視《老子》的非戰不爭，所以〈十大經〉的〈五正〉與〈爭姓〉皆云：「夫作爭者凶，不爭者亦無成功。」這是將《老子》二十三章（通行本二十二章）與六十六章：「夫唯不爭，故莫能與之爭。」完全推翻，因為《四經》的目標是成功，而《老子》的目標是保持自然。

二、太上無刑之政

上述系統提到王、霸天下便要先德後刑，便要執度循理，便要尚賢貴有道，但是又有所謂「太上無刑」，〈稱〉云：

> 善爲國者，大（太）上無刑，其〔次〕□□，〔其〕下鬥果訟果，大（太）下不鬥不訟有（又）不果。□大（太）上爭於□，其次爭於明，其下栽（救）患禍。

此言善於治理國家的，最上乘的是沒有刑罰，其下的是用果決的態度處理鬥和獄訟，最下乘的是爭鬥和獄訟都無法果決的處理。其中用果決的態度處理爭鬥和獄訟，是在患禍發生之後才採取的補救措施，是下乘的做法，最上乘的做法是防患於未然，使國家沒爭鬥和獄訟之事，也就不會有刑罰，這便是「太上無刑」。

〈稱〉所謂的太上、其次、其下、太下四個等級，其實是呼應了《老子》十七章：「太上，下知有之；其次，親譽之；其次，畏之；其次，侮之。」太上無刑，故下民只知有君，而不知國君有什麼具體的作爲。其次是爭於明，所以下民親譽其君賢明。其下是國君以果決的態度處理鬥爭和獄訟，所以下民敬畏國君。太下是無法妥善處理好鬥爭和獄訟，所以下民輕視國君。這裡雖然重新詮釋《老子》，但是離《老子》的本義並不遠，可能是與〈道原〉同一系。

〈道原〉提到執道的聖王所統治的狀態應該是上虛下靜，其云：

> 上虛下靜而道得其正。信能無欲，可爲民命；上信無事，則萬物周扁：分之以其分，而萬民不爭；授之以其名，而萬物自定。

此言君上無爲而下民便能安靜，這便符合道的狀態。君上如果眞的能無私欲，才能讓下民安身立命；君上如果眞的能無爲，那麼萬物就可以普遍安定。如果可以將萬民分配好各自的職分，萬民就不會相爭；如果可以給萬物分配好名稱，萬物就能安定。這裡指出君王的無爲是要使人民能安靜，也就是《老子》的無爲不言、不擾民，與上述的無敵於天下是另一種不同的追求。

然而〈道原〉在《四經》中的存在是比較特別，其說較近於《老子》，卻與《四經》的其他篇章較爲不同，比如第二章提到其對道的描述，還有此處對君王無爲的統治狀態。故而〈稱〉所謂太上無刑的說法，雖出自《老子》十七章，但亦可能經過轉化，而其若與〈爭姓〉所謂的刑德相養合起來看，則可解作形名之政的最高境界，亦即全國上下皆服形名律法，無人敢犯，故

而無刑可用，這是以法治國的最終追求。

小　結

　　《老子》政治理論的目標有小邦寡民與太上境界二種：小邦寡民接近無政府主義，而太上境界尚有其中、最下之分，比較沒那麼極端，算是調和了理想與現實的狀態。《莊子》政治理論的目標亦可以分成二類：至德之世一類是反政治系統，這比較接近《老子》的小邦寡民；明王之治一類是先聖後王系統，這比較接近《老子》的太上境界。《黃帝四經》政治理論的目標則是王霸天下，無敵之國，大臣肅敬，刑罰不用，人主可無為而治，此即所謂的太上無刑，這是對《老子》太上境界的轉化。

第六章　三書政治觀比較

　　前面第二、三、四、五章分別論述了《老子》、《莊子》與《黃帝四經》三書政治觀的理論根源、理論執行者、理論執行方針與理論理想，本章便擬將上述四章所論作一綜合比較論述。

　　《老》、《莊》與《黃帝四經》的政治觀皆以道爲理論根源，也都講聖人治國，亦皆說無爲而治，合起來看，三者的政治觀互有交涉，然何者爲先？從現今所見的出土文獻來看，《老子》因爲戰國楚簡郭店本的出土而可以將思想的時代定得最早，而《四經》雖然有漢帛書本作依據，但也只能肯定它存在於秦漢之間，是否能再往上推還有待商榷，《莊子》也有竹簡殘卷出土，而且均屬前人認爲晚出的雜篇，所以並不能絕對的肯定《四經》的成書的年代比《莊子》早，以下便將三書作交叉比對，以推論其彼此之間的關係。

第一節　　《莊子》與《老子》政治觀的異同

　　《莊子》與《老子》同樣有以道爲本體的思考，將道作爲世界形成依據，如：〈大宗師〉：「夫道，有情有信，无爲无形……日月得之，終古不息……傅說得之，以相武丁，奄有天下……」即源自《老子》三十九章：「天得一以清，……侯王得一以爲天下正。」一即道，〈在宥〉即云：「一而不可不易者，道也」。因爲《老》、《莊》的道論有相通處，因此前人談論《老》、《莊》的政治觀，容易將兩者混爲一淡，如：洪巳軒《《老子》與《莊子》的天道政治思想》即認爲老莊的天道政治用意在於「崇本息末」，其以「天人合一」與「天命王權」做爲理論基礎，以「順虛而化」爲行動方針，達到自發秩序的「太上之治」

的理想狀態。〔註1〕其實《老》、《莊》對政治的著重處各有不同。

一、《莊子》重精神，《老子》重形氣

《莊子》的政治觀中，特別重視人的精神，此點在其描述道的生成順序可見一斑。《老子》對道生萬物的過程描敘得很簡略，四十二章：「道生一，一生二，二生三，三生萬物」；五十一章：「道生之而德畜之，物形之而器成之」。《老子》只說：道生德畜、物形器成，《莊子》卻在道生物的過程中，插入了精神，〈知北遊〉云：「夫昭昭生於冥冥，有倫生於无形，精神生於道，形本生於精，而萬物以形相生。」《莊子》在道生萬物的過程中，特別描述了神與形的關係，這是在強調無形精神的存在，也是對如何體悟《老子》無形無名的道的一種詮釋，並且由此延伸出一套特別的修養論——心齋，〈人間世〉即云：「唯道集虛。虛者，心齋也。」將心靈精神上的致虛與道作了極高明的連結。《莊子》提到有道之執政者需具有精神專一的特質，便是由此而來，而《老子》不講精神，第十章云：「載營魄抱一，能勿離乎？搏氣致柔，能嬰兒乎？」朱謙之解云：「營魄」即「陰魄」，指形體。〔註2〕所以《老子》只講形氣這些物質性的關係，而沒有討論精神狀態的問題，針對執政者的精神作探討是《莊子》的特點。

道是一切之因，依此邏輯來說：一切皆是道，故道與不道都在道的律則中，為與不為皆是道，小國邦民與大國多民皆是道。所以當我們在討論政治的善與不善時，表達的只是自己主觀的見解，此時已脫離道了，因此道不可言。《莊子》將這種無名之道、致道致虛的思想發展達極致，便放棄追求身外的一切，只專求自身精神的保養。其反政治系統便是激進的追求人自身生命精神的完整，故而排斥一切人文化成，主張不治之治。然而這種反對一切人文化成思考並非《老子》的初衷。從《老子》論侯王的執政與道相合，便可以見到《老子》並沒有完全否定人文化成，而是試圖找出人文與自然理則的和諧。《莊子》的反政治系統排斥政治的特性與《老子》調和天人的做法是不同的，然而反政治系統的至德之世，卻是源自於《老子》小邦寡民的理想，反應了人類對自然的追求。「道法自然」一詞早已見於郭店本《老子》甲編，可見這種法自然的思想在戰國時代的流傳應該有一定的普遍程度，而《莊

〔註1〕 洪巳軒《〈老子〉與〈莊子〉的天道政治思想》（臺北：政治大學政治研究所碩士論文，2000年）。

〔註2〕 朱謙之：《老子校釋》（北京：中華書局，1984年11月第1版），頁38～39。

子》強調精神，重視自然，應是對《老子》此種思想的繼承與創新，而這種極力追求自然的反政治系統亦即班固《漢書・藝文志》所謂道家的「放者」。

二、《老子》不言、《莊子》虛靜，皆稱無爲

道無形無聲無名，〈知北遊〉云：「道不可聞，聞而非也……道不當名。……有問道而應之者，不知道也……」此承《老子》首章：「道，可道也，非恒道也。」標榜道不可言說，又更進一步的說，被問到道而給予回應的，是不知「道」的人。這是繼承《老子》五十六章所謂：「知之者不言，言之者不知。」與第二章所謂：「不言之教」。然而，《老子》的不言是指不發政令，《莊子》的不言卻就單純的不可言說，這是在爲恬淡無爲的修養論作背書，故〈知北遊〉在聖人行不言之教下面引《老子》四十八章：「爲道者日損，損之又損，以至於無爲。無爲而無不爲也。」《莊子》的無爲是對爲的否定。〈馬蹄〉云：「夫殘樸以爲器，工匠之罪也；毀道德以爲仁義，聖人之過也。」便是承接《老子》二十八章云：「樸散則爲器」這種「加工」的思考脈胳，認爲聖人標榜仁義，便是將人們天生本有的道德毀去，而標榜仁義便是人爲，因此得道之人應當去除仁義這些刻意造作的東西，回歸自然本性，這便是無爲。這是回應了《老子》三十八章：「故失道而後德，失德而後仁，失仁而後義，失義而後禮。」道是最完美的，德、仁、義、禮都是退而求其次，而道的狀態便是自然本性。

詹康指出：從〈天地〉可得到一種結構：「天－性－無爲」和「人－心－有爲」；有爲之治和無爲之治是用心與不用心的差別：「昔者舜問於堯曰：天王之用心如何？」有爲之治是以心治心，無爲之治是上下率性而爲，而無有意之作爲。無爲的統治模式宜於性所主導的遠古，有爲的統治模式則爲心盛行的後世所不可或缺者。〔註3〕由詹氏的研究可以得知《莊子》的無爲與有爲的分別是性與心的差別，而《老子》是不談性的，只說心志或心氣，其云：

> 聖人之治也，虛其心，實其腹，弱其志，強其骨。恒使民無智無欲也，使夫智不敢、不爲而已，則無不治矣。（第三章）

> 我愚人之心也，沌沌乎。俗人昭昭，我獨若昏乎。（二十章）

〔註3〕詹康：〈《莊子》調和派的道德挑戰與實踐哲學〉，《政治科學論叢》第 43 期（2010 年 3 月），頁 15～16、25～35。

> 聖人恒无心，以百姓之心爲心。……聖人之在天下也，歙歙焉，爲
> 天下渾心。（四十九章）
>
> 心使氣曰僵。（五十五章）

《老子》所謂的虛心弱志、聖人無心，後來成爲《莊子》的遊心（〈德充
符〉）、用心若鏡（〈應帝王〉）、用心不勞（〈知北遊〉）。《老子》的無爲之治是
不擾民、不尚賢，所以要爲天下渾心，要虛弱人民的心志，使其無智無欲，
而《莊子》的〈馬蹄〉云：聖人「屈折禮樂以匡天下之形，縣跂仁義以慰天
下之心」，或〈天地〉云：「大聖之治天下也，搖蕩民心，使之成教易俗，舉
滅其賊心而皆進其獨志。若性之自爲，而民不知其所由然。」這些說法還是
繼承《老子》而來。

關於性，與《莊子》同時的《孟子》也在討論，很可能是當時的流行話
題，《莊子》的性指的是自然的天性，如：〈天地〉云：「形體保神，各有儀則，
謂之性；性脩反德，德至同於初。」又云：「體性抱神，以遊世俗之間者」，〈庚
桑楚〉云：「性之動，謂之爲」。總之，性是天然，與人爲相反，這是《老子》
鮮少提到的部份，因爲《老子》並不像《莊子》那麼否定人文化成。

王威威將《莊子》的無爲政治思想分成兩部份：一、以人性爲依據：順
應人性之無爲，攻擊儒家。二、以天道爲依據：天道與秩序，君道與臣道，
道與仁、義、禮、法。〔註4〕王氏所謂的以人性爲依據，如果如果進一步探究，
這個人性的最終依據其實還是天道，而這個人性便是順應天道所保持的自然
狀態，以此否定所有人文化成，攻擊儒墨。所以王氏兩類的別點，不應該說
是依據的不同，而是天道內涵的著重點不同。王氏第一點所著重的是保持自
然，接近本論文所謂的反政治系統；第二點所著重的是秩序，由此發展出君
道與臣道，接近本論文所謂的先聖後王系統，此所謂君道與臣道的道沒有本
體義，而淪爲德行之一，〈天地〉即云：「技兼於事，事兼於義，義兼於德，
德兼於道，道兼於天。」其邏輯與《老子》二十五章相似：「人法地，地法天，
天法道，道法自然。」此時最高的本體不是道而是天、是自然。這種以自然
爲本體的思想在《老子》中並沒有很明顯的發展，雖然在第九章、四十七章、
六十八章（通行本八十一章）、七十五章（通行本七十三章）、七十九章（通
行本七十七章）、八十一章（通行本七十九章），這六章都有天道或天之道的

〔註4〕 王威威：《莊子學派的思想演變與百家爭鳴》（北京：人民出版社，2009年11
月第1版）。

說法，但是只能確定這些天道有理則義，並沒有看到有本體義的內涵，與以道爲本體的系統並無違礙，故一般思想史的說法還是將兩者看作是一樣的系統，並爲之委曲解說，但是天道系統卻在《莊子》發展成新的思潮，最後在《黃帝四經》中成爲主流。

《莊子》以天爲本體的系統，如：〈天地〉云：「君原於德而成於天，故曰：『玄古之君天下，无爲也，天德而已矣。』」〈天道〉云：「夫帝王之德，以天地爲宗，以道德爲主，以无爲爲常。」在這裡的道下降爲道德，但同樣要求君王要無爲，並且點出無爲的內容是虛靜恬淡，其云：「夫虛靜恬淡寂漠无爲者，天地之平（本）而道德之至（質）。」〔註 5〕此說與《老子》四十五章：「清靜爲天下正」相通。又，〈至樂〉云：「天无爲以之清，地无爲以之寧。」似從《老子》三十九章：「天得一以清，地得一以寧」轉化而來，如此可知〈至樂〉將一代換成無爲，一即道，如此便是將道代換成無爲，《老子》的無爲是道的作用，〈至樂〉的無爲變成天地的作用了。

《老子》無爲的主體是聖人，是執政者，而《莊子》無爲的主體也是聖人，卻可以分成君與臣，〈天道〉云：

> 夫虛靜恬淡寂漠无爲者，萬物之本也。明此以南鄉，堯之爲君也；
> 明此以北面，舜之爲臣也。以此處上，帝王天子之德也；以此處下，
> 玄聖素王之道也。

君無爲則成帝王天子之德，臣無爲則成玄聖素王之道。〈天道〉這裡指出大臣可以成爲玄聖素王，可見《莊子》的聖人之稱不是專指最高的統治者，執政的有道大臣亦可稱爲聖。《莊子》書中對聖人的用法因爲思想系統的不同，也分成二種：一、指有才智者，這是反政治系統的用法，〈天道〉有所謂「巧知神聖之人」，〈盜跖〉亦提到「聖人才士」；二、指有道者，這是先聖後王系統的用法，即〈讓王〉所謂：「道之眞以治身，其緒餘以爲國家，其土苴以治天下。由此觀之，帝王之功，聖人之餘事也，非所以完身養生也。」此二系之分即〈大宗師〉所謂的「聖人之才」與「聖人之道」。

反政治系統延續了《老子》第三章：「不尚賢，使民不爭。」十九章：「絕聖棄智，民利百倍；絕仁棄義，民復孝慈。」〔註 6〕否定有才智仁義的聖人，

〔註 5〕 「平」當作「本」，據馬敍倫之說改。「至」當作「質」，據〈刻意〉：「故曰：『夫恬淡寂漠，虛无无爲』，此天地之平，而道德之質也。」
〔註 6〕 此處採用帛書本，郭店本作「絕智棄辨，民利百倍；絕爲棄作，民復孝慈」。

在聖人之上又舉出一種至人，這種人全形全生，而且藏其身而不被人所知，因為如果有標榜賢能者，便有人會因此而追求名利、相率為盜，這應該是針對儒家標榜仁義禮智而來。

先聖後王系統並不完全否定仁義，而將仁義作為比道次一等的表現，如：

> 聖人觀於天而不助，成於德而不累，出於道而不謀，會於仁而不恃，薄於義而不積，應於禮而不諱，接於事而不辭，齊於法而不亂，……（〈在宥〉）

> 古之明大道者，先明天，而道德次之；道德已明，而仁義次之；仁義已明，而分守次之；分守已明，而形名次之……（〈天道〉）

又，〈天下〉以仁義禮樂為治的君子是最次等的統治者，在其上分列了天人、神人、至人、聖人，但是並不否定君子的存在，只說：「聖有所生，王有所成，皆原於一。」所謂的道即是「大仁」（〈齊物論〉）、「至仁」（〈天運〉），故〈刻意〉云：「若夫不刻意而高，无仁義而脩，无功名而治……此天地之道，聖人之德也。」所謂聖人便是不刻意求為而仁義已在其中，這便是聖人無為。這是化自《老子》三十八章：「失道而後德，失德而後仁，失仁而後義，失義而後禮。」

在先聖後王系統中，承襲了《老子》的說法，聖人本身便是理想人格的代表，指的是有道的執政者。反政治系統將聖人當作有才而無德的管理者，反對批判聖人的存在，這便將傳統的理想人格取消了，於是必須推出另一理想人格來取代聖人的位置，神人、至人、真人便紛紛出現了，但是對於這些新出的理想人格描述，其實還是與先聖後王系統裡的聖人類似，只是多出了一些「非人」的能力，如：不避水火、乘雲駕日、遊四海之外等神話的加入，這些神仙能力對普通百姓而言，已經脫離了現實，但是對富貴權勢皆全的上位者，在名利權勢皆一手掌握時，唯一能夠追求的便是長生，因此這種神仙形象對上位還是有一定的魅力。

《莊子》的聖人要以天為師，同乎天和，而同乎天和的表現便是無為，然而君的無為與臣的無為應該有所不同，故〈天道〉又云：「上必无為而用天下，下必有為為天下用」。同在〈天道〉一篇，同云帝王無為之德，其前云君臣皆無為，其後卻云上無為而下有為，何為會有這樣的矛盾？這兩段話的差別在於一曰君臣，一曰上下。曰君臣者，名分已經很確定，無需再說明，曰

上下者，便有解釋的空間，上下不等於君臣。上下可解作上位者與屬下，亦可解作統治階層與被統治階層。上位者要無為，是因為減少對下屬的牽制，而如果連下屬也無為，那麼誰去管理底層的百姓？統治階層的人要無為，是因為要減少對人民的壓迫，而如果連被統治的人民也無為的話，那麼誰去種田織布作戰服役？從春秋戰國的封建制度來看，各國在諸侯之下還有一位執政大臣，如：齊國的管仲、鄭國的子產等，這種大臣稱為臣，卻是實際上的執政者，所以他們雖然是臣，卻也是無為的，但是在他們之下的臣子們卻要受他們的支配而有為，所以《莊子》的無為與有為應該就相對關係而言，不一定專指臣與臣，其次便是就心態與作為而言。〈人間世〉提到顏回問孔子臣子如何自處的問題，孔子的回答是心齋。由此連繫到君臣無為與上無為而下有為來看，《莊子》的意思應該是指上位者與下位者雖然身份不同而有無為與有為之別，但是他們的心志精神應該保持在恬淡無為的狀態。

　　《老子》的聖人內涵比較單純，亦不反對人文化成，因此其無為的內涵也比較單純，專指政治上的不擾民、不尚賢，而《莊子》的聖人有才與道之分，又有君與臣之分，且反政治系統與先聖後王系統皆標榜無為，只是反政治系統是反人文化成，所以其無為是指絕對的保持自然，而先聖後王系統並不反人文化作，故其無為是指心態上的恬淡自然，而表現在實際的政務上卻是上無為而下有為。

　　詹康認為「主道無為」的命題，稍有語病，因君主雖不治民，仍要治官，此即君主的權限。〈天地〉等篇信賴各國的君子和官僚，主張將國政委任給他們，好解放君主。「上無為下有為」推廣而言，官署中的主官與吏員，也應適用君臣間的權限分際。上至天子，下至吏員，都需依事務性質，與對上對下之不同，而有該管與不該管、有為與無為的分際。〔註7〕詹氏以為稍有語病的「主道無為」，其實正是《莊子》的目的。當時的人主或是暴虐無道之君，或是自以為是、不聽善言之主，站在一般知識份子的立場，其實並不希望這樣的君主在位，可惜君主的對象不是區區一士所能主宰的，所以便期待君主可以放權給臣下，這不只是解放君主，更是解放被君主局限的臣子們。

　　無為之治還反應在執政者的無私上，〈則陽〉云：「君不私，故國治」，此即出自《老子》第七章：「是以聖人退其身而身先，外其身而身存。不以其無

〔註7〕 詹康：〈《莊子》調和派的道德挑戰與實踐哲學〉，《政治科學論叢》第 43 期（2010 年 3 月），頁 15～16、25～35。

私歟？故能成其私。」《莊子》所謂的無私是很絕對的，〈徐无鬼〉提出：「愛民，害民之始也；爲義偃兵，造兵之本也。」有愛便是有私，聖人應當無私，此即《老子》所云：

> 聖人不仁，以百姓爲芻狗。（五章）

> 故不可得而親，亦不可得而疏；不可得而利，亦不可得而害；不可得而貴，亦不可得而賤。故爲天下貴。（五十六章）

> 夫天道無親，恒與善人。（八十一章～通行本七十九）

《莊子》繼承了《老子》不仁、無親的觀念，提倡了不愛民、不爲義。

三、《老子》只云君道，《莊子》提出臣道

《莊子》的無爲之治可分成：君之無爲與臣之無爲，即可分成君道與臣道，而《老子》一書的聖人指的是統治者，故其只講爲君之道。徐復觀〈中國的治道〉提到：「中國聖賢，一追溯政治的根本問題，便首先不能不把『權原』的人君加以合理的安頓；而中國過去所談的治道，歸根到底便是君道。」〔註8〕其實，戰國時代的政治問題，很大的部分是在討論臣道，爲臣者如何輔佐君主治理天下，是諸位知識分子討論的重點，《老子》雖然不講臣道，但三十章卻出現了「以道佐人主」的話，很可能是反應戰國時代的狀態。與《莊子》同時的《荀子》所討論的聖人也是著重在大臣輔政之道。〈人間世〉提到葉公子高對於楚王令他出使齊國的使命感到憂鬱煩躁，因而問仲尼面對這樣使命將如何自處，仲尼答云：

> 臣之事君，義也，無適而非君也，無所逃於天地之間，是之謂大戒。……夫事其君者，不擇事而安之，忠之盛也。自事其心者，哀樂不易施乎前，知其不可奈何而安之若命，德之至也。爲人臣子者，固有所不得已。行事之情而忘其身，何暇至於悅生而惡死！

〈天地〉亦云：

> 以道觀言，而天下之君正；以道觀分，而君臣之義明；以道觀能，而天下之官治……

這裡都是先肯定了君臣的位分，才進一步接著說：「古之畜天下者，无欲而天下足，无爲而萬物化，淵靜而百姓定。」君臣的無爲而治是建立在政治制度上的，如果沒有政治制度，也就無需治理，也就無需強調無爲了。所以對處

〔註8〕徐復觀：《學術與政治之間》（臺北：學生書局，1985年）。

在政治組織之下的臣民而言，如何面對君主的要求是一大問題，〈人間世〉提到的心齋便是對這個問題的回答。《莊子》所謂的臣無爲，其實還是有爲，只是要用心齋、無心等態度去爲，這與《黃帝四經》聖人執道以侍人主的觀點有相通處。

〈逍遙遊〉提到了：「聖人无名。」這是繼承了《老子》三十四章云：「道泛乎！其可左右也。成事遂功而不名有也。」災難有個悖論，災後幫助重建的人成爲英雄，而防止災難發生的人卻不被人所知，所以聖人無名。聖人應安於無名，因爲不欲見賢，七十九章（通行本七十七章）云：「聖人爲而不有，成而不居也，若此。其不欲見賢也。」不崇尚賢能是《老》、《莊》共同的訴求，但是《莊子》在不尚賢的基礎上更進一步的要求忘身忘己的無己，這可能從《老子》十三章發展而來，其云：「吾所以有大患者，爲吾有身。乃吾無身，或何患？」《老子》只說無身，但沒有提出如何無身，《莊子》的忘己正是對此問題的回應。

四、《老子》的小邦寡民，《莊子》的至德之世與明王之治

《莊子》反政治系統的理想世界有所謂的至德之世，〈胠篋〉云：

> 子獨不知至德之世乎？……當是時也，民結繩而用之，甘其食，美其服，樂其俗，安其居，鄰國相望，雞狗之音相聞，民至老死而不相往來。若此之時，則至治已。

這是引用了《老子》六十七章（通行本八十章）：

> 小邦寡民，使十百人之器勿用，使民重死而遠徙。有舟車無所乘之；有甲兵無所陳之，使民復結繩而用之。甘其食，美其服，樂其俗，安其居，鄰邦相望，雞犬之聲相聞，民至老死不相往來。

同篇還引了《老子》三十六章、十九章、四十五章，其云：

> 故曰：「魚不可脫於淵，國之利器不可以示人。」（三十六章）彼聖人者，天下之利器也，非所以明天下也。故絕聖棄知，大盜乃止；擿玉毀珠，小盜不起；焚符破璽，而民朴鄙；掊斗折衡，而民不爭；（十九章）……故曰：「大巧若拙」（四十五章）。削曾、史之行，鉗楊、墨之口，攘棄仁義，而天下之德始玄同矣。

其實《老子》六十七章（通行本八十章）對理想世界的描述與六十二章所言道立天子、三卿的思想有矛盾，六十二章的說法並沒有強力否定政治組織，

而六十七章（通行本八十章）則很明顯對現存的政治組織持否定的態度，再加上依此章所述國家狀態是少內政、無外交，那又何需執政的聖人？所以《老子》此章的時代令人懷疑可能是晚出。

《莊子》先聖後王系統的理想世界有所謂的明王之治，〈應帝王〉云：

> 明王之治，功蓋天下而似不自己，化貸萬物而民弗恃；有莫舉名，
> 使物自喜；立乎不測，而遊於无有者也。

這是繼承了《老子》第二章：

> 聖人居無為之事，行不言之教。萬物作而不始也，為而不恃也，成
> 而不居也。

只是《莊子》比《老子》多了一個「遊」的境界，他不但要萬物快樂的自然生長，也要統治者自己也快樂的悠遊其中。

又，〈天地〉篇提到苑風與諄芒的對話，提到有所謂的聖治：

> 聖治乎？官施而不失其宜，拔舉而不失其能，畢見其情事而行其所
> 為，行言自為而天下化。手撓顧指，四方之民莫不俱至，此之謂聖
> 治。

有所謂的德人：

> 德人者，居无思，行无慮，不藏是非美惡。四海之內共利之之謂悅，
> 共給之之謂安。怊乎若嬰兒之失其母也，儻乎若行而失其道也。財
> 用有餘，而不知其所自來；飲食取足，而不知其所從。此謂德人之
> 容。

有所謂的神人：

> 上神乘光，與形滅亡，是謂照曠。致命盡情，天地樂而萬事銷亡，
> 萬物復情，此之謂混冥。

這裡的「聖治」、「德人」、「神人」三境界表示三種政治狀態：聖治是施官合宜，舉拔賢能，比較接近儒家治國的方法。德人是統治者無思無慮，沒任何治理的作為，只是安然接受人民供養，讓人民自給自足。神人則銷去外在形體的拘束，與天地合一，任萬物自生自長，回到混沌不明的狀態。這是將先聖後王系統的聖人與反政治系統的至人、神人歸納成三種狀態，而儒家所崇尚的聖人之治處在最下等，將之與《老子》十七章所云作對比，德人類似於「太上，下知有之」，聖治類似於「其次，親譽之」，而神人卻沒有對應者，是超脫了世俗的界限，與天地同化，回到混冥的狀態，此即〈應帝王〉所謂

的渾沌，是最純最真的狀態，若是加入了人為，最後的結果只有死去。這種極端反人文化成的說法是《老子》所沒有的。

　　《莊子》全書基調是追求生命的自由，對政治抱持的是消極的態度：反政治思想系統是極端消極，反對所有人文化成的制度；先聖後王思想系統則是相對的消極，以養身為務，治國則是餘事，所以對國家的管理方法是比較鬆散的，特別強調執政者的態度要恬淡無為。《老子》雖然也說無為，但卻不反對人文，而是在尋求人文與自然的調和之道，思想基調比較接近《莊子》的先聖後王系統，然而在引用文字方面，卻是反政治系統繼承較多《老子》的思想。這種矛盾現象的產生，很可能是因為《老》、《莊》文本的記錄皆非一人、一時、一地之功，因此思想的繼承與發展，和文字的引用並不同步。

第二節　《黃帝四經》與《老子》政治觀的異同

　　《黃帝四經》與《老子》皆以道為政治觀的理論根源，首章〈道法〉便云：「道生法」，認為其最重要的形名法術乃由道產生，又云：

> 見知之道，唯虛無有。虛無有，秋毫成之，必有形名，形名立，則黑白之分已。

又，〈稱〉亦云：

> 道無始而有應。其未來也，無之；其已來，如之。有物將來，其刑（形）先之。建以其刑（形），名以其名。

這裡繼承了《老子》以道為生育萬物本體的觀念，描述道的生成作用，由無而有，由形而名，類似於《老子》四十一章（通行本四十章）所云：「天下之物生於有，有生於無。」五十一章云：「道生之而德畜之，物形之而器成之。」《老子》與《四經》皆講物形，只是《四經》在物形之後多了一個名立。

　　劉榮賢認為黃老思想主體的「道」、「法」、「刑名」三者的關係結構，就如同《老子》的「道」、「德」、「物」三者分別對應了「本體論」、「宇宙論」、「現象界」三個層次。〔註9〕然而將劉氏所言對照上述〈道法〉與〈稱〉的結構，發現《四經》的生成結構應是：「道生」、「物形」、「名立」，中間並沒有

〔註9〕 劉榮賢：〈先秦兩漢所謂「黃老」思想的名與實〉，《逢甲人文社會學報》第18期（2009年6月），頁11。

法。〈論〉云：「七法各當其名，胃（謂）之物。物各〔合於道者〕，胃（謂）之理。」〈名理〉云：「天下有事，必審其名。名□□〔註10〕循名廄（究）理之所之，是必爲福，非必爲材（災）。是非有分，以法斷之。」天下有事的處理順序則是：首先審名，其次循名究理，再其次以法斷之。可見《四經》認爲名與名之間是有理可循，而此理是法判斷的根據。此即〈四度〉所謂「天地之道也，人之李（理）也。」所以對應宇宙論的應該是理而非法，法還是現象界的。

一、《黃帝四經》歸屬老學

《黃帝四經》雖然與《老子》同樣以道爲政治觀的理論根源，然而《四經》講形名之治，這是《老子》所沒有的，因此學者對於《四經》的歸屬有不同的看法。

鍾肇鵬〈論黃老之學〉比較《老子》與《黃帝四經》的思想，得出四點看法：一、《老子》主張消極保守，講「不爭」，說「天道不爭而善勝」（七十三章）。黃學主張積極進取，說「不爭亦無成功」。（〈十大經〉）二、《老子》反對戰爭，說「兵者不祥之器」（三十一章）。黃學主張用正義的戰爭來完成統一中國的事業，因此記錄了黃帝征蚩尤的事跡。三、《老子》反對法治，說「法令滋彰，盜賊多有」（五十七章）。黃學崇尚刑名，傾向法治，說：「法度者政之至也。」（〈經法〉）四、《老子》是客觀唯心主義，黃學是唯物主義。〔註11〕鍾氏在這裡只著重在《四經》與《老子》的相異處，而不著重其相同處，若由其相異處看來，《四經》較接近法家。

唐蘭〈《黃帝四經》初探〉比較《老子》與《黃帝四經》的思想，大致可歸納成三點：一、《老子》只講道，《黃帝四經》既講道，又講法，表面上用道家的一些話而實際說的是法家的觀點。二、《老子》只講名，《黃帝四經》把名和形對立起來，稱爲「刑名」。三、《老子》不談理，而《黃帝四經》強調「循名廄理」。最後總結說：《黃帝四經》是重法的法家爲了要和儒家進行鬥爭，所以借重道家，托之于黃帝。〔註12〕

但是有些學者並不認同唐蘭的說法，而認爲黃老應該屬於道家一派，融入法家只是因應統治者的需求，如：許抗生〈略說黃老學派的產生和演

〔註10〕陳鼓應懷疑此處所缺二字爲「理也」。見《黃帝四經今注今譯》，頁188。
〔註11〕鍾肇鵬：〈論黃老之學〉，頁90。
〔註12〕唐蘭：〈《黃帝四經》初探〉，《文物》第221期（1974年10月），頁49。

〈變〉云：

> 代表沒落奴隸主階級的道家學派，也就開始了分化，其中大部分人
> 轉向了新興地主階級，他們在改造老子道家思想的基礎上，同時吸
> 取了法家、名家、儒家、陰陽家的思想，從而形成了特有了的黃老
> 之學，它們的思想已經背叛了老子的道家，成為道家的異端之學。
> 另一部分人則堅持原有的立場，將消極無為的老子道學發展成為厭
> 世、頹廢的莊子相對主義和虛無主義的哲學。〔註13〕

許氏認為黃老與莊子二學派都是老子的支流，同屬於道家。

陳鼓應《黃帝四經今注今譯》云：

> 在《老子》與《四經》之間，僅從「道論」角度，便可看出老學到
> 黃老之學的差異發展。帛書《四經》繼承了老子的道論，而向社會
> 傾斜。比如，無始、無名、無形、隱晦莫測等特徵，構成了老子的
> 「道」的本體論。而《四經》則從相對立的角度，從既不可感知又
> 可以感知的二律背反的角度來闡釋「道」，認為它既有原又無端、既
> 隱微又顯明、既運動變化又靜止恆定、既高深不可企及又淺近可以
> 企及、既虛無又實有……。〔註14〕

陳氏認為《四經》的道論是繼承了《老子》的說法，而向社會傾斜，可見陳
氏與許抗生同樣認為《四經》是老學發展的一個現象。

若從思想淵源來看，《四經》的確同時吸收了老子與法家的思想，然而從
思想根源的本體論上，《四經》很明顯是源自於《老子》，而其某些文字敘述
也與《莊子》的說法有密切關係，其雖然與法家同樣重視形名，但是比較《四
經》形名與《韓非子》所謂的刑名，發現兩者所謂形名的內涵並不完全相同，
不可混為一談，《韓非子·二柄》提到所謂的刑名，云：「人主將欲禁奸，則
審合刑名者，言異事也。為人臣者陳而言，君以其言授之事，專以其事責其
功。功當其事，事當其言，則賞；功不當其事，事不當其言，則罰。」〔註15〕
韓非言刑名專指管理臣下是否言事相符，而《四經》卻以形名為萬物形成之
根本，兩者對待形名的態度有本質上的不同。所以由流派歸屬來看，《四經》
應該比較接近《老》、《莊》一類。

〔註13〕　許抗生：〈略說黃老學派的產生和演變〉，《文史哲》第 132 期（1979 年 6 月
　　　　25 日），頁 74。

〔註14〕　陳鼓應：《黃帝四經今注今譯》，頁 6。

〔註15〕　王先慎：《韓非子集解》卷二，頁 84～85。

　　《四經》雖然與《老子》同樣以道作爲政治的依據，但其執政主體對待道的態度與《老子》並不相同，《老子》的道是絕對的至高的存在，而《四經》的道卻是聖人的工具，〈道原〉云：「聖王用此，天下服」，這裡的「此」指「道」。《老子》三十二章云：「侯王若能守之，萬物將自賓。」其云「守」而非「用」，守是遵守、保守，用是執用，〈道原〉的道是聖王執政的工具，這是《黃帝四經》強調政治的證明。

　　除了〈道原〉集中的描述道之外，《四經》其他篇章在提到道時，常將道作爲政治的附庸，所謂「握一以知多」，握一是爲了要知多，如：〈四度〉云：「當者有〔數〕，極而反，盛而衰：天地之道也，人之李（理）也。」物極而反，在《老子》是屬於道的性質，在《四經》則成爲天地之道的性質與人事的規律之理。合理叫順，失理叫逆，逆順同出於天道，但人事上卻有合不合理的差別，如果能知道逆順的規律，就能把握住道。

二、《黃帝四經》執道，《老子》守道

　　《黃帝四經》與《老子》政治理論的執行者皆稱爲聖人，但是兩者所謂聖人的地位並不相同，《老子》的聖人是有道者（六十五章）、是天下牧（二十三章～今二十二），而《四經》的聖人是執道者、是帝師，如：

> 故執道者之觀於天下也，必審觀事之所始起，……故能立天子，置三公，而天下化之：之胃（謂）有道。（〈論約〉）

> 聖人麋論天地之紀，廣乎獨見，……故立天子者，不使諸侯疑焉……（〈稱〉）

聖人執道而立天子，這是戰國時代周天子已淪爲附庸小國的情況下才能有的言論。然而這個可以立天子的聖人，也不過是人主的工具，〈前道〉云：「聖〔人〕舉事也，闔（合）於天地，順於民，……身載於前，主上用之，長利國家社稷，世利萬夫百生（姓）。」在戰國時代，有能力、有道德的知識份子大多是士階級，都是人主的臣子，因此提倡人主若人重用這些有能力、有道德的士，便能夠使國家強盛，因此〈六分〉云：「王天下者，輕縣國而重士，故國重而身安。」《四經》認爲王天下的關鍵在於君主能夠重士、貴有知、貴有道，此即〈稱〉所云：

> 帝者臣，名臣，其實師也；王者臣，名臣，其實友也；靭（霸）者臣，名臣也，實〔賓也；危者〕臣，名臣也，其實庸也；亡者臣，

名臣也，其實虜也。

君王對賢能的大臣愈敬重，國家便愈強盛，這與《老》、《莊》的不尚賢完全是背道而馳了。

《四經》的聖人地位雖然不是統治者，但是其對聖人品德的要求與《老》、《莊》同樣是無爲無私的，〈道法〉云：

> 執道者之觀於天下殹（也），無執殹（也），無處殹（也），無爲殹（也），無私殹（也）。是故天下有事，無不自爲形名聲號矣。刑（形）名已立，聲號已建，則無所逃迹匿正矣。

此即脫胎自《老子》六十四章：「爲之者敗之，執之者失之，聖人無爲故無敗；無執故無失。」不過，《四經》又比《老子》多了一個形名的條件，聖人之所以能無執無處無爲無私，是因爲形名已立，故〈四度〉云：

> 君臣不失其立（位），士不失其處，任能毋過其所長，去私而立公，人之稽也。美亞（惡）有名，逆順有刑（形），請（情）僞有實，王公執〔之〕以爲天下正。

此言王公執形名而治，便能分辨眞假是非，而爲天下正。

又，《四經》以爲聖者當至靜至明，〈道法〉云：

> 公者明，至明者有功。至正者靜，至靜者聖。無私者知（智），至知（智）者爲天下稽。稱以權衡，參以天當，天下有事，必有巧驗。……應化之道，平衡而止。輕重不稱，是胃（謂）失道。

這裡的「公者明」即出自《老子》十六章所云：「知常明也……知常容，容乃公，公乃王，王乃天，天乃道。」只是《老子》的邏輯順序與《四經》不同，他認爲要知道常則才叫明，才能容、公、王、天、道，而《四經》卻是認爲要公正才能明，才能掌握自然的規律，〈四度〉即云：「明則得天」。這裡的「至正者靜，至靜者聖」即出自《老子》五十七章：「以正之邦」、「我好靜而民自正」，《老子》的好靜上與無爲連言，下與無事並稱，是將無爲、好靜、無事視作同一層級的狀態，好靜只是無爲的另一種樣貌。又《莊子》〈天道〉亦云：「靜而聖」、〈庚桑楚〉亦云：「正則靜，靜則明」，這兩處提到靜，其下皆與無爲連文，只是前者之靜與動一樣都是得道無爲者的一種態度，後者之靜是無爲的修養基礎，要先正而靜，靜而明，明而虛，虛進而無爲。前者與《老子》的層級相類，而後者的進程與〈道法〉相似。由此可知《四經》雖常承續《老子》之說，但其轉化之後的概念系統並不與《老子》相同，而《莊子》

的諸多系統之中，有近《老子》者，有近《四經》者。

三、《黃帝四經》的爭，《老子》的不爭

《老子》非兵，但《四經》卻是認爲在時機合宜是可以興兵的，〈正亂〉
討論如何戰勝不合天道的蚩尤時，太山之稽云：

> 吾將遂是其逆而僇（戮）其身，更置六直而合以信。事成勿發，胥
> 備自生。我將觀其往事之卒而朵焉，寺（待）其來〔事〕之遂刑（形）
> 而私（和）焉。壹朵壹禾（和），此天地之奇也。以其民作而自戲也，
> 吾或使之自靡也。

這種使敵人的惡行達到極端之後再去殺了他，是化自《老子》三十六章：「將
欲取之，必固予之。」這種先予後取的行爲是源自於物極必反的觀念，所以
《老子》認爲要守雌（二十八章）、不爭（二十三章～今二十二章），而《四
經》得出的結論卻要守住事物極限的度，只要可以知道這個度，便可以進退
自如，〈四度〉即云：「當者有〔數〕，極而反，盛而衰：天地之道也，人之李
（理）也。」天道人理總是有一定的度數，如果行事超過這個極限，便會由
盛而衰，因此征伐行動時必需掌握這個度，也就是掌握敵國超越這個度的時
機，〈十大經‧兵容〉即云：

> 聖人之功，時爲之庸，因時秉〔宜，兵〕必有成功。聖人不達刑，
> 不襦傳。因天時，與之皆斷；當斷不斷，反受其亂。

聖人行兵如果不能順應天時、地利、人和，就不會有兵功，這是出自《老子》
第八章：「動善時」，然而《老子》所謂的善是形容詞，指如水之靜的狀態，
而《四經》的善卻是副詞，指善於掌握時機。

《四經》常將《老子》對事物普遍性的歸納轉用到政治上，如：《老子》
第二章云：

> 有無之相生也，難易之相成也，長短之相形也，高下之相盈也，音
> 聲之相和也，先後之相隨。

《老子》舉出這些相對的比較是在說明比較的無益，而《四經》利用這些相
對的現象卻是在說明比較的絕對，說明定立形名的必要，只要掌握形名，便
能使人各盡其才，物各盡其形。〈果童〉提到黃帝問輔臣要如何教化人民，果
童答云：

> 夫天有〔恆〕幹，地有恒常。合〔此幹〕常，是以有晦有明，有陰

> 有陽。夫地有山有澤，有黑有白，有美有亞（惡）。地俗德以靜，而
> 天正名以作。靜作相養，德虐相成。兩若有名，相與則成。陰陽備
> 物，化變乃生。有〔任一則〕重，任百而輕。人有其中，物又（有）
> 其刑（形），因之若成。

天地有恆常不變的法則，晦明、陰陽、山澤、黑白、美惡等對立本來就存在，兩者雖然各自有各自的名，卻是互相依存而成，所以應用在治國，便是要效法大地安靜的養育之德與運作的刑虐相輔相成，這便是其刑德相養的理論。

陳俊龍《「無爲」政治思想的詮釋進路——《老子》、《黃帝四經》、《韓非子》中所展現的脈絡》指出：《老子》與《黃帝四經》雖然皆講無爲而治，但是他們對君、臣、民的要求各有不同：一、《老子》的統治者理應爲民創造出最好的政治秩序，而最好的政治秩序即是道的秩序，也就是自然，因此君主應該無爲。因爲世界本體的道是自然，故而其主張無爲，也是保持自然的意思。《黃帝四經》透過對天地萬物的觀察找出「道」之「理」，再由聖人進一步轉化成爲「法」，故君子依法而行，也就是依道而行，這也是無爲。《黃帝四經》治民重法，而法是天道秩序的具體化，因此人只要遵行法，去除個人自我主觀意念，便是無爲。二、《老子》不談臣的行爲。《黃帝四經》認爲臣一方面受君統治，一方面又協助君治理人民，人民與君的中介，對人民來說，臣與君有著類似的統治身份，故君臣之間的上下關係不可混亂，這也是天道秩序的表現。三、《老子》中的人民，全然是君主政治的接受者，其本身沒有能力影響君主的決定，故無爲的施行及成功與否，責任全在統治者的身上。人民本身被視爲一個「自然」的群體，其所展現的就是無爲的生活方式，君主的有爲或無爲，決定了人民本身狀態的改變或保留。《黃帝四經》中人民不再被視爲「自然」的群體，而是與君主一般，都需遵法，共同負擔政治責任。〔註16〕

陳氏的分析有理，不過，《四經》關心對象是統治階層的關係是否上下分明、上行下效，而不注重平民百姓的生活過得如何，百姓只要保持在態度和順且能爲上位者所用的狀態即可，這是《四經》與《老》、《莊》最基本的立

〔註16〕陳俊龍：《「無爲」政治思想的詮釋進路——《老子》、《黃帝四經》、《韓非子》中所展現的脈絡》（臺北：輔仁大學中國文學研究所碩士論文，2010 年 6 月），頁 87〜90。

場不同。前者關注的是政治組織的運作，後兩者關注的是統治者是否能使人民生活安樂。《老子》六十七章（通行本八十章）云：「甘其食，美其服，樂其俗，安其居」，《莊子·馬蹄》云：「民居不知所為，行不知所之，含哺而熙，鼓腹而遊」，這些都是對人民生活狀態的描述，而統治者的適不適任，端看人民的生活是否符合這些理想的狀態。反觀《四經》，〈觀〉提到黃帝命令力黑到週國民間視察，結果力黑的回報卻是認為人民雜亂無秩序，所以想將是與非、善與惡、獎賞與懲罰、作與息、貴與賤、尊與卑這些分別都確定下來，作為天下的法式，以此來規範人民的行為。其云：

> 天地已成而民生，逆順無紀，德瘧（虐）無刑，靜作無時，先後無
> 名。今吾欲得逆順之〔紀，德虐之刑，靜作之時〕以為天下正，靜
> 作之時，因而勒之，為之若何？

由此可知，《四經》想要打造的是一個上行下效，人民絕對服從上位、全民皆可為兵的無敵王國，〈六分〉描其理想國家，云：

> 為人主，南面而立。臣肅敬，不敢敝（蔽）其主。下比順，不敢敝
> （蔽）其上。萬民和輯而樂為其主上用，地廣人眾兵強，天下無適
> （敵）。

此言最理想的政治狀態是下位者和順而不敢蒙蔽上位者，這樣一來，政治體制能順利運轉，百姓便能和睦而且樂於為主上效力，便可以開拓土地，使人口增多，兵力也能增強，最後則可無敵於天下。

《四經》提到想建立理想的國家，想稱王稱霸，重點就在於無私的治理天下。《老子》也講無私，但是《老子》的無私指的是君主不應為了私欲而向臣下百姓需索無度，《四經》卻將無私轉成了征伐當罪的無私利，無視《老子》的非戰不爭，所以〈五正〉與〈爭姓〉皆云：「夫作爭者凶，不爭者亦無成功。」這是將《老子》二十三章（通行本二十二章）與六十六章：「夫唯不爭，故莫能與之爭。」完全推翻，因為《四經》的目標是成功，而《老子》的目標是保持自然。

關於理想的政治狀態，《四經》還提到「太上無刑」，〈稱〉云：

> 善為國者，大（太）上無刑，其〔次〕□□，〔其〕下鬥果訟果，大
> （太）下不鬥不訟有（又）不果。□大（太）上爭於□，其次爭於
> 明，其下栽（救）患禍。

這裡的太上、其次、其下、太下四個等級，正呼應了《老子》十七章：

太上，下知有之；其次，親譽之；其次，畏之；其次，侮之。

太上無刑，故下民只知有君，而不知國君有什麼具體的作爲。其次是爭於明，所以下民親譽其君賢明。其下是國君以果決的態度處理鬥爭和獄訟，所以下民敬畏國君。太下是無法妥善處理好鬥爭和獄訟，所以下民輕視國君。這裡重新詮釋《老子》十七章，而提出的「太上無刑」，若結合〈果童〉所提出的「刑德相養」來看，可以將「刑德相養」看作是治國的過程，而「太上無刑」可看作是的最終目標，以刑虐民是爲了使人民知畏，而以德蓄民是爲使人民知恩，寬猛並濟，久而久之，人民養成習慣，不再觸犯法律，因此刑法無處可用，便是最理想的世界。

第三節　《莊子》與《黃帝四經》政治觀的同異

　　《老》、《莊》與《黃帝四經》同樣都有將道當作本體的描述，《四經》對道的描述有些與《老》、《莊》相似，〈道原〉云：

> 恆無之初，迵同大（太）虛。虛同爲一，恆一而止。濕濕夢夢，未有明晦，神微周盈，精靜不𤕝（熙）〔註16〕。古（故）未有以，萬物莫以。古（故）無有刑（形），大迵無名。天弗能覆，地弗能載。小以成小，大以成大。盈四海之內，又包其外。在陰不腐，在陽不焦。一度不變，能適規（蚑）僥（蟯）。鳥得而蜚（飛），魚得而流（游），獸得而走。萬物得之以生，百事得之以成。人皆以之，莫知其名，人皆用之，莫見其刑（形）。一者其號也，虛其舍也，無爲其素也，和其用也。是故上道高而不可察也，深而不可則（測）也。顯明弗能爲名，廣大弗能爲刑（形）。獨立不偶，萬物莫之能令。天地陰陽，〔四〕時日月，星辰雲氣，規（蚑）行僥（蟯）重（動），戴根之徒，皆取生，道弗爲益少；皆反焉，道弗爲益多。堅強而不撌，柔弱而不可化。精微之所不能至，稽極之所不能過。故唯聖人

〔註16〕　胡家聰比較〈道原〉與〈老子〉的道論，指出〈道原〉說道云：「恆一而止」、「精靜不熙」，以道爲靜止的；而《老子》講道云：「周行而不殆」，「大曰逝，逝曰遠，遠曰反」，以道爲運動的。〈帛書《道原》和《老子》論道的比較〉，《道家文化研究第三輯》（上海：上海古籍，1993 年 8 月第 1 版），頁 260～264。按：止與只的意思可以相通；靜，除了靜止，還有寧靜的意思，所以胡家聰的說法沒有絕對的依據。

能察無刑（形），能聽無〔聲〕。

〈道原〉與《老子》的相似處在描述道的無形無名（四十章～通行本四十一章）、生成作用（三十九章）、獨一無二（二十五章）與不可損益（第四章）等方面，與《莊子》的相似處除了無形無名（〈天地〉）、生成作用（〈大宗師〉）、不可損益（〈知北遊〉）之外，連「一」生自無形（〈天地〉）、不懼水火（〈大宗師〉）、大小不遺（〈天道〉）等細部的描寫都有相通處，由文句的相似度來看，〈道原〉與《莊子》的關係應該比《老子》還密切。〔註17〕

一、《莊子》的自然天道，《黃帝四經》的人格天道

《老》、《莊》與《四經》雖然同樣以道爲政治觀的理論根源，但是只有《四經》與《莊子》提出以天爲本體的論述，不過兩者所謂天的內涵並不相同。

《老》、《莊》的本體無所謂善惡，本體創造萬物，萬物便具有本體的性質，亦無所謂善惡，行善與行不善的結果無定，孰知善與不善？所以才要無爲，因爲不管善與不善，都只是世人的認定，道是無所謂善與不善的。因此《老子》二十章云：「美與惡，相去何若？」又，《莊子·秋水》云：「以道觀之，物無貴賤。」《四經》的本體所生出的萬物，狀態與《老》、《莊》不同，其一旦出生便不再遵循自然而有所謂的害，〈道法〉云：「虛無刑（形），其裻冥冥，萬物之所從生。生有害，曰欲，曰不知足。……見知之道，唯虛無有。」《四經》這種本體的生育作用與《老》、《莊》不同，不再是完整的，而是有缺陷的，爲了修正這種缺陷，《四經》的本體會因人世間的是非價值來降下賞罰，是由此可以看出《四經》與《莊子》對本體的設定並不相同。

《莊子》的天有時具本體義，此時其內涵大於道，〈天地〉即云：「故通於天地者，德也；行於萬物者，道也；……德兼於道，道兼於天。」又，〈在宥〉提出天道有與人道相對，此時的道，並非本體義而是理則義。《四經》的道，有時是天地之道的省稱，因此〈經法·論〉所云：天道、天度、天期、天性、天命等，皆是指天地之道的某一性質，而其所謂天地之道除了具本體義之外，還有人格特質，故而會依其是非判斷而降下賞罰，因此〈經法·國次〉有云：「過極失〔當〕，天將降央（殃）。」又，〈經法·論約〉亦云：「三時成功，一時刑殺，天地之道也。」故而《莊子》與《四經》的天雖然皆具

〔註17〕 詳見本論文第二章第三節。

有本體義，但是兩者的內涵是不同的，不可混爲一談。

二、《莊子》的才智聖人與有德聖人，《黃帝四經》的執道聖人

天道無形無聲，《四經》與《莊子》皆認爲聖人能察此無形之道，《四經·道原》云：

> 故唯聖人能察無刑（形），能聽無〔聲〕。……明者固能察極，知人之所不能知，服人之所不能得。

此即《莊子·天運》所云：

> 聖也者，達於情而遂於命也，天機不張而五官皆備。此之謂天樂，无言而心説。故有焱氏爲之頌曰：「聽之不聞其聲，視之不見其形，充滿天地，苞裏六極。」

〈天運〉云聖人達於性命之情，自然賦予他特殊的領悟能力，使他五感與常人不同，與〈道原〉所云只有聖人能知「道」是同樣的邏輯。

《四經》把道作爲政治的工具，強調聖人對天道的掌握而稱之爲執道者，而執道的聖人又只是人主治國的工具，如：〈前道〉直接指出主上用聖人，而且把所用之人分成士與國士。接著〈六分〉提出重士思想，云：「王天下者，輕縣國而重士，故國重而身安。」想要統治天下，人才是比國土還重要的資財，戰國時代追求富國強兵的諸侯王們無不致力於禮賢下士。

《莊子》對聖人的定義與《四經》不盡相同，反政治系統把聖人視爲有才者，以此發出不尚賢的主張；先聖後王系統把聖人視爲有德者，以此提出先聖後王的追求。反政治系統對聖人的定義與《四經》相通，〈胠篋〉引《老子》三十六章說明：「彼聖人者，天下之利器也，非所以明天下也。故絕聖棄知，大盜乃止。」此與《四經》把聖人作爲人主執政的工具有相通處，但此處主要在標榜不尚賢，而《四經》卻是鼓勵尚賢的。先聖後王系統對聖人的定義與《四經》不同，連帶對士的定義也不同，如：〈盜跖〉也提到士的貴重，但是士貴重的不是才能而是品德，其云：「士誠貴也。故勢爲天子，未必貴也；窮爲匹夫，未必賤也。貴賤之分，在行之美惡。」由此可知《莊子》重品德而《四經》並不重視品德，前者接近儒家，後者接近法家。

《四經》不重視品德而重視法度，然而施行法度的主體也要有一定的修養，〈五正〉記載黃帝問閹冉治國的順序，閹冉回答：「始在於身，中有正度，後及外人。外內交綏（接），乃正於事之所成。」這種先求自身修養完善

再施及百姓的說法，較接近儒家對執政者的要求。如果黃帝與闍冉的問答只到這裡，便與《莊子》的先聖後王系統相近，但是其後闍冉又談到天下大爭的問答，便與主張無爲而治的《莊子》產生歧異。闍冉又對黃帝說：現今正是天下大爭之時，您能夠謹愼小心的不加入這場紛爭嗎？故而其結論是：「作爭者凶，不爭者亦無成功。」黃帝聽了闍冉的話之後，便告別國大夫，到博望山隱居，追求自己的內心修養。這段敘述與《莊子・在宥》提到黃帝去空同之山見廣成子，問至道之精的故事有相似處：黃帝先問廣成子如何養育人民，以遂群生。廣成子說此乃物之質，並非至道之精。黃帝聽了，便退而捐天下，隱居三個月，之後才再來求教，廣成子便教給他治身之道，云：「无視无聽，抱神以靜，形將自正。」〈在宥〉此說與〈五正〉所謂：「深伏於淵，以求內刑。內刑已得，後〔乃〕自知屈其身。」很相近。〈在宥〉與〈五正〉的黃帝一開始都是問如何治國，而廣成子與闍冉的回答都要求黃帝要修養自身，而黃帝也都曾退隱思考修養自身的問題，雖然故事所要表達的主題不同，但是故事的結構與細節卻很相似。其中〈在宥〉的黃帝原先認爲至道便是治國之道，這與《四經》的主張並無違背，而廣成子卻以至道爲治身之道，似乎在駁斥黃老思想以治國爲重的觀點，這是《莊子》與《四經》最根本的不同。

三、《莊子》的形名次之，《黃帝四經》的形名弗去

《莊子》與《四經》同樣都講到形名，不過兩者對形名的地位排列並不相同。《四經・道法》云：

> 變恆過度，以奇相禦。正奇有立（位），而名〔形〕弗去。凡事無小大，物自爲舍。逆順死生，物自爲名。名刑（形）已定，物自爲正。故唯執〔道〕者能上明於天之反，而中達君臣之半，富密察於萬物之所終始，而弗爲主。故能至素至精，悟（浩）彌無刑（形），然後可以爲天下正。

此云形名立，執道者才能無執無處無爲無私，這是將形名的確立當作無執無爲的前提，此與《莊子・天道》的順序有極大的不同。〈天道〉排列的順序是先明天，道德次之，仁義次之，分守次之而形名次之，因任次之，原省次之，是非次之，賞罰次之，愚知處宜，貴賤履位，仁賢不肖襲情。其下又云：

> 形名者，古人有之，而非所以先也。古之語大道者，五變而形名可

> 舉，九變而賞罰可言也。驟而語形名，不知其本也；驟而語賞罰，
> 不知其始也。倒道而言，迕道而說者，人之所治也，安能治人！驟
> 而語形名賞罰，此有知治之具，非知治之道。可用於天下，不足以
> 用天下。此之謂辯士，一曲之人也。禮法數度，形名比詳，古人有
> 之。此下之所以事上，非上之所以畜下也。

〈天道〉認爲遵守天道無爲才是根本，形名只是末節，而〈道法〉卻認爲要
先有形名，才能無執無爲，這兩者的先後順序，正是《莊子》與《四經》
的不同，所以如果只因爲〈天道〉也提到形名，而把兩者歸入同一派，是不
妥的。

《四經》與《莊子》同樣提到大庭氏這個上古之王，只是兩者對大庭氏
的描述並不相同。〈順道〉提到黃帝與力黑討論大庭氏的統治方法，其云：

> 大菌（庭）之有天下也，安徐正靜，柔節先定。晁濕共（恭）僉（儉），
> 卑約主柔，常後而不失〈先〉。體（體）正信以仁，茲（慈）惠以愛
> 人，端正勇，弗敢以先人。中請不刺，執一毋求。刑於女節，所生
> 乃柔。□□□正德，好德不爭。立於不敢，行於不能。單（戰）視
> （示）不敢，明埶不能。守弱節而堅之，胥雄節之窮而因之。若此
> 者其民勞不〔僨〕，幾（饑）不飴（怠），死不宛（怨）。

《莊子・胠篋》只提到大庭氏作爲至德之世的代表之一，然而〈順道〉的大
庭氏在力黑的解讀之後，成爲表裡不一的君主，他外表柔弱不爭，實際上卻
是以這種柔弱無能的表象來蒙騙對手，等待對手懈怠之後，再予以有力的反
擊。這裡不但是大庭氏的解讀與《莊子》不同，也將《老子》重新詮釋，這
裡云：

> 晁濕共（恭）僉（儉），卑約主柔，常後而不失〈先〉。……單（戰）
> 視（示）不敢，明埶不能。守弱節而堅之，胥雄節之窮而因之。

便是出自《老子》六十九章（通行本六十七章）所云：

> 一曰慈，二曰儉，三曰不敢爲天下先。夫慈，故能勇；儉，故能廣；
> 不敢爲天下先，故能爲成器長。今捨其慈，且勇，捨其儉，且廣；
> 捨其後，且先，則必死矣。夫慈，以戰則勝，以守則固。天將建之，
> 如以慈垣之。

〈順道〉又賦予仁和勇不同於儒家的定義，儒家的仁是不忍之仁，勇是自反
而縮，雖千萬人吾往矣的勇氣，這裡卻說用信賞罰的方式來施仁，用後退的

方式來表示勇。最後，這些種種手段都不是為了讓人民過上好日子，而是為了讓人民勞不慢、饑不怠、死不怨。這與《莊子》的不擾亂人民本性和《老子》的不干涉人民生活的主張完全不同。

《四經》與《莊子》常會提到同樣的名詞，有時可以互相解釋，如：《莊子·大宗師》有「故聖人之用兵也，亡國而不失人心。」一句，《莊子》少談兵事，〈大宗師〉的這句話來得突兀，與上下文難合，但若與《四經》的話合併起來看便很合理，〈國次〉云：

> 聖人之伐也，兼人之國，墮其城郭，焚其鐘鼓，布其資財，散其子
>
> 女，裂其地土，以封賢者。是謂天功。功成不廢，後不逢殃。

這樣看來，〈大宗師〉的話似乎是在為《四經》作總結，又從〈天道〉將形名排在最後的地位，似乎是在反駁《四經》將形名提得太高，而《莊子》的反政治系統將聖人視為有才能者，亦似乎是從《四經》將聖人視作政治工具而發。從理論邏輯來看，欲否定一理論，亦即肯定該理論的先出，故而上述《莊子》的〈大宗師〉、〈天道〉等理論應該晚於《四經》，至於其他非政治理論的部份不在本論文的探討之列，便不敢斷言。

小 結

《莊子》與《四經》都有解釋《老子》經文的情形，可見兩者都有傳承自《老子》的部份。其中《四經》與《莊子》的天道系統關係很密切，前人多將此與《四經》密切的《莊子》稱為黃老派，其實這樣的稱呼並不精確。《莊子》與《四經》的天道思想雖然相近，但是兩者並不相同，《四經》的天道具人格特質，《莊子》的天道是理則義；《莊子》將道與理相合，而《四經》卻將道與理分開，而將名與理相合，可以看出兩者的著重點不同；《莊子》將道混同理，凸出道德，而《四經》將名與理相合，偏重在形名，由此發展出不同的政治觀，不應將兩者簡單的歸在同一類。

從出土文獻的年代來看，可以確定《老子》最早，而《莊子》與《四經》可能同時，但若從政治理論來看，《莊子》的某些政治觀有明顯的否定《四經》學說的跡象，該部份可能是晚出者。

第七章　結　論

　　政治是引導人民走向正確方向的管理方法，《老子》、《莊子》、《黃帝四經》對於所謂正確的方向與管理方法各自有著同中有異的看法，這便是三書所展現的政治觀。

　　《老子》認爲人民正確的方向便是道的方向，也就是世界自然運行的方向，而管理方法便是不干擾道的自然法則。《莊子》認爲人民正確的方向是個人生命的自由，而管理方法便是否定對人生命的各種限制，或是順應社會制度限制，自我修養內在品德，以求精神上的自由。《黃帝四經》認爲人民正確的方向是聽從統治者的號令，處於賞罰分明的大一統世界，管理方法便是形名法術。這些觀念分散在三書之中，本論文前面五章已有詳細的分析歸納研究，以下作一綜合論述。

第一節　三書政治觀系統

　　本論文的架構主要由三個層次組成，分別是：

　　　　「道」（形上）→「德」（形下、抽象）→「術」（形下、具體）。

「德」是「道」在人身上的表現，擔任著將理則與物質世界連結起來的橋樑，「道」本無形無名，但當它在人身上表現出來時，便有各種行跡可循。因此第二章先論道——三書政治觀的理論根源，第三章論德——三書政治理論執行者的品格，第四章論術——三書政治理論的施行方針，第五章探討三書政治理論的理想，第六章作三書政治觀的綜合比較，以下將前面幾章所論述的三書之政治觀系統作一概述。

一、《老子》的政治觀

　　《老子》政治觀的理論根源是道，其道論有兩種系統：一是以道爲本體；一是以自然爲本體，以道爲理則。後者是對前者的補強，它可以涵蓋大部份的《老子》道論，只有在本體的生成萬物的過程中才有歧異產生。另外還在第九章、四十七章、六十八章（通行本八十一章）、七十五章（通行本七十三章）、七十九章（通行本七十七章）、八十一章（通行本七十九章）六個篇章提到天道，但是從中看不出它的本體義描述，是傾向理則義的人格天，而這六個篇章都不見於戰國出土的郭店本《老子》，而且與《莊子》的天道系統有相通處，有晚出的可能。

　　《老子》提到的執政主體雖然有侯王、天子等，但其政治理論的實行者只有聖人，從其描述聖人的內容可以看出：《老子》認爲正確的執政者應該是聖人，也就是能夠掌握道、遵循道的人。《老子》的道可歸納出四種作用：返、守柔弱、生畜、自然，這些作用落實在人類的身上即成爲聖人之德。「返」的作用落實在形下便是指萬事萬物皆會反復循環的觀念，這種往復循環的觀念應用在世情上便是守雌、守辱、守黑的處世態度，聖人爲了避免物極則反，故不能追求盈滿的狀態，因此他顯露在外的表徵是卑下低賤的。「守柔弱」的作用落實在形下便是柔弱卑下之德。爲了避免物極而反，守柔弱爲下是最好的行爲準則。守弱爲下的另一個具體表現便是不爭之德。「生畜」的作用落實在形下便是爲而不恃之德。爲而不恃的態度正符合了「自然」的作用，落實在形下便是無爲之德。由無爲而延伸出的執政態度是清靜而不擾民。

　　《老子》政治理論的執行方針是無爲，落實在內政是少頒政令、不擾民、不尚賢、禁殺伐等政策，在外交則是採守弱不爭的態度。

　　《老子》政治理論的目標有小邦寡民與太上境界二種：小邦寡民已接近無政府主義，而太上境界除了太上之外，尚有其中、最下之分，比較沒那麼極端。

二、《莊子》的政治觀

　　《莊子》的道論較爲複雜，主要可以歸納出三種系統：一是理則之道系統，主要在彌平學派之爭；一是本體之道系統，主要在強調心志精神的修養；一是道德系統，主要在駁斥仁義禮樂。前兩種系統著重在探討抽象的萬物之理，與政治的關係不大，第三種系統著重在具體的人事之理，主要在回應當

時的治國行政方針，在討論《莊子》的政治理論時，主要的對象是這種系統，其次是本體之道系統。

　　《莊子》書中提到至人、神人、眞人、天人等超凡之人，但是這些超凡之人主要的特色在於對生命的修養，甚至是排斥政治，而《莊子》關於政治理論的實行者主要還是在聖人。書中將聖人的內涵分成了才跟道，而《莊子》的作者們對才與道各有偏重，可歸納出有才智者與有道者的兩種系統：聖人指有才智者，這是反政治系統的用法，絕聖棄智的思想正是此系統的重點主張；聖人指有道者，這是先聖後王系統的用法，這類聖人的主要特質有：一、超脫世俗，哀樂不入於心；二、行事但依本性，不刻意爲之，卻能全備；三、以天爲師。

　　反政治系統的產生，可能跟戰國大量產生的士階層有關。〈盜跖〉提到子張與滿苟得的辯論，子張提出：「士誠貴也。故勢爲天子，未必貴也；窮爲匹夫，未必賤也。貴賤之分，在行之美惡。」可見此時士階級地位的提升。從戰國時代的政壇狀況來看，士階級是具有知識但不具有貴族血緣的人，其地位的提升全仰賴貴族的提拔，故《莊子》中那些反政治傾向的隱者大概多是屬於此階級，他們本身便不具有執政的資格，所以才提倡避權隱逸，事實上，他們根本無權可避，所以許由讓王等故事也只是空談。先聖後王系統則是一種不刻意而高的處世態度，帝王之功雖然是餘事，但是聖人並不會完全排斥，只是以生命的修養爲主，其餘力才是治國，而因其無思無慮，恬然安靜，故人民樂於被他統治，人民生活自然富足，卻不知道爲什麼會這樣，這便是聖人無爲之功。

　　《莊子》政治理論的執行方針可分成君之無爲與臣之無爲，其所謂無爲指的是注重心志精神上的修養。《莊子》的無爲之治可分成反政治系統與先聖後王系統二者來看：反政治系統的無爲是忘掉形體，去掉聰明，解放心神，追求生命的自然狀態，所以反對一切人爲的制度。先聖後王系統的虛靜恬淡寂漠無爲，要執政者如道一般任萬物之自然，但是並不反對政治活動，又可分成君之無爲與臣之無爲。君的無爲是保持恬靜的心境，不擾人心，以無私的態度去治國；臣的無爲是抱持心齋的狀態去執行君主派下的任務，不強求成敗，不追求爵祿。然而政治的執行不能全依類心神的修養，還是必需有實際的行動作爲，而行動者正是臣子，因此《莊子》理想的爲臣之道，從其心神修養來看是無爲，從其具體的行事來看是有爲。

　　《莊子》政治理論的目標可以分成二類：至德之世一類是反政治系統，這比較接近《老子》的小邦寡民；明王之治一類是先聖後王系統，這比較接近《老子》的太上境界。

三、《黃帝四經》的政治觀

　　《黃帝四經》的道論有兩種系統：一是以道為本體；一是以天為本體，但是它的道常作為天地之道的省稱，因此很難將兩者釐清，只能知道書中在敘述道的由來，除了以虛無的抽象思維去解釋，還有另一種說法是用天派下鳳鳥的神話思維，這種思維除了將道的由來具體化，還將天人格化，這與書中其他對天的敘述是很符合的。兩個系統常混用，《四經》的政治理論主要以天作為本體。

　　《四經》政治理論的執行者也是能夠認識道的聖人，但是這個聖人並非是最高的統治者，而是輔政的大臣，是帝師，而統治者只要能重用這些聖人，便可以使國家富強，甚至可以一統天下。在《四經》中，政治體制的根源不再是虛無飄渺的道，而是一個實在的人類，原本至高無上的道淪為人類的工具，故聖人成為執道者，這是《四經》與《老》、《莊》最根本的不同點。

　　《四經》政治理論的執行方針也說無為，然而必須以確立形名為前提，由道而定名，循名而執理，循理而定法，這是聖人制定形名的理路。形名已定，便要刑德相養。君主能秉法執度，大臣能遵循事理，國家便能昌盛，如此便能征伐亂亡之國，達成王天下的目標。

　　《四經》政治理論的目標是王霸天下，大臣肅敬，刑罰不用，提出太上無刑，這是刑德相養的進化。

四、三書政治觀的比較

　　茲將上述所論三書政治體系作一覽表如下：

	《老子》	《莊子》	《黃帝四經》
理論根源	一、以道為本體 二、以自然為本體 　　（道為理則）	一、以真宰為本體（道為理則） 二、以道為本體 三、以天為本體（道德）	一、以道為本體 二、以天為本體
執行者	聖人（守雌不爭、為而不恃、無為）	一、至人、神人、真人、聖人（精神修養） 二、聖人（先聖後王、以天為師）	聖人（執道、形名、不爭亦無以成功）

執行方針	無爲（不擾民、不尙賢、不爭、禁殺伐）	君無爲（恬淡安靜）、臣無爲（不強爲）	形名→法→無爲
目　標	一、小邦寡民 二、太上境界	一、至德之世 二、明王之治	一、王霸天下 二、太上無刑

　　《老》、《莊》、《黃》三書政治觀的理論根源、執行者、執行方針、理想等方面，都有相同或類似的命題，如：道、聖人、無爲、太上等等，然而其所用的詞彙雖然相同，但是其所描述的內涵皆略有不同，由上表可以看出三書的關係密切，但是又各自有發展出不同的思想系統。

　　在《老子》的理想世界裡，最理想的國君是隱形的執政者，最理想的百姓是保有自然本性的人民，而《莊子》與《黃帝四經》恰恰分別從百姓與國君兩方面著手努力，《莊子》追求人的自然生命狀態，《四經》追求法治以求消解國君的人治，兩者的著重點不同，終究走上不同的道路。

第二節　三書政治觀的定位

　　在 1973 年馬王堆帛書的《黃帝四經》發現以前，中國思想史的道家類中向來只介紹《老子》與《莊子》，而《史記》所謂的黃老思想，因爲缺乏實際範例，學者們只能就《史記》有限的描述來猜測其內涵，有些學者將之歸入法家〔註1〕，有些學者將之視爲新道家，而且《漢書·藝文志》中所列儒、道、墨、法、陰陽、名等六家之書皆有被學者列爲黃老學派者，蒙文通便云：「黃老之學是由各種學派漸趨接近的結果，而不是由一個道家雜取各家學說而後形成的。從田駢、愼到、尹文的議論，很可以看出這一點，司馬談卻把這一關係說顛倒了。」〔註2〕

　　《黃帝四經》的發表爲《史記》對黃老的描述找到了一個典範，也爲道家思想的研究提供了新的素材，也指出了一個事實：道家思想並不一定皆如

〔註1〕　白奚〈學術發展史視野下的先秦黃老之學〉指出黃老與法家同樣主張以法治國，他們的不同點在於：一、法家的法治主張較爲嚴苛，專任嚴刑峻法，黃老的法治主張較溫和，這原於黃老對儒家的吸收；二、黃老的法治主張有較強的哲理性，法家的法治主張缺乏理論深度，法家排斥其他學說，黃老則採兼容並蓄的態度，其中儒家所佔比例較大，故注重道德教化，其注重陰陽、刑德的辯證關係，這影響後來荀子的禮法互補的思想。（《人文雜誌》第 1 期，2005 年，頁 147～151）。

〔註2〕　蒙文通：〈略論黃老學〉，《道家文化研究第十四輯》（北京：三聯書店，1997年 7 月），頁 232～261。

　　《莊子》一般的以修養精神爲主，甚至主張避世隱逸，後來解《老》多受《莊子》影響，而將《老》、《莊》的學說歸爲避世之學，其實在道家還有一種實用的政治哲學在其中，如果以《四經》的邏輯看《老子》，會發現《老子》是一套人君養成教育哲學，其實一點也不避世，因此卓伯翰〔註3〕、田惠敏〔註4〕、林士哲〔註5〕等人的論文才能成立，由此再回去看《莊子》，發現當中也有相當多對政治的討論，例如黃源典〔註6〕與陳政揚〔註7〕提出的莊子治道觀。這樣的情形更符合《漢書》所說：諸子皆因應周文疲蔽而產生，《史記》亦云：諸子務爲治者，所以先秦諸多是經國濟世之學，道家思想也不例外。

　　如果《老》、《莊》、《黃》三書皆關注政治，那麼何以後人會認爲《老》、《莊》是避世思想？再看《史記‧太史公自序》引述的司馬談「論六家要旨」：

　　　道家使人精神專一，動合無形，贍足萬物，其爲術也，因陰陽之大順，采儒、墨之善，撮名、法之要，與時遷移，應物變化，立俗施事，無所不宜。指約而易操，事少而功多。……道家「無爲」，又曰：「無不爲」。其實易行，其辭難知；其術以虛無爲本，以因循爲用。

〔註3〕　卓伯翰《老子政治思想研究》指出：老子提出「道」做爲政治的指導原則，以解決禮治政治名存實亡的問題，提出無爲、柔弱等主張，做爲施政綱領、統治術和軍事政策來建立小國寡民的理想社會，老子的道治主義後來發展成著重精神自由的莊周學派與著重政治事功的黃老學派。（臺北：東吳大學中國文學研究所碩士論文，2002年5月）。

〔註4〕　田惠敏《論老子政治思想的洞見與侷限》分析形上的道作爲治道的基本理論，聖人以自然之道經國治民，實行無爲而治的政教主張，並認爲老子的侷限在未能在法治的基礎上謀思如何限制政治權威的濫用。（臺北：華梵大學哲學研究所碩士論文，2008年元月）。

〔註5〕　林士哲《老子的政治思想》說明道轉化爲德，以無爲而治、柔弱和眾治國，以慈、儉處世，最後指出老子治道生活與現實的落差、忽視人類的多元。（臺北：華梵大學東方人文思想研究所碩士論文，2007年）。

〔註6〕　黃源典《莊子之治道觀》認爲莊子只有治道而無政道，故以此名題，先談內篇的明王與臣相之治道，再依劉笑敢於外雜篇的分類方法，談述述莊派的內聖外王之道、無君派的理想社會與黃老派的南面之術。（嘉義：南華大學哲學研究所碩士論文，2000年6月）。

〔註7〕　陳政揚〈莊子的治道觀〉歸納《莊子》一書的治道觀可分成三部分：一、內七篇的明王之治；二、〈天地〉、〈天道〉、〈天運〉等篇是黃老之治；三、〈胠篋〉、〈馬蹄〉等篇是反治思想。（《高雄師大學報》第16期（2004年），頁255～272）。

無成勢，無常形；故能究萬之情，遵爲物先，不爲物後；故能爲萬
物主。有法無法，因時爲業；有度無度，因物與合。故曰：「聖人不
朽，時變是守。」虛者，道之常也；因者，道之綱也；群臣並至，
使各自明也。(《史記‧太史公自序》)

《史記》說道家是集合了儒、墨、名、法諸家的思想，主張：與時遷移，
應物變化，其術以虛無爲本，以因循爲用。再看《漢書‧藝文志》對道家的
描述：

道家者流，蓋出於史官，歷記成敗存亡禍福古今之道，然後知秉要
執本，清虛以自守，卑弱以自持，此君人南面之術也。合於堯之克
攘，易之嗛嗛，一謙而四益，此其所長也。及放者爲之，則欲絕去
禮學，兼弃仁義，曰：獨任清虛，可以爲治。(《漢書‧藝文志》)

《漢書》則說道家秉要執本，君人南面之術，主張：清虛自守，卑弱自持。
但是有所謂的「放者」，主張：「絕去禮學，兼弃仁義，曰：獨任清虛，可以
爲治」。可見這所謂的「放者」也是講治國之法的，只是其法是任清虛。

《漢書》採取較客觀的態度介紹各家流派，沒有對各家作綜合比較的評
述，而《史記》有引司馬談評語云：

至於大道之要，去健羨，絀聰明，釋此而任術。夫神大用則竭，形
大勞則敝。形神騷動，欲與天地長久，非所聞也。……其實中其聲
者謂之端，實不中其聲者謂之窾。窾言不聽，姦乃不生，賢不肖自
分，白黑乃形。在所欲用耳，何事不成。乃合大道，混混冥冥。光
耀天下，復反無名。凡人所生者，神也，所託者，形也。神大用則
竭，形大勞則敝，形神離則死。死者不可復生，離者不可復反，故
聖人重之。由是觀之，神者，生之本也，形者，生之具也。不先定
其神，而曰「我有以治天下」，何由哉？〔註8〕

司馬談雖然引〈易太傳〉說明陰陽、儒、墨、名、法、道六家是：「天下一致
而百慮，同歸而殊塗。」然而司馬談的經歷是「學天官於唐都，受易於楊何，
習道論於黃子。」所以他的思想是偏向道家的，認爲儒家「勞而少功」，墨家
「儉而難遵」，法家「嚴而少恩」，名家「使人儉而善失眞」，陰陽家：「使人
拘而多畏」，唯有道家乃合於大道。

〔註8〕　司馬遷：《史記》(臺北：藝文印書館據清乾隆武英殿刊本景印，2005 年 2 月
　　　　初版)，卷 130，頁 1349～1350。

　　《史記》所引：「聖人不朽，時變是守。」應該是《黃帝四經‧觀》所云：「聖人不巧，時反是守。」朽與巧，字形相近，時變與時反是同樣的意思，《四經》繼承《老子》物極必反的思想，故認爲只要能掌握住物極而反的那個限度，便能進退自如。時反是守，便是指守住那物極而反的時機，也就是物變的時機。故〈觀〉又云：「當天時，與之皆斷；當斷不斷，反受其亂。」這個所謂的天時，便是指物變之時，所以〈爭姓〉亦云：「明明至微，時返以爲機。天道環周，於人反爲之客。……靜作得時，天地與之；靜作失時，天地奪之。」〈論〉云：「變則伐死養生」，〈稱〉云：「嬴絀變化，後將反施。」又云：「凡變之道，非益而損，非進而退：首變者凶。」《老子》是不講變的，只講「動善時」，《莊子》亦不講時變，只講時命或時運，〈大宗師〉云：「安時而處順」，〈繕性〉云：「當時命而大行乎天下，則反一无迹；不當時命而大窮乎天下，則深根寧極而待：此存身之道也。」時命是不可變的，因此人只能安時處順。可見司馬談所認定的道家是以《四經》爲主的道家。再看馬王堆帛書將《四經》寫在乙本《老子》之前，可見抄書者應該認爲該卷的重點是以《四經》爲主，《老子》爲輔，這應是西漢時期對道家的定位，當中看不出《莊子》的位置。

　　《漢書》提到道家的「放者」，主張：絕去禮學，兼棄仁義，這與本論文所謂的反政治系統的主張相合，再看《史記‧老子韓非列傳》對莊子的記錄：莊子名周，蒙人，曾爲漆園吏，與梁惠王、齊宣王，學術源於老子，文章特色是寓言，內容主要在批判儒、墨，其志不欲出仕。司馬遷所述的莊子特色與《漢書》所謂的「放者」相類，亦是反政治系統的主張，卻不見先聖後王系統。然而從《莊子》中歸納出莊子的事跡，可以看出二種莊子，一種是堅決拒絕出仕的莊子，一種是不十分反對出仕的莊子。如果莊子果眞一致的反對出仕，又何須去見魏王、魯哀公、趙文王這些諸侯，應該跟〈秋水〉與〈列禦寇〉所述一樣，拒絕王公的招聘，而《史記》很明顯是將後一類的莊子排除在外，可見在司馬遷的眼中，莊子應該是屬於反對出仕的隱者，由此可以看出西漢到東漢時期對莊子的定位應該是在主流之外的旁支。

　　漢代將《莊子》的反政治系統視爲道家旁支，無視其先聖後王系統，理由可能是因爲先聖後王系統是晚出的。從第六章的論述中可以看出《莊子》的形名思想應該晚於《四經》，而隱逸思想可能早於《四經》。漢代大量收集先秦圖書是在漢武帝時代置寫書之官，此時諸子傳說皆充秘符，而正式的

官方整理先秦圖書是在成帝時的劉向校經傳諸子詩賦，而現今出土的《莊子》簡書均是〈讓王〉之類的〈雜篇〉，與《史記》司馬遷所見的〈漁父〉、〈盜跖〉、〈胠篋〉、〈畏累虛〉、〈亢桑子〉等篇是同一類，所以司馬遷可能沒看到〈天運〉、〈天道〉等先聖後王系統的內容，或是不將這些歸入莊子學派的思想。

　　鍾肇鵬認為：四篇帛書的成書當在戰國末，因為黃帝傳說盛行是在戰國中期以後。又提出：綜合各家學派，兼容並包的思想只能產生在戰國末年，與雜家的產生同時。帛書中「兼有天下」的思想反應了戰國末新興地主階級的思想。〔註9〕鍾氏所言有理，但可以再加以補充，從《四經》的內文來看，其敘述黃帝捐棄天下而隱居深山一事，這個說法與全書的內容格格不入，但是若放在《莊子》中，便與隱逸一派的思想極為融和，《四經》所敘述的故事不合理，應該是因為它並非故事的原創，而是改編者，可見《四經》的這種說法應該是受《莊子》的影響，故《四經》這部份的成書應該晚於《莊子》的黃帝故事。而《莊子》對形名的看法又有受《四經》影響的情形，故知《莊子》形名一派的學說應該比《四經》晚出。如此看來，《四經》的產生時代應該在《莊子》產生時期的中間，故而其有些思想受《莊子》影響，又有些思想影響了《莊子》。如果假設《黃帝四經》的產生是在反政治系統同時或之後戰國末，那麼先聖後王系統的產生便可能會晚到漢初了，那麼司馬遷不能看到也是很有可能的。

　　《漢書‧藝文志》將老莊同歸在道家之下的原因之一，應該跟《莊子》祖述老子事跡脫不了關，而現今學者有提出莊子思想與老子不同，不應歸在同一學派，原因之一是《莊子‧天下》將老聃與莊周分別兩類，另一個原因是不相信《莊子》記錄的人物事跡為真。如果相信《莊子》的人物事跡為真，那麼將引述老子事跡與學說的《莊子》與《史記‧老子韓非列傳》合起來看，《史記》記錄以老子為首的諸人，其下所述的人物都會提到其學歸本於老子或黃老，可以將這篇列傳看成是司馬遷對學術傳承與分類的主張。《漢書‧藝文志》中分成道家與法家兩個學派的人物，司馬遷卻將他們歸類在一起，理由是他們都是對老子學說有所繼承。司馬談「論六家要旨」雖然提出了儒、道、墨、法、名、陰陽等派別的介紹，但是司馬遷卻沒有依照父親的說法來分類，而且司馬談只介紹派別卻沒有介紹各派的人物，很可能是此時學派的

〔註9〕　鍾肇鵬：〈論黃老之學〉，《世界宗教研究》第 4 期（1981 年 6 月），頁 81～86。

分類並沒有定型，應該是到了《漢書·藝文志》，九流十家的分類才完成。

第三節　三書政治觀的影響

在馬王堆帛書《黃帝四經》出土以前，學者談論道家只知有《老》、《莊》而不知有《四經》，這可能牽涉到漢代的政治鬥爭，唐蘭〈《黃帝四經》初探〉提到漢代黃老與儒家的鬥爭：文景之時，行黃老，劉安《淮南子》雖然引《黃帝四經》，但他是宗老子而反對黃帝的。〈脩務〉云：「世俗之人多尊古而賤今，故爲道者必托之于神農黃帝而後能入說。亂世暗主高遠其所從來，因而貴之。爲學者蔽于論而尊其所聞，相與危坐而稱之，正領而誦之，此見是非之分不明。」〔註10〕這段話實際上是罵漢文帝是暗主，罵他稱誦黃帝之言是是非不明。寶太后死後，漢武帝重新任用田蚡爲相，絀黃老刑名百家之言，表面上看起來好像是反對寶太后，實際上是反對漢文帝。司馬談是道家，司馬遷卻是儒家觀點。〈五帝本紀〉云：「百家言黃帝，其文不雅馴，荐紳先生難言之。」〔註11〕故不採用百家言，而用「孔子所傳宰予問五帝德及帝系姓」，由此說明司馬遷不敢反抗當時尊儒的社會潮流。到了東漢明帝時，儒家班固作《漢書·藝文志》，把有關黃帝的書壓抑在俗薄小書《周訓》十四篇之後。自元帝眞正獨尊儒術以後，陽道陰法的《黃帝四經》受到重重抑制與排斥，就若存若亡，在南北朝後期，這本書就已失傳了。〔註12〕

黃老思想在西漢影響很大，從《史記》的記錄便可得知，武帝以前的君王和大臣都信奉黃老的無爲而治，正好在秦亂之後與民休息，但武帝以後因爲政治鬥爭，信奉黃老派的大臣被打壓，信奉儒家派的大臣的勢力抬頭，之後便籠罩了整個中國。即便如此，黃老的重法思想和刑德相養的理論還是治理一國的重要依據，這樣一個看似十分合理的政治理論何以會失傳？就連嚴而少恩的《韓非子》都能流傳下來，《黃帝四經》何以不傳？是歷史的偶然還是必然？

除了政治鬥爭的理由之外，《四經》會失傳的理由應該是《四經》的思想已不符合潮流。《四經》全書除去道、理、形名與法等觀念之外，最重的部份

〔註10〕劉文典集解：《淮南鴻烈集解》（北京：中華書局，1989 年 5 月第 1 版），頁653～654。

〔註11〕司馬遷：《史記》，頁 40。

〔註12〕唐蘭：〈《黃帝四經》初探〉，頁 51～52。

是統一天下的方法，這幾乎佔了全書近一半的內容，而自漢代起，中國常常是一個統一的帝國，雖然也有南北朝、五代十國等亂世，然而就當時的情況而言，想統一其他國家靠的是絕對的兵馬武力，而不是時變是守那一套。

另外，《四經》失傳的最重的理由應該是不符合統治者的利益。《四經》中的聖人憑籍著大臣的身分，竟然可以立置天子，這對集權統治者是大不敬，絕不可能被統治者允許的事。更甚者，《四經》還教導人們如何兼併敵國，征伐天下，在統治者眼裡，這根本是在教人民如何造反，這是統治者絕對要禁止的行為，也與魏晉清談的避世之風不相符，因此被士人所拋棄是理所當然。

相對於《四經》因不符合潮流而失傳，《老子》與《莊子》卻從漢晉以下便一直備受矚目，每當政治紛亂的時期，這兩本書便是讀書人最好的心靈寄託。《老子》如果只是把它看成一套人君養成教育，對統治者而言，一般士人即便讀了也無用，因為他們不是王位的繼承者，因此對於君主是可以接受的存在，再加上，在魏晉以後，士人將《老》、《莊》、《易》三玄變成清談之資，將《老》、《莊》的政治色彩減弱，轉化成修養身心的法門，這對統治者就更無防礙了。而《老》、《莊》關於守柔弱、隱逸的避世思想，也成了亂世之中的幻想樂土，其對於政治的功用便幾乎無存了，只成了士人修身養性，或道士羽化升仙的學說依據。

第四節　三書政治觀的現代意義

《老子》、《莊子》、《黃帝四經》三書是春秋戰國時代的作品，到了二千多年後的今天，時移事異，它們還能給我們什麼樣的啟示？

牟宗三《政道與治道》指出：中國古代政權的開始是依靠德與力，其後繼之以世襲。〔註13〕某一英雄用他的德與力號招他的追隨者，以武力取得政權，英雄與他的追隨者成為貴族，此後這些貴族成為世襲。春秋戰國是貴族世襲制度漸漸崩毀的時代，官僚制度漸漸形成，只有帝王與少數貴族有世襲的權力，原本處在貴族底層的士漸漸抬頭，知識份子漸漸成為國家機構的重心，而此時的普通農民並沒有存在感，《老子》只說聖人如何治理國家，沒有提到被治理的人民有何想法；《莊子》雖然追求的是個人生命的自由，但

〔註13〕牟宗三：《政道與治道》，頁1。

是他說話的對象還是貴族階級；《黃帝四經》關心的是如何以形名法理治國，他觀察到只要不誤農時，讓人民可以吃飽，不過份勞役人民，人民便會服從統治。

在古代，人民只是沒有任何權力的被統治者。在現今，人民卻是政權存在的基礎。現今世界雖然還有少數獨裁集權國家，但是大部份的國家都是以民主政治爲主流，亦即主張：人民主權、責任政治、多數治理、尊重少數與個人。〔註14〕政府的存在是依據法律的規定，執政者與人民的行爲受同樣的法律規範，法律的來源是議會，而議會人員由人民選舉，由此構一個環環相扣的牽制結構。其中最基礎的民意，即人民主權，乃是天賦之人權。將人權歸源於天賦，這一點與《老子》、《莊子》、《四經》類以，在三書的政治觀系統中，除了以道爲政治源頭，有某些系統也將本體義寄託在天。這種將政權的源頭抽象化，提升到形而上的境界，是古今皆同的。

春秋戰國時代的政治基礎是貴族，當時士階級漸漸抬頭，士也是貴族的一類，《老子》、《莊子》、《四經》提到的聖人，除了指最高的執政者，有時也指爲國君提出施政方針的士。現今民主政治雖說以人民爲主，透過一定的程序，凡該國人民皆可成爲該國的執政者，並不存在貴族這一階級，然而，這也只是原則上來說，事實上，想成爲被選舉人必需有一定的經濟實力與政經關係，這種門檻並非一般人民可以輕易跨越，所以政壇裡還是存在著隱形的貴族階層，一般人民大多只能成爲這種隱形貴族的幕僚，其後或者有機會慢慢跨進隱形貴族的底層，再慢慢往上攀升，這種情形與戰國時代的士何其相似？

在政權的源頭與政治的主體上，現今與三書理論皆有相似處，而施政方針與施政理想等方面便差異極大。《老子》提出無爲不擾民的治國原則，《莊子》否定人文化成，也主要以無爲不擾亂民心的治理方式，兩者皆以無爲、不尚賢來處事，這一點在現代政治並不適用。現代民主政治採責任制，若無明顯政績則會被政敵或媒體批評，所謂無爲，在現代會變成無能的代稱，而人民選舉標榜的是選賢舉能。唯有《四經》提出以形名法理治國，與現今的法治政治有相通處，只是《四經》的循名責實的判定者是最高的執政者，而現今對案件的判定者是司法機關與議會所規定的法律。

〔註14〕呂亞力：《政治學》（臺北：三民書局，1995 年 8 月三修訂初版），頁 120～125。

　　《老子》的理想世界是小邦寡民，《莊子》的理想世界是上古原始而不受
君權限制的自由世界，《四經》的理想世界是大一統的王霸事業，這三者在現
今皆不適用。現今的民主政治是以人民權力多數決來決定施政方針，因此人
民必需要有一定的知識水準才能判斷與選舉適當的議會成員與執政者，而提
升人民的知識水準必需要有一定的經濟基礎，而爲了保護經濟發展，反對戰
爭侵略是各國的共識，因此現今理想的世界是經濟實力強盛與人民知識水準
高的和平社會。

　　因爲三書的施政方針與理想世界與現今政治的情況相悖，所以現在對三
書的詮釋多轉往品德修養的方向。《老子》所謂的守弱爲下、爲而不恃、順應
自然，《莊子》的恬淡寂寞、坐忘心齋，皆成爲個人品德修養的要求，政治的
色彩被沖淡，而讓人以爲《老》、《莊》是離世脫俗的學說，這其實是種誤讀。
唯有《四經》內容以形名法理爲主，與現今的法治政治同樣重視法，因此大
多研究《四經》的學者皆以其政治思想爲主題。今比較《老》、《莊》與《四
經》三書，發現三書相通之處頗多，其中不乏對政治思想的討論，這些討論
或者放在現今的政治制度上並不實用，但是其中對於執政者品德的要求應該
是古今皆通用的。

引用參考書目

（依作者姓名筆劃排列）

一、專書

（一）老子類

1. 丁四新校注，《郭店楚竹書《老子》校注》，武漢：武漢大學出版社，2010年3月第1版。

2. 丁原植撰，《郭店竹簡老子釋析與研究（增修版）》，臺北：萬卷樓圖書有限公司，1999年4月再版。

3. 王卡點校，《老子道德經河上公章句》，北京：中華書局，1993年8月第1版。

4. 王邦雄撰，《老子的哲學》，臺北：東大圖書公司，1999年8月初版。

5. 古棣、周英撰，《老子通》，高雄：麗文文化事業股份有限公司，1995年7月初版。

6. 朱大星撰，《敦煌本《老子》研究》，北京：中華書局，2007年8月第1版。

7. 朱謙之撰，《老子校釋》，北京：中華書局，1984年11月第1版。

8. 高亨釋，《老子正詁》，臺北：臺灣開明書店，1968年3月臺一版。

9. 高明校注，《帛書老子校注》，北京：中華書局，1996年5月第1版。

10. 陳鼓應註譯，《老子今註今譯及評介》，臺北：臺灣商務印書館，2000年3月三次修訂版。

11. 陳錫勇撰，《老子校正》，臺北：里仁書局，1999年3月15日初版。

12. 陳錫勇撰，《郭店楚簡老子論證》，臺北：里仁書局，2005年9月15日初版。

13. 陳錫勇撰，《老子釋義》，臺北：國家出版社，2006年元月初版。

14. 彭耜纂集,《道德真經集註》,臺北:新文豐出版社,1985 年 12 月影印明《正統道藏》本。

15. 廖名春撰,《郭店楚簡老子校釋》,北京:清華大學出版社,2003 年 6 月第 1 版。

16. 劉釗撰,《郭店楚簡校釋》,福州:福建人民出版社,2005 年 1 月第 1 版。

17. 蔣錫昌校詁,《老子校詁》,臺北:東昇出版公司,1980 年 4 月初版。

18. 熊鐵基、馬良懷、劉韶軍撰,《中國老學史》,福州:福建人民出版社,1995 年 7 月第 1 版。

19. 魏啓鵬撰,《楚簡《老子》柬釋》,臺北:萬卷樓圖書有限公司,1999 年 8 月初版。

20. (漢)嚴遵撰,《道德指歸論》,臺北:藝文印書館,1965 年《無求備齋老子集成初編》影印明崇禎三年毛晉汲古閣刊津逮秘書本。

21. (宋)蘇轍註,《道德真經註》(又名《老子解》),臺北:新文豐出版社,1985 年 12 月影印明《正統道藏》本。

(二) 莊子類

1. (清)王先謙集解,《莊子集解》,臺北:世界書局,2003 年 10 月第 2 版。

2. 王叔岷校詮,《莊子校詮》,臺北:中央研究院歷史語言研究所,1988 年 3 月出版。

3. 王威威撰,《莊子學派的思想演變與百家爭鳴》,北京:人民出版社,2009 年 11 月第 1 版。

4. 方勇撰,《莊子學史》,北京:人民出版社,2008 年 10 月第 1 版。

5. (清)宣穎,《南華經解》,臺北:廣文書局,1978 年影印清康熙 60 年懷義堂刊本。

6. 郎擎霄撰,《莊子學案》,臺北:河洛圖書出版社,1974 年 12 月臺景印初版。

7. 孫以楷、甄長松撰,《莊子通論》,北京:東方出版社,1995 年 10 月第 1 版。

8. 崔大華撰,《莊學研究》,北京:人民出版社,1992 年 7 月第 1 版。

9. 陳品卿撰,《莊學新探》,臺北:文史哲出版社,1984 年 9 月增訂再版。

10. 陳鼓應註譯,《莊子今註今譯》,臺北:臺灣商務印書館,1999 年 11 月修訂版。

11. 張恒壽撰,《莊子新探》,武漢:湖北人民出版社,1983 年第 1 版。

12. 張默生釋，張翰勛校補，《莊子新釋》，山東：齊魯書社，1993 年 12 月
    第 1 版。

13. （清）郭慶藩集釋，王孝魚點校，《莊子集釋》，北京：中華書局，1961
    年 7 月第 1 版。

14. 黃華珍撰，《莊子音義研究》，北京：中華書局，1999 年 4 月第 1 版。

15. 莊萬壽撰，《莊子史論》，臺北：萬卷樓圖書有限公司，2000 年 8 月初
    版。

16. 蔡明田撰，《莊子的政治思想》，臺北：牧童出版社，民國 63 年 10 月 20
    日。

17. 蔡宗陽撰，《莊子之文學》，臺北：文史哲出版社，1983 年 9 月初版。

18. 劉笑敢撰，《莊子哲學及其演變》，北京：中國社會科學出版社，1988 年
    2 月第 1 版。

19. 劉榮賢撰，《莊子外雜篇研究》，臺北：聯經出版社，2004 年 4 月初版。

20. 熊鐵基、劉固盛、劉韶軍撰，《中國莊學史》，長沙：湖南人民出版社，
    2003 年 10 月第 1 版。

（三）黃老類

1. 丁原明撰，《黃老學論綱》，濟南：山東大學出版社，1997 年 12 月第 1
   版。

2. 丁原植撰，《文子新論》，臺灣：萬卷樓圖書有限公司，1999 年 10 月初
   版。

3. （清）王先慎集解，《韓非子集解》，臺北：藝文印書館影印光緒丙申十
   二月刊，1983 年 6 月第 3 版。

4. 王沛撰，《黃老「法」理論源流考》，上海：上海人民出版社，2009 年 12
   月第 1 版。

5. 王葆玹撰，《黃老與老莊》，北京：中國人民大學出版社，2012 年 3 月第
   1 版。

6. 王曉波撰，《道與法：法家思想和黃老哲學解析》，臺北：國立臺灣大學
   出版中心，2009 年 2 月初版。

7. 白奚撰，《稷下學研究：中國古代的思想自由與百家爭鳴》，北京：三聯
   書店，1998 年 9 月第 1 版。

8. 吳光撰，《黃老之學通論》，杭州：浙江人民出版社，1985 年 6 月第 1
   版。

9. 李定生、徐慧君校釋，《文子校釋》，上海：上海古籍出版社，2004 年 3
   月第 1 版。

10. 李培志撰，《《黃帝書》與帛書《老子》君道思想淵源研究》，濟南：齊魯

書社，2012 年 7 月第 1 版。

11. 余明光撰，《黃帝四經與黃老思想》，哈爾濱：墨龍江人民出版社，1989
年 8 月第 1 版。

12. 余明光點校注譯，余明光、張國華白話釋譯，張純、馮禹英文翻譯，任
繼愈、陳鼓應審訂，《中英對照黃帝四經今注今譯》，長沙：岳麓書社，
1993 年 3 月第 1 版。

13. 谷斌、張慧姝注譯，《黃帝四經注譯・道德經注譯》，北京：中國社會科
學出版社，2004 年 9 月第 2 版。

14. 胡家聰撰，《稷下爭鳴與黃老新學》，北京：中國社會科學院，1998 年 9
月第 1 版。

15.（唐）徐靈府注，王利器疏義，《文子疏義》，北京：中華書局，2000 年
9 月第 1 版。

16. 陳鼓應注譯，《黃帝四經今注今譯——馬王堆漢墓出土帛書》，北京：商
務印書館，2007 年 6 月第 1 版。

17. 陳麗桂撰，《戰國時期的黃老思想》，臺北：聯經出版事業公司，1991 年
4 月初版。

18. 張增田撰，《黃老治道及其實踐》，廣州：中山大學出版社，2005 年 9 月
第 1 版。

19. 黃漢光撰，《黃老之學析論》，臺北：鵝湖出版社，2000 年 5 月初版。

20. 楊伯峻集釋，《列子集釋》，北京：中華書局，1979 年 10 月第 1 版。

21. 黎翔鳳校注，《管子校注》，北京：中華書局，2004 年 6 月第 1 版。

（四）其他

1.（漢）孔安國傳，（唐）孔穎達疏，《尚書正義》，《十三經注疏》本，臺
北：藝文印書館，1997 年 8 月初版。

2. 王邦雄撰，《中國哲學論集》，臺北：臺灣學生書局，2004 年 3 月增訂第
3 版。

3. 王叔岷撰，《慕廬雜稿》，臺北：大安出版社，2001 年 2 月第 1 版。

4. 王念孫撰，《讀書雜志》，臺北：臺灣商務印書館，1978 年臺 1 版。

5.（魏晉）王弼、韓康伯注，（唐）孔穎達疏，《易經正義》，《十三經注疏》
本，臺北：藝文印書館，1997 年 8 月初版。

6.（魏）王弼撰，樓宇烈校釋，《王弼集校釋》，臺北：華正書局，1992 年
12 月初版。

7.（春秋）左丘明撰，（晉）杜預注，（唐）孔穎達疏，《春秋左傳正義》，《十
三經注疏》本，臺北：藝文印書館，1997 年 8 月初版。

8. （春秋）左丘明撰，徐元誥集解，《國語集解（修訂本）》，北京：中華書局，2002 年 6 月第 1 版。

9. （漢）司馬遷撰，（宋）裴駰集解，《史記》，臺北：藝文印書館，2005 年 2 月景印清乾隆武英殿刊本。

10. 牟宗三撰，《政道與治道》，臺北：臺灣學生書局，1991 年增訂新版。

11. 呂亞力撰，《政治學》，臺北：三民書局，1995 年 8 月三修訂初版。

12. 吳承仕撰，《經典釋文序錄疏證》，京都：中文出版社，1982 年 5 月再版。

13. （魏）何晏注，（宋）邢昺疏，《論語注疏》，《十三經注疏》本，臺北：藝文印書館，1997 年 8 月初版。

14. 孫文撰，《三民主義》，臺北：中央文物供應社，1985 年 8 月。

15. 孫以楷、陸建華、劉慕方撰，《道家與中國哲學》（先秦卷），北京：人民出版社，2004 年 6 月第 1 版。

16. （漢）班固撰，（唐）顏師古注，（清）王先謙補注，《漢書補注》，臺北：藝文印書館，影印光緒庚子春月長沙王氏校刊本。

17. 唐君毅撰，《哲學概論》，臺北：臺灣學生書局，1996 年 9 月全集校訂版。

18. 徐復觀：《學術與政治之間》，臺北：學生書局，1985 年。

19. 張岱年撰，《中國哲學大綱》，臺北：藍燈文化事業有限公司，1992 年 4 月。

20. 梅珍生撰，《道家政治哲學研究》，北京：中國社會科學出版社，2010 年 12 月第 1 版。

21. （漢）許慎撰，（清）段玉裁注，魯實先正補，《說文解字注》，臺北：黎明文化，1974 年 9 月經韵樓藏版。

22. 許進雄撰，《中國古代社會》，臺北：臺灣商務印書館，1995 年 2 月修訂版。

23. 陳鼓應撰，《老莊新論》，上海：上海古籍出版社，1997 年 9 月第 1 版。

24. （唐）陸德明撰，《經典釋文》，臺北：鼎文書局，1972 年 9 月影印通志堂本。

25. （晉）郭璞注，（宋）刑昺疏，《爾雅注疏》，《十三經注疏》本，臺北：藝文印書館，1997 年 8 月初版。

26. 彭懷恩撰，《政治學——全球化時代的觀點》，臺北：風雲論壇，2006 年 11 月初版。

27. 馮鐵流撰，《先秦諸子學派源流考》，重慶：重慶出版社，2005 年 5 月第 1 版。

28. 楊寬撰，《戰國史》，上海：上海人民出版社，2003 年 4 月第 1 版。

29. 楊寬撰，《先秦史十講》，上海：復旦大學出版社，2006 年 6 月第 1 版。

30. （漢）鄭玄注，（唐）賈公彥疏，《周禮正義》，《十三經注疏》本，臺北：藝文印書館，1997 年 8 月初版。

31. （漢）劉向集錄，《戰國策》，臺北：里仁書局，1990 年 9 月 1 日。

32. （漢）劉安撰，劉文典集解，馮逸、喬華點校，《淮南鴻烈集解》，北京：中華書局，1989 年 5 月第 1 版。

33. 錢穆撰，《先秦諸子繫年》，臺北：東大出版社，1986 年初版。

34. 譚其驤主編，《中國歷史地圖集》，北京：新華書店，1982 年 10 月第 1 版。

35. 羅根澤撰，《諸子考索》，九龍：學林書店，1977 年。

二、學位論文

1. 田惠敏撰，《論老子政治思想的洞見與侷限》，臺北：華梵大學哲學研究所碩士論文，2008 年元月。

2. 艾文君撰，《黃老帛書政治思想之研究》，臺北：政治大學政治學系碩士論文，1997 年 7 月。

3. 朴仁洙撰，《先秦儒道政治思想中自由觀研究》，臺北：政治大學政治學研究所博士論文，1992 年。

4. 朱曉海撰，《「黃帝四經」考辨》，臺北：臺灣大學中文研究所碩士論，1977 年 6 月。

5. 安守剛撰，《老子政治思想剖析》，臺中：東海大學哲學研究所碩士論文，2007 年 6 月。

6. 吳玓瑾撰，《老子政治思想研究》，臺北：輔仁大學哲學研究所碩士論文，1995 年。

7. 吳賢俊撰，《黃老評議》，臺北：臺灣師範大學國文研究所碩士論文，1988 年 5 月。

8. 林士哲撰，《老子的政治思想》，臺北：華梵大學東方人文思想研究所碩士論文，2007 年。

9. 林俊宏撰，《莊子的政治觀一個思想典範的論釋》，臺北：政治大學政治學研究所碩士論文，1990 年。

10. 卓伯翰撰，《老子政治思想研究》，臺北：東吳大學中國文學研究所碩士論文，2002 年 5 月。

11. 金登懋撰，《莊子的政治思想》，臺北：文化大學政治學研究所碩士論文，2000 年。

12. 洪巳軒撰，《《老子》與《莊子》的天道政治思想》，臺北：政治大學政治

研究所碩士論文，2000 年。

13. 涂宜伶撰，《莊子政治思想研究》，嘉義：南華大學哲學研究所碩士論文，2011 年 6 月 15 日。

14. 袁翊軒撰，《《黃帝四經》中的政治思想》，臺北：臺灣大學政治學研究所碩士論文，2006 年 6 月。

15. 陳俊龍撰，《「無為」政治思想的詮釋進路——《老子》、《黃帝四經》、《韓非子》中所展現的脈絡》，臺北：輔仁大學中國文學研究所碩士論文，2010 年 6 月。

16. 陳順德撰，《莊子政治思想中個人與國家關係之研究》，高雄：中山大學政治學研究所碩士論文，1997 年。

17. 郭應哲撰，《戰國至漢初黃老學說的政治思想》，臺北：臺灣大學政治學研究所博士論文，1996 年。

18. 黃武智撰，《「黃老帛書」考證》，高雄：中山大學中國文學研究所碩士論文，1999 年 6 月。

19. 黃源典撰，《莊子之治道觀》，嘉義：南華大學哲學研究所碩士論文，2000 年 6 月。

20. 楊宗哲撰，《《黃帝四經》與《韓非子》政治思想比較研究》，臺北：臺北市立師範學院應用語言文學研究所碩士論文，2004 年。

21. 蔡明田撰，《老子的政治思想》，臺北：政治大學政治研究所博士論文，1974 年。

22. 謝君直撰，《《道德經》與《黃老帛書》「道論」的比較研究》，嘉義：南華大學哲學研究所碩士論文，2000 年 5 月。

23. 謝君萍撰，《莊子後學與《老子》、黃老之學關係研究》，高雄：中山大學中國文學研究所碩士論文，2007 年 4 月。

三、期刊論文

1. 于孔寶撰，〈稷下學宮與黃老之學述論〉，《管子學刊》第 4 期，2008 年，頁 37～42。

2. 白奚撰，〈先秦黃老之學源流述要〉，《中州學刊》第 1 期（總 133 期），2003 年 1 月，頁 134～152。

3. 白奚撰，〈論先秦黃老學對百家之學的整合〉，《文史哲》第 5 期（總 290 期），2005 年，頁 35～39。

4. 白奚撰，〈學術發展史視野下的先秦黃老之學〉，《人文雜誌》第 1 期，2005 年，頁 147～151。

5. 汪惠敏撰，〈老子與黃老——轉變中的道家思想〉，《輔仁學誌》第 18 期，1989 年 6 月，頁 149～163。

6. 金甲秀撰，〈黃老學與道家〉，《管子學刊》第 4 期，2001 年，頁 17～24。

7. 林靜茉撰，〈老子乙本卷前古佚書四篇成書年代考〉，《中國學術年刊》第 22 期，2001 年 5 月，頁 147～183。

8. 林聰舜撰，〈莊子無爲政治思想的幾層意義〉，《漢學研究》第 11 卷第 1 期，1993 年 6 月，頁 1～14。

9. 高祥撰，〈戰國末秦漢之際黃老學說探討〉，《臺灣師範大學國文研究所集刊》第 33 期，1989 年 6 月，頁 267～349。

10. 唐蘭撰，〈《黃帝四經》初探〉，《文物》第 221 期，1974 年 10 月，頁 48～52。

11. 唐蘭撰，〈馬王堆出土《老子》乙本卷前古佚書的研究——兼論其與漢初儒法鬥爭的關係〉，《考古學報》第 42 期，1975 年 4 月，頁 7～38。

12. 許抗生撰，〈略說黃老學派的產生和演變〉，《文史哲》第 132 期，1979 年 6 月 25 日，頁 71～76。

13. 莊萬壽撰，〈莊子學述〉，《臺灣師範大學國文研究所集刊》第 14 期，1970 年，頁 1～161。

14. 陳政揚撰，〈稷下黃老思想初探〉，《鵝湖月刊》第 25 卷第 10 期（總 298 期），2000 年 4 月，頁 24～37。

15. 陳政揚撰，〈莊子的治道觀〉，《高雄師大學報》第 16 期，2004 年，頁 255～272。

16. 陳德和撰，〈戰國老學的兩大主流——政治化老學與境界化老學〉，《鵝湖學誌》第 35 期，2005 年 12 月，頁 59～102。

17. 陳錫勇撰，〈《史記‧老子傳》辨正〉，《鵝湖學誌》第 47 期，2011 年 12 月，頁 73～91。

18. 景紅撰，〈80 年代中期以來黃老學研究綜述〉，《管子學刊》第 3 期，1998 年，頁 93～96。

19. 景雲撰，〈先秦「黃老」是改造了的老莊哲學，而非黃老之學〉，《寧夏大學學報》第 27 卷第 5 期（總 128 期），2005 年，頁 62～65。

20. 黃漢光撰，〈黃老之學初議〉，《鵝湖月刊》第 24 卷第 7 期（總 283 期），1999 年 1 月，頁 16～24。

21. 黃錦鋐：〈關於莊子及莊子書〉，《文史季刊》第 3 期第 1 卷，1972 年 10 月，頁 85～95。

22. 詹康撰，〈《莊子》調和派的道德挑戰與實踐哲學〉，《政治科學論叢》第 43 期，2010 年 3 月，頁 1～52。

23. 傅斯年：〈誰是〈齊物論〉的作者〉，《中央研究院歷史語言研究所集刊》第 6 期第 4 卷，1936 年 12 月，頁 557～567。

24. 傅錫壬撰，〈釋「黃老」〉，《淡江大學中文學報》第 2 期，1993 年 12 月，頁 175～188。

25. 趙雅博撰，〈秦漢之際的黃老學派之思想（上）〉，《中國國學》第 20 期，1992 年 11 月，頁 1～18。

26. 劉宗棠撰，〈先秦黃老學派及其學術理論來源〉，《北方論叢》第 2 期（總 196 期），2006 年，頁 84～87。

27. 劉笑敢撰，〈莊子後學中的黃老派〉，《國文天地》第 7 卷第 11 期，1992 年 4 月，頁 33～38。

28. 劉景泉撰，〈黃老之學述考〉，《南開史學》第 1 期，1982 年，頁 122～137。

29. 劉榮賢撰，〈先秦兩漢所謂「黃老」思想的名與實〉，《逢甲人文社會學報》第 18 期，2009 年 6 月，頁 1～20。

30. 劉曉東撰，〈漢代黃老之學到老莊之學的演變〉，《山東大學學報》第 1 期，2002 年 6 月，頁 21～25。

31. 鄭國瑞撰，〈近年黃老學說研究情形述議〉，《中山中文學刊》第 2 期，1996 年 6 月，頁 169～194。

32. 龍晦撰，〈馬王堆出土《老子》乙本卷前古佚書探原〉，《考古學報》第 2 期，1973 年，頁 23～25。。

33. 蕭裕民撰，〈《莊子》內外雜篇新論——從思想的一致性來觀察〉，《興大人文學報》第 36 期，2006 年 3 月，頁 159～186。

34. 鍾肇鵬撰，〈《黃老帛書》的哲學思想〉，《文物》第 261 期，1978 年 2 月，頁 63～68。

35. 鍾肇鵬撰，〈論黃老之學〉，《世界宗教研究》第 4 期，1981 年 6 月，頁 75～98。

36. 嚴靈峰撰，〈黃老道術源流〉，《臺大學哲評論》第 22 期，1999 年 1 月，頁 299～330。

四、論文集論文

1. 王博撰，〈《黃帝四經》和《管子》四篇〉，《道家文化研究第一輯》，上海：上海古籍，1992 年，頁 198～213。

2. 王博撰，〈論《黃帝四經》產生的地域〉，《道家文化研究第三輯》，上海：上海古籍，1993 年 8 月第 1 版，頁 223～240。

3. 牟鍾鑒撰，〈道家學說與流派述要〉，《道家文化研究第一輯》，上海：上海古籍，1992 年，頁 5～30。

4. 余明光撰，〈《黃帝四經》書名及成書年代考〉，《道家文化研究第一輯》，上海：上海古籍，1992 年，頁 188～197。

5. 李零撰，〈說「黃老」〉，《道家文化研究第五輯》，上海：上海古籍，1994年11月第1版，頁142～157。

6. 李學勤撰，〈新發現簡帛佚籍對學術史的影響〉，《道家文化研究第十八輯》，北京：三聯，2000年8月第1版，頁1～9。

7. 胡家聰撰，《〈帛書《道原》和《老子》論道的比較〉，道家文化研究第三輯》，上海：上海古籍，1993年8月第1版，頁260～264。

8. 唐蘭撰，〈老聃的姓名和時代考〉，《古史辨》第四冊，臺北：明倫出版社據樸社初版重印，1970年3月臺初版，頁332～251。

9. 裘錫圭撰，〈馬王堆帛書《老子》乙本卷前古佚書并非《黃帝四經》〉，《道家文化研究第三輯》，上海：上海古籍，1993年8月第1版，頁249～255。

10. 韓自強、韓朝撰，〈阜陽出土的莊子雜篇漢簡〉，《道家文化研究第十八輯》，北京：三聯，2000年8月第1版，頁10～14。